U0937358

四川省2017年度社会科学“十三五”规划项目《文化遂宁》（编号：SC17KP002）结题成果

四川省教育厅人文社科课题《高职院校语文教育专业提升新农村建设服务能力研究》（编号：16SB0301）研究成果

四川省遂宁市社科研究重点课题《社会主义核心价值体系与观音文化研究》研究成果

WenHua SuiNing

# 文化遂宁

让遂宁这座拥有悠久灿烂历史的文化古城
青春焕发、生机勃勃、馨香四溢、璀璨夺目、辉映万代

王金星　杜春海　周光宁　主编

中国社会出版社
国家一级出版社·全国百佳图书出版单位

**图书在版编目（CIP）数据**

文化遂宁 / 王金星，杜春海，周光宁主编．--北京：中国社会出版社，2018.7

ISBN 978-7-5087-6042-1

Ⅰ.①文… Ⅱ.①王…②杜…③周… Ⅲ.①文化史—遂宁 Ⅳ.①K297.13

中国版本图书馆 CIP 数据核字（2018）第 170268 号

---

**书　　名：**文化遂宁

**主　　编：**王金星　杜春海　周光宁

---

**出 版 人：**浦善新

**终 审 人：**李　浩

**责任编辑：**陈贵红

---

**出版发行：**中国社会出版社　　**邮政编码：**100032

**通联方式：**北京市西城区二龙路甲 33 号

**电　　话：**编辑部：（010）58124828

邮购部：（010）58124848

销售部：（010）58124845

传　真：（010）58124856

**网　　址：**www.shcbs.com.cn

shcbs.mca.gov.cn

**经　　销：**各地新华书店

中国社会出版社天猫旗舰店

---

**印刷装订：**三河市华东印刷有限公司

**开　　本：**170mm×240mm　1/16

**印　　张：**15.5

**字　　数：**245 千字

**版　　次：**2018 年 9 月第 1 版

**印　　次：**2018 年 9 月第 1 次印刷

**定　　价：**58.00 元

中国社会出版社微信公众号

# 编委会

# 序　言

关于文化，亘古及今，人们已有很多阐释和论述。尽管有些认识尚不尽统一，却有着这样一些基本共识：文化是人和人类社会智慧的结晶，是人类社会的宝贵财富；是人和人类赖以生存、发展、文明、进步的土壤和基石；是人区别于其他动物、成为高等动物的根本所在，是人类社会的精华；是人和人类、国家、民族的软实力、核心竞争和发展力。中国是礼仪之邦，文明古国，其文化自然历史悠久、底蕴深厚、种类繁多、色彩斑斓、灿烂辉煌。单从大类上讲，就包括了民族文化、国家文化、政党文化、社团文化、行业文化、历史文化、社会文化、区域文化、地方文化，等等。文化之所以能传承久远，经久不衰，是因为它是人类社会的特有基因，是人类社会的根和魂，是人类的精华和魅力所在，有着强大的生命力和社会功能。习近平总书记在党的十九大报告中指出，中国特色社会主义文化，源自于中华民族五千多年文明历史所孕育的中华优秀传统文化，熔铸于党领导人民在革命、建设、改革中创造的革命文化和社会主义先进文化，植根于中国特色社会主义伟大实践。发展中国特色社会主义文化，就是以马克思主义为指导，坚守中华文化立场，立足当代中国现实，结合当今时代条件，发展面向现代化、面向世界、面向未来的，民族的科学的大众的社会主义文化，推动社会主义精神文明和物质文明协调发展。要坚持为人民服务、为社会主义服务，坚持百花齐放、百家争鸣，坚持创造性转化、创新性发展，不断铸就中华文化新辉煌。

当今社会、当下中国，特别是党的十八大、十九大相继胜利召开之后，人们对文化的重视与研究已达到前所未有的高度，这应当是一个不争的事实和令人欣喜振奋的现象。文化发掘研究、传承弘扬、建设发展的路径办法固然很多，完全可以百花齐放并殊途同归，但拨冗披繁、分清类别层面，发挥特色优势，选准领域方向、抓住关键要害、系统梳理，钩沉撷要、理清脉络、揭示其实质要义、特点规律，发掘其价值意义、寻求其建设之路径方法、将其做大做好、做特做强、做优做高；使之异彩纷呈、璀璨夺目、感染熏育、启示教化人，改良优化社会风气，引领指导，助推经济社会的更好更快发展；使之更具潜力、后劲、活力、魅力、成就和前景，成为特色品牌、精神食粮、宝贵财富，提升品质品位，发挥更大更好效应，乃是最基本、最重要的。各级党委政府，理当响应党和国家号召，顺应时代社会需求，对此有明确清醒而足够的认识，理应高度重视，善于拨冗披繁、慧眼识珠，把握特色、本质、主流和方向，采取切实可行措施，引领指导、推动支持、激励鞭策，使之兴旺发达、闪亮辉煌、发挥其特定功能效用，彰显其非凡价值意义，成为推动、促进经济社会发展奋飞的秘密武器，这是历史赐予的珍贵遗产和宝贵财富，更是历史赋予的神圣职责与光荣使命，轻视不得、懈怠不得、辜负不得。

实施文化强市强省强国战略，党委政府固然有很多事要做，但把握时机、登高望远，占领文化教育与科技的制高点，具前瞻性、系统性地科学描绘好发展蓝图、制定好大政方针政策，搞好组织引领指导、推动促进激励、选好载体举措，力求在文化教育、精神文明建设高地上有所作为、有所建树、有所创新、有所拓展，使之成为经济社会发展的重要支柱、动力和旗帜，成为教育熏陶、启示鼓舞人们健康向上、奋然前行，开拓创新，追求美好生活、促进社会文明进步的精神食粮，而不愧对人民、愧对社会、愧对历史，应是明智之举、当务之急。目前，遂宁市委市政府已于这方面做了大量艰苦细致、卓有成效的工作，尤其是在基本建设、城市和地方文化特色创建、品牌打造，观音、书法、曲艺、旅游文化，传统文化发掘、城市品牌、绿色发展、精神文明建设等方面成效显著，颇具社会效应和影响力，当下正再接再厉，按照绘就的蓝图、明确的目标任务、明晰的思路、选准的路径方向、制定的原则举措，针对存在的问题与薄弱环节用功发力，需要的是在传统与现当代文化的整理发掘，遂宁文化的系统性、整体性、科学性建设，以党员干部、中小学生、企事业单位职工为主体、骨干的市民基本文化素养教育、素质提升等基本建设、重难点突出突破、文化遂宁的创构等方面加大力度，创新举措，以求夯实基础，补齐短板，切实解决制约遂宁精神文明建设、经济社会更好更快科学可持续发展的根本性问题和核心、瓶颈要素。

遂宁市虽然不大，仅三县两区，380 多万人口，且建市时间不长，仍属“遂宁新府”，却地处巴蜀文化交会融合处，有着特殊的地理位置；肇自春秋战国及秦之古蜀，是“武信旧藩”，有着至少 2000 年以上的发展建设历程；历史上曾多次为州府郡县乃至武信军节度治所，几度领遂州、合州、泸州、渝州、昌州等州府，曾养育过两任皇帝，无数达官贵人、名士才女和精英豪杰，素有“人物富繁、山川洒落、东川会邑”、川中巨邑、“小成都”之美称。不仅是观音、民俗文化之乡，中国书法、曲艺之乡，卓筒井被尊为“世界石油钻井之父”，视为“中国第五大发明”，而且有著名的九宗书院诞生于此，比著名的岳麓书院还早出 300 多年，是世界历史上第一个教育教学研究型高等教育机构，世所公认的高等教育滥觞与始祖。中华人民共和国成立后，遂宁发展迅速，特别是建市后的 30 多年中改革创新，突飞猛进，各方面成效显著，先后获得了全国优秀旅游、卫生、文明、环保模范城市等 10 多张国家级，全球绿色、国际花园城市两张国际名片,海内外知名度、关注度越来越高,影响力越来越大,蕴含彰显着悠久、丰富的文化内涵,显示出蓬勃发展生机和广阔美好的发展前景。

遂宁是一个有着悠久灿烂历史文化的城市,遂宁文化的丰富内涵、价值意义、地位作用世所公认,如何让遂宁文化披沙沥金,走出历史与现实,更好地融入国家文化、民族文化,走向国内国际大舞台,使之熠熠生辉,发挥其更多更大更好的价值效应,市委市政府、各职能部门和区县党委政府一直在思索、在努力,虽然也取得了世所公认的成效,但站在遂宁文化角度就文化论文化的多,给人以不识庐山真面目,只缘身在此山中之深切感受,需要更新观念,跳出文化看文化,从文化遂宁角度来系统科学整理发掘、研究开发、传承弘扬,使之上升到遂宁人素养素质训育熏陶,以文化人、品质品位提升、核心竞争与发展力增强的高度来从根本上做文化。遗憾的是目前这类研究还不多。所幸的是,近年来,作为遂宁的本土文化学者,本书的编撰者们以遂宁人的高度责任感、使命感、危机感、紧迫感,以遂宁人敢于、善于开拓创新、乐于奉献进取的特有品质精神和文化学者的独特视角与担当一直在默默无闻地为之辛勤耕耘、奋斗着。此前已筚路蓝缕,于工作和相应研究之余倾情付出,撰写了《遂宁文化概论》之建构遂宁文化四梁八柱、奠基扛鼎、惠及师生与社会、填补空白的开山之作,得到省内外专家学者的高度赞赏评价,荣获了省市哲社、教育教学成果等多项奖励;近期又登高望远、高屋建瓴、百尺竿头更进一步,从市民素质教育、以文化人、遂宁品质品位提升、经济社会更好更快、科学可持续发展的高度钩沉撷要、贝海拾珠、厚积薄发,编撰了这本深入浅出、图文并茂、十分精美,让人喜读乐读,定性为遂宁市民文化素质教育读本的《文化遂宁》,再次谱写了遂宁文化的新篇章,填补了遂宁文化与教育事业的一大空白;之后还将以此为基础,以遂宁文化为题、文化遂宁为魂,纵横捭阖、贯通古今,编撰出版集大成之遂宁文化的系列丛书,更加具体详尽、系统全面、立体科学地展示遂宁文化的源远流长、博大精深、丰富多彩、独特神奇、无限生机与美好前景,让人倍感欣喜、欣慰和振奋、充满期待。

我们认为,品读《文化遂宁》,除去感悟、领会其非凡价值意义之外,尚有如下特色值得关注和把握:

一是主旨独到、立意高远。读本力求以党政干部、企事业单位职工、中小学生为主要读者对象,以古今遂宁的历史、思想、文学、艺术、科学、民俗、英杰、发展文化为框架载体,以让遂宁人了解、认识、品读、欣赏遂宁,并因之而骄傲、自豪,进而热爱、宣传遂宁,弘扬光大遂宁文化,遂宁精神为基本路径方法,以实现提升市民文化素养、人文科技素质,以文化人,增强核心竞争与发展力,提升遂宁品质品位,推动促进遂宁更好更快发展为目标任务,充分体现、很好地贯彻落实了党中央、国务院“全面落实立德树人根本任务”,“坚持以人为本,全面推进素质教育”,提升国民素质,培养中国特色社会主义事业的合格建设者、可靠接班人,大力发展文化事业,走文化强国之路的党的十八大、十九大精神,为遂宁文化教育事业的融合体一、创新发展创构了新思路,开辟了新路径,谱写了新篇章,创构了新基础,创设了新目标、新任务、新境界、新高度。

二是厚积薄发、选材典范。榜样的力量是无穷的。因此,作者在编撰《遂宁文化概论》,掌握大量可靠素材的基础上,以中华民族优秀文化、精神品质为标准,通过比较论证,从八大框架体系中钩沉撷要,精选出有突出成就和贡献,经过社会历史检验、为大家公认,具广泛代表性、很强说服力、感染力、影响力和创新性、先进性、鼓舞性的各类精英、精品、先进模范人物或优秀事迹,发掘其优秀的品质精神、突出其闪光点、历史价值与现实意义,以求让人学习、敬仰、崇拜,受到熏陶、感染、教育，获得激励、启示和教益，收到见贤思齐，令人振奋或鼓舞的特殊效果。比如："思想篇"中观音文化的慈爱善美，九宗书院的崇文兴学，天下廉吏的清正廉洁，开拓创新的遂宁精神，名片品牌的发展战略；"文学篇"中开一代诗风的大唐文宗陈子昂，才艺绝佳的著名女性诗人"三妯娌"，中法文化交流先驱使者敬隐渔；"艺术篇"中的词学专著《碧鸡漫志》、诗书画三绝的名流大家吕半隐；"科学篇"中创建斗城奇迹的文武全才夏鲁奇，蜚声全国的数学家尹文霖；"英杰篇"中命名遂宁的东晋大将桓温，德高功显的语言学家李实等，都是这方面的杰出、典型代表。其间有的比较熟悉，有的似觉陌生，有的甚至还被谬传或误解（如抗日名将李家钰等），需要还其真实面目，正本清源。对于这些，读本都做了精心挑选、客观评述和集中展示，可谓星光灿烂、异彩纷呈、璀璨夺目、励人奋进。

三是手法独特，颇具创意。这集中体现在其登高望远、深入浅出、高屋建瓴、立德树人；纵贯古今、横连百业、纵横捭阖、贝海拾珠；打破界别、力举典范、旗帜标引、风范垂立；文化搭台、教育唱戏、以文化人、共襄盛举；校地合作、凝心聚力、厚积薄发、共铸精品；筚路蓝缕、精雕细作、无私奉献、倾情付出上，不失为文教界的精英，文化人之先行，值得肯定赞赏、倡导支持和发扬光大。

作为编者，我们虽然也觉稚拙，并为时间、资料、精力、财力和能力水平有限而深感遗憾，但毕竟是开山创新之作，因而又无不为《文化遂宁》的编撰成功，出版发行而颇感慰藉和欢欣鼓舞！无不热切期盼《文化遂宁》的出版发行能得到各级党委政府、职能部门、社会各界和全市人民的高度重视、热切关注、充分理解和鼎力支持。无不深情期待《文化遂宁》能圆满实现以文化人、经世致用的美好愿景，为遂宁市民的素质教育，为遂宁的品质品位提升、核心竞争与发展力增强、经济社会的更好更快发展发挥特定功用，尽到绵薄之力！我们还热切期望《文化遂宁》的出版发行能一石激起千层浪、一花引来万花开，让更多的有识之士高度关注、认真思索、积极投身、倾情奉献遂宁的文化教科事业和经济社会发展，能出更多更好的精品力作，让遂宁这座悠久灿烂的历史文化古城锦上添花、青春焕发、更加生机勃勃、馨香四溢、辉映万代！

是以为序。

王金星

2017 年金秋于斗城

# 目　录

# CONTENTS

# 历史篇

## 第一节　钟灵毓秀的古代遂宁

“为了你，这座城市已等待了 1660 年！”从 2007 年起，这幅巨大的城市宣传广告牌就矗立在遂宁城北一座郁郁葱葱的小山上，在你踏入这座城市的一刹那，它就强烈地震撼着、冲击着你。这 1600 多年只是以“遂宁”命名后这片热土的历史，实际上，她的过往要比这久远得多，已然 2000 年以上。

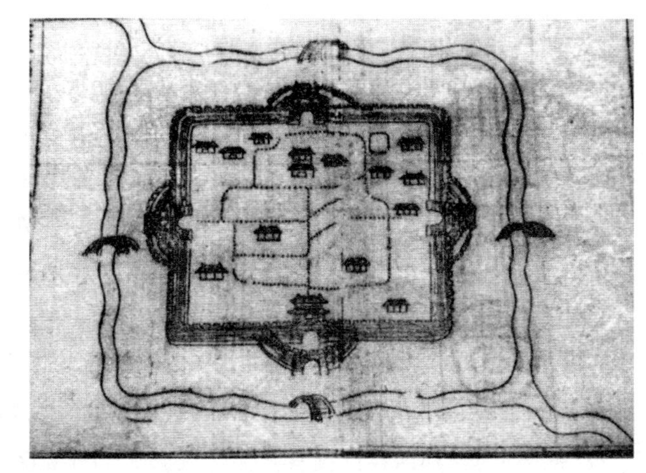

遂宁古代城池图（《遂宁县志》清乾隆五十二年）

### 一、悠悠古郪国

殷周时期，在这一片广袤的土地上，除巴、蜀两个大的方国外，还生活着其他的部族和方国，它们可能并不被巴或蜀统治而独立存在，郪王国就是其中之一。

郪国故城在今天三台县郪江镇，古称“郪王城”，北宋时王城基址犹存。郪王城依山临水而建，数十米宽的郪江从王城脚下静静流过，形成天然沟堑，远处连绵群山环绕，形成牢固屏障。

郪国统辖了今天三台大部，中江、大英、射洪、蓬溪、船山、安居区全部，及安岳、乐至、盐亭、金堂各地部分。在这片广袤的土地上，有连绵起伏的土丘山峦，有蜿蜒曲折的凯江、郪江和涪江。这里气候温润，水利便利，宜于耕种和居住。

古郪王城外的郪江，向南流经大英县象山镇、蓬莱镇，然后折而向东，从郪口汇入涪江。郪江是秦以前巴国与蜀国往来的捷径和要道：古人从垫江（今合川）进入涪江，至郪口上岸，沿着郪江陆行（今郪江镇仍有部分古驿道遗存）至新都大渡

(今金堂赵渡),进入成都平原,重要的交通位置给郪国社会发展带来便利。

公元前316年秋天,秦灭巴、蜀,设置蜀郡、巴郡,同时也顺道灭郪国而设置郪县,属蜀郡。从此,包括今天遂宁在内的巴蜀地区统一到秦国的版图之中。

## 二、故地广汉郡

汉灭秦后,为加强中央集权,对秦时的大郡进行拆分。公元前201年,划出巴郡、蜀郡部分地区新置广汉郡,今天遂宁主要区域属广汉郡的郪县(县治在今三台)和广汉县(县治在今射洪县北梓江入涪江口的小味坝)。

东汉时,从广汉郡中划出部分新置德阳县,治所在今天遂宁城区南。三国时,张飞与诸葛亮从垫江沿涪江入益州,被刘璋将领张裔阻拒,地点就在当时德阳城外。今城区南的过军渡即为传说中张飞大军渡涪江之地。其时,今遂宁地区主要属于郪县、广汉县和德阳县。

三国时期蜀汉政权将广汉郡分为广汉郡和东广汉郡,东广汉郡管辖五城、郪、广汉、德阳四县,郡治在广汉县。东广汉郡大部分地区属今天的遂宁市。

从秦代开始,就从北方向巴蜀大规模移民,广汉郡是移民涌入最多的地区之一。这些移民以原六国的工商富豪和工匠为主,既充实了巴蜀地区人口,也带来了先进生产技术和文化,促成了各民族融合。

《华阳国志》说广汉郡"土地沃美,人士俊乂,一州称望",受到朝廷特别重视,在任命太守时,一定选用"重德高俊"之人。

两汉三国时期,广汉郡也是人才辈出的地方。其文化人才主要集中在郪、广汉二县,两地教育在当时已处于较高的水平。

从东汉末到西晋,持续的战乱对巴蜀大地造成了很大的破坏,该地区人口锐减、生产凋敝,昔日膏腴之地一片荒芜。

## 三、定名遂宁郡

347年,东晋安西将军、荆州刺史桓温征伐并灭掉成汉。398年,于德阳县界东南设置遂宁郡,遂宁由此得名。同时在巴西郡新置晋兴县,晋兴县为今天蓬溪县东北部区域。

南北朝时期,政权多次更迭,地方政区划分也非常混乱、频繁,州、郡、县越分越多，越分越小。南齐时，遂宁郡被分为东遂宁郡和西遂宁郡。东遂宁郡统领巴兴、小溪（广汉县改名）、晋兴、德阳四县，西遂宁郡治所就在今天大英县蓬莱镇。梁时，从郪县分出部分置立射江县。北周时置遂州，射江改名为射洪，县名沿用至今。

东晋南北朝时期，蜀中由于兵连祸结，百姓流徙死亡，人口再次锐减，大量土地荒芜，无人居住，社会经济更加凋敝，东、西遂宁郡也未能幸免。直到梁朝，户口才逐渐有所增长，经济也开始复苏。

### 四、升秩武信军

隋代将北周的州改为郡，遂州复为遂宁郡，郡治所未变。

唐代对地方行政机构不断调整，形成道、州（府）、县三级制。在唐玄宗天宝年间，遂州统领有遂宁、方义、长江、青石、蓬溪五县。遂宁曾置总管府、都督府。大历二年（767）在遂州置都防御观察使兼静戎军，治遂州。光化二年（899），升武信军节度使，统领遂、昌、合、泸、渝五州。

隋唐五代时期，四川境内没有受到大规模的战争破坏，在长期相对安定的局面下，加上隋末唐初大量移民涌入，土地得到进一步开发利用，社会经济迅速走上了复苏、发展、繁荣的道路，农、工、商诸方面得到了显著的发展。

遂州不仅制盐业发达，盛产麻织品、柑橘、药材等，而且其蔗糖、霜糖、樗蒲绫等特产贡品闻名全国。遂州也成长为商业繁荣之地，“为东蜀都会”，还出现了适应交换商品需要的定期集贸市场——斯安草市。后唐节度使夏鲁奇曾形容遂州的富庶与形胜说：“有城如斗，有壁如金。”这也是遂宁“斗城”得名的由来。

在唐代，整个四川地区的教育在全国处于比较落后的地位，但今遂宁市所在区域的教育水平却相对较高。唐代及以前四川地区可考的书院仅有两所，其中一所就是遂州的张九宗书院。其他官学还有遂宁县学、蓬溪县学等。由于对教育比较重视，整个唐代四川可考籍贯的进士中，今遂宁市境内就有 4 人，仅次于成都、阆州、绵州，而且诗文革新的伟大旗手陈子昂就出生在射洪。

唐代，一些名诗人在今遂宁市境留下了足迹。王勃、杜甫曾游历射洪、唐兴等地，杨炯曾游历长江，孙樵曾到过蓬溪，郑谷曾旅次遂州，有着“推敲”典故的苦吟诗人贾岛还曾做过长江主簿。他们都留有诗文，给今天遂宁留下了一份宝贵的文化遗产。

## 五、皇荫遂宁府

宋初，遂州仍为武信军节度使治所所在地，《舆地纪胜》记载武信军“提举遂、合等七州兵甲兼梓、夔两路兵马钤辖”，这是历史上遂宁军政级别最高、统辖地域最广的记录。

宋徽宗赵佶被封为遂宁郡王时，遂州升格为遂宁府，依然为武信军所在地。赵佶即位后，升遂宁府为大藩，成为重要的州郡，统属于潼川府路。

南宋后期，由于蒙古军队进攻四川，朝廷为了抗战保境，先后将一些州、县治所迁往濒临江河的山地筑城而守，或迁往水中碛洲凭险以据。遂宁府治所迁于蓬溪寨，后改遂宁府为遂宁都督府。

宋代遂宁地区，农业、手工业发达，商业繁盛。经济作物甘蔗种植广泛，栽培、保存、加工技术明显改进。南宋遂宁人王灼在《糖霜谱》中说：“糖霜一名糖冰，福唐（今福建福清县东南）、四明（今浙江宁波）、番禺（今广东广州）、广汉、遂宁有之，独遂宁为冠……至结糖为霜，则中国之大，止此五郡，又遂宁专美焉。”当时遂宁制糖业发达，仅糖霜作坊就有300余家，所产糖霜成为皇家贡品，成为西南制糖中心。除甘蔗外，中药材也是遂宁的重要经济作物。樗蒲绫名满天下，被称为“越罗”，与江浙地区的尼罗相似而品质更好。

遂宁府在宋代产生了新的凿井采卤方法——卓筒井。该方法的推广，使井盐产区扩大、产量增加。今蓬溪、射洪、大英、船山等县区，当时盐井密布，为盛产井盐的地区。现在大英县卓筒井乡还有40余口卓筒井遗迹留存，遗存数量在全国都名列前茅，此地以“卓筒井”为名，时代久远。

遂州商业也有很大发展，集市场镇大量出现，商业发达程度仅次于成都、绵州和梓州，有“小成都”之称，又有“东蜀大都会”的美誉。因为商业繁盛，宋代曾一度将梓州路转运司、四川都转运使设于遂州。

宋代遂宁教育发达，文化繁荣，位于四川前茅，是能够与成都府、眉州比肩的新的教育中心。学校有官办射洪儒学、张九宗儒学、遂宁郡儒学、蓬溪县儒学、长江县儒学及民办射洪金华书院、遂州书台书院等。整个宋代，遂州共有进士493人，加上时属梓州的射洪、铜山、通泉、飞乌，进士人数接近530人，约占整个四川地区总数的12.5%，仅次于眉州和成都府，成为人才分布最密集的地区之一。《舆地纪胜》称遂州“人物富繁”，《遂宁县志》称“唐宋迄元擢第而跻肮仕者为蜀之冠”，实非过誉之词。

## 六、多舛遂宁县

元初沿袭宋代，遂宁府得以保留，后改为州，统领小溪、蓬溪二县。

从明代开始，遂宁州降为县，今遂宁市境除安居区外都统属于潼川州。清代，今遂宁市境除安居外，均属潼川府领辖。

由于战乱，元代四川人口锐减，大量移民开始迁入四川，形成历史上第一次“湖广填四川”。元明之际，今遂宁市境人口数极低，从北宋徽宗时期大约30万人降至2.4万余人。即使有移民充实，明代中叶也仅约3.1万人。

人口锐减的原因在于南宋后期以来，四川地区处于长期的战争状态。几十年的战火、屠戮、劫掠，使包括遂宁府在内的四川地区经济、社会和文化遭到毁灭性破坏，从最先进地区跌落到全国的谷底，历整个元代都未能恢复。

南宋理宗端平元年(1234年)七月，蒙古军队大举进攻四川。正是在四川，东驰西突，骄横不可一世的蒙古骑兵终于遭受了最顽强的抵抗和最严重的挫折！四川军民以顽强的血肉之躯、钢铁的意志、空前的同仇敌忾抗御蒙古铁骑长达52年之久！奇异而奇效的山城、山寨遥相呼应，在防御外敌的斗争中大显神威。在今遂宁市境内，有位于今蓬溪县城东蓬溪山上的蓬溪寨。环今天遂宁市境的重要山城有南充青居城、安岳铁峰城、三台仙女城等。端平三年(1236年)，蒙古军队入川，次年五月大军至遂宁，城毁民散。为继续抵抗蒙军，遂宁府治迁移至蓬溪寨。宝祐六年(1258)，蒙古军队再次进攻四川，南宋朝廷派遣按抚刘整、都统制段元鉴率军据守小溪县箭滩渡，杨大源守灵泉山，以断蒙军东路。灵泉山守军与敌大战一天一夜，极为惨烈，最终灵泉山被攻破，将士全部英勇殉国。在抵御外敌的斗争中，遂宁军民作出了巨大的牺牲和无愧的贡献。

遂宁在明代经济、文化依然处于比较落后的地位。经济方面，遂州的蔗糖中心地位已让位于资州内江。文化方面，以科举为例，明代今遂宁市境内进士不到50人，少于宋代的十分之一，由全省排位前茅跌落到12位，曾经的人才教育中心已经衰落。究其原因，另一方面，遂州在明代失去西南蔗糖中心和成渝大道枢纽地位；另一方面，元末战火对遂州影响甚大，使遂州学校尽毁，直到明景泰前依然没有恢复。

但有意味的是，在这种情况下，明代遂宁却出现了几位历史上具有影响的政治、文化名人，为以前各时代所不能比拟。席书，官至礼部尚书、加太子少保、武英殿大学士，为嘉靖帝所倚重。黄珂，官至工部尚书、赠太子少保。其女黄峨，诗词俱佳，尤以散曲知名，为明代最优秀的女诗人之一，有“蜀中易安”之称。明代伟大医学家李时珍，在其子李建中任蓬溪县知县期间（1575—1585），完成了东方药物巨典《本草纲目》的修改和定稿，明神宗敕封他为“四川蓬溪知县”。吕大器，官至兵部尚书兼东阁大学士。

明末清初，兵连祸结，前有张献忠之祸、复有清兵入川、后有吴三桂叛乱。在这些战乱中，遂宁均为要冲，遭到反复蹂躏。近 80 年的战火，兵匪汹汹，弄得十室九空，百里无烟，加之天灾、瘟疫和饥馑，人口再次大幅度减少。根据史书记载，清兵至遂宁时，城池破败，民不满百家，以至于遂宁县被撤销而并入蓬溪县，直到 7 年后才又重新置立。清军剿灭张献忠后，蓬溪县城居民仅数十户。

在如此的人口背景下，更大规模移民运动在清政府强制和鼓励相结合的行政手段下开始了，这就是历史上第二次“湖广填四川”。大量移民涌入，今遂宁市境内人口也得以快速增长。清末，今遂宁境内人口已增至 90 万。

大量移民迁入，不仅提供了充足的劳动力，而且还带来各种生产资料和新的生产方式，今遂宁境内的经济社会开始全面恢复，传统产业也展现出新的活力。养蚕绩丝，棉、麻种植，药材生产，汲卤制盐又逐渐兴盛。

生产的恢复和发展，也促进了商业发展。清代，遂宁境内各县场镇增加很快，基本形成现在的规模和格局。场镇定期交易，万清涪在《南征文集》中描述商贩们“日日赶场，曰流流场，言如川流不息也”，民间又把这种赶集叫作“赶转角场”。在遂宁，“观音香会”更是规模庞大，道光《中江县新志》记载：“遂宁县二月香会，商贾辐辏，百货具集。……会日，远近购器用者摩肩接踵。”可见商贸之繁盛。商业繁荣也促进了水上运输的发展，清代涪江常年有木船 3000 多只，鼎盛时期有 5000 多只。当时太和镇（射洪）和遂宁都是相当繁荣的水运码头，常泊船数百艘，来往船工数千人。

在文化教育方面，今遂宁地区依然比较落后，清代进士只有 23 人。不过，清代遂州出现了张鹏翮、张问陶、李仙根等文化名人，尤其是张问陶，其诗、书、画俱佳，其诗深受当时诗坛领袖袁枚的赞誉，有“四川诗冠”“蜀中青莲”的美称。

（曾晓洪　撰写）

## 第二节　奋进荣光的近现代遂宁

### 一、努力走向近代化

清末，今遂宁市境行政区划没有变化，遂宁仍然为县，与蓬溪、射洪同属川北道潼川州，今安居区属重庆府。

1912 年 1 月民国成立。同年，四川军政府划出遂宁县南路十三个场镇和蓬溪县东乡部分地区新置东安县，即今潼南县。1918 年至 1935 年，四川全省划 11 个卫戍区，遂宁为第五区，割据 18 县。1919 年又将“卫戍区域”改称“驻防区域”，史称防区制时代。在长达 17 年的时间里，今遂宁市境各县全部或部分先后被川军、滇军、黔军割据和控制。

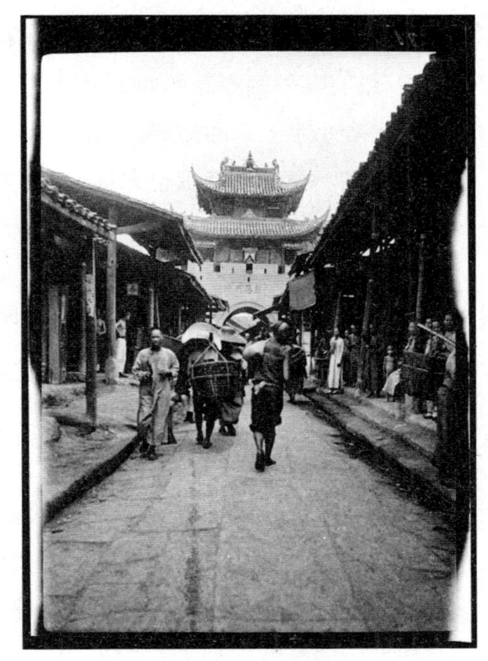

民国时期的遂宁风貌

1936 年，国民政府统一四川军政和财政大权，结束防区制，实行新政区制，建立四川省政府，在全省划置 18 个行政督察区，每区设专员公署，作为省政府派出机构。3 月，四川省第十二行政督察区专员公署入驻遂宁县，辖遂宁、安岳、中江、三台、射洪、盐亭、蓬溪、潼南、乐至 9 县。

从鸦片战争到清廷被推翻，遂宁地区的经济社会有较大的发展。

随着近代工业品的进入,遂宁传统手工业状况发生了一定的变化。有的在外国工业品的排挤下走向衰落,如棉纺手工业;有的没有受到外国工业品的竞争,而维持原状,如制盐业;有的因为对外贸易的展开,在一定程度上有所发展,如丝织业和制糖业。其他如油、酒等传统酿造业也有一定发展。除了家庭手工业,工场手工业也发展较为迅速。据《四川第四次劝业统计表》记载,这一时期,射洪有418个工场,居全川之首,有近4000人在这些工场劳动。遂宁有84个工场,有2000多人,每个工场从业者多于射洪。

为促进生产和贸易,顺庆、保宁、潼川三府丝商在射洪太和镇举办丝业商会,展览交流产品;射洪成立劝业所和蚕桑传习所;遂宁成立县商会、农会等。这些新事物的产生,显示了自然经济的逐渐解体,经济正向高一级阶段发展。

近代四川,外国商品的冲击导致了自给自足的自然经济的极大破坏,由此造成了农民和小手工业的破产,生计日蹙。人口的增加又起了推波助澜的作用,各地游民增多。今遂宁市境也未能幸免,如蓬溪"民无所食,扶老携幼,迁徙他乡"(《蓬溪县志》),但自由劳动力增多,也为近代化生产提供了人力市场。

由于商品流通量增大,遂宁水上航运更趋繁忙。十数种船只游弋在涪江水面,太和镇、遂宁等各大码头常年船帆林立,载量超过100吨的大船可直达三台。各码头左近街道茶旅饮食夜市通宵达旦。

农业方面,遂宁开始出现棉花种植,而且发展极为迅速,种植面积超过10万亩。今天射洪的柳树、大英的象山等地,全部种植美国棉种,产量颇高。

在文化教育等社会事业方面也开始迈向近代化。19世纪末,顺应维新思想的传播,遂宁和其他地区一样,出现了近代化的教育机构。遂宁县设立经济学堂,蓬溪县设立崇实学堂,射洪成立劝学所,遂宁成立教育会,兴办幼稚园、女子小学以及其他教会学校等。尤其进入20世纪,学校教育发展迅猛。辛亥革命以前,遂宁县各种学堂有140所,蓬溪县有近代书院15所,遍及全县各地,义学增至25所。此期,近代邮政也在遂宁、射洪出现。

民国时期,今遂宁市境社会虽仍不安定,军阀割据,兵、匪横行,灾害不断,但整个经济社会都有了一定的进步。各县出现了不少新式学校,教育得到发展。遂宁、蓬溪、射洪等地乡镇成立教育会,废除私塾,革新教育,相继举办多所初级小学、初级中学,包括多所女子学校。学校的大量涌现,尤其是多所女子学校的出现，显示了社会对教育的重视以及女性社会地位的提高。

文化方面，遂宁人敬渔隐早年赴法国勤工俭学，与罗曼·罗兰建立友谊，致力于中外文化交流，第一次将《阿Q正传》翻译为法文，并将鲁迅、茅盾、郁达夫、冰心等的作品翻译介绍到法国。

农业方面，引进新品种，开始使用轧花机等农业机械；工业方面，近代实业如毛巾厂、枪炮厂、火力发电厂等开始出现；交通、金融、商贸以及其他如通信、医疗等各项社会事业等也都有了新的面貌。

## 二、革命火种播遂州

随着国门打开，国人将寻求救国救民方略的目光投向大洋之外。20世纪初，留日热潮涌起，满怀热情的青年学子，漂洋过海。遂宁市境内就有6名青年留学日本，这些受过西方教育的青年，对近代社会诸方面都产生了极大的影响。杨剑秋毕业于日本中央大学，在日期间即参加同盟会，曾参加护国运动、护法运动，后兴办实业。共和国元帅陈毅（四川乐至县人）1916年赴法国勤工俭学，回国后参加并领导革命斗争，是党、军队和国家卓越的领导人，人民军队的创建者之一。

杨闇公，生于遂宁县双江镇（民国时期划归新建的潼南县），是中国共产主义运动先驱者，四川党团组织主要创建人和大革命运动的主要领导人。杨闇公受大哥杨剑秋、二哥杨衡石、堂兄杨宝民等积极从事革命活动的影响，15岁便毅然远离家乡投奔杨宝民所在的江西讨伐袁世凯的革命队伍。后至日本攻读军事，学习马克思主义理论，参与留日学生声援“五四”爱国运动的示威活动。1924年1月，与吴玉章等20余人在成都组织中国共产主义青年团，积极开展革命宣传、斗争工作。1924年5月杨闇公前往重庆，参与社会主义青年团重庆地委领导工作，不久加入中国共产党。1925年初被选为团地委书记，与萧楚女等在重庆成立四川反帝国主义联盟，强力推动重庆反帝反军阀的爱国斗争。“五卅惨案”发生后，杨闇公与罗世文领导各进步团体进行罢工、游行示威、经济绝交等大规模斗争。同年底，杨闇公担任中共重庆地委书记，负责领导全川革命工作。1926年12月，与朱德、刘伯承领导泸（泸州）顺（南充）起义，为南昌起义吹响了前奏。1927年“三·三一惨案”后杨闇公被反动军阀抓捕，英勇不屈，4月6日壮烈牺牲于重庆浮图关，时年仅29岁。

在杨闇公的影响和帮助下，弟弟杨尚昆在18岁开始参加革命工作，从此，把自己的一生献给了伟大的中国人民解放事业和壮丽的新中国建设事业，最终成为无产阶级革命家、政治家、军事家、党和国家重要领导人。

1929年6月29日，江防军第七混成旅代旅长，共产党员旷继勋率领2000余官兵在遂宁、蓬溪交界的大石桥牛角沟竖起“中国工农红军四川第一路军”的旗帜宣布起义，攻下蓬溪县城后建立了四川第一个县苏维埃政府。后转战西充、营山、渠县、达县、梁山之间，所到之处打土豪、分浮财，建立政权，先后任红4、红6、红25军军长，川陕革命委员会主席等重要职务，在川陕根据地遍撒革命火种。

第二次国内革命时期，张澜曾到遂宁县省立第三师范学校做反对军阀的演讲，激发学生爱国热情。从1927年开始，各县中共地下组织先后成立。直到新中国诞生，城市、乡村的革命工作开展得如火如荼，即使在白色恐怖中也坚持斗争，涌现了苟祥珂、曹吉熙、文学海、周均时、蔡梦慰、于渊等大批英勇无畏的革命先烈。

## 三、抗日救亡勇担当

“九一八”事变后，中华民族开始了波澜壮阔、悲壮慷慨的抗日战争。处于大后方的遂宁人民也为抗战作出了极大的贡献和牺牲。

1931年10月，中共地下党在蓬溪、射洪集会游行，宣传抗日。射洪成立反日救国会，8000多人在公园集会游行，吁请政府对日宣战。遂宁青年学生发起参加义勇军，成立敢死队，到东北投身抗日运动。“七七事变”后，蓬溪县成立抗敌后援会，发布《告民众书》，动员抗日救亡。师生组织宣传队，动员民众购买救国公债，鼓励青壮男子参军上前线。蓬溪县女子中学学生自发织毛衣、做棉鞋送往前线。各地为抗战捐赠飞机、物资，积极踊跃，在涪江流域运输军备物资、修筑遂宁机场不分昼夜。

1937年9月，原驻遂宁四川省边防军总司令李家钰请缨杀敌，于12月初率部到达晋东南抗日前线，其部在战斗中英勇顽强，伤亡惨重，其中不少是遂宁人。李家钰本人也在陕县秦家坡与日寇的激战中壮烈牺牲。李家钰也因此受国民政府表彰，授陆军上将，并为之举行国葬、准入忠烈祠。新中国建立后，李家钰被追认为革命烈士。

1940年6月，63架日机轰炸遂宁，遂宁机场的飞机凌空还击，将日长机击毁，机上7名敌人全部毙命。抗战期间，日军8次轰炸遂宁，投炸弹1105枚，共造成80余人伤亡，财产损失无数。

1944年11月，蓬溪县首次招募在校师生和社会知识青年300名，组成青年远征军，赴印度、缅甸等国抗击日寇。

（曾晓洪 撰写）

## 第三节 乘势奋飞的当代遂宁

### 一、走入新社会

1949年12月4日，中共川北军区第6纵队在蓬莱镇成立，解放蓬莱镇。12月8日，中国人民解放军第二野战军三十三师解放遂宁县，12月9日解放射洪县，12月10日解放蓬溪县。人民在喜庆的锣鼓中欢迎解放军的到来，欢庆新社会的到来。各地人民政府相继成立，人民当家做主的时代来临。

1950年1月12日，遂宁军事管制委员会成立并发布命令，以遂宁县城（城区镇）为专员公署驻地成立遂宁分区，隶属川北区行署（公署驻今南充）。遂宁分区下辖遂宁、潼南、乐至、三台、盐亭、蓬溪、安岳、中江、射洪九县。1952年9月1日，川西、川北、川东、川南四区行署撤销，恢复四川省建置。改分区为专区，遂宁专区隶属四川省，仍辖上述九县。1958年10月18日，撤销遂宁专区，原所辖县除安岳、乐至划归内江专区外，其余6县均划归绵阳专区。1976年，潼南县由绵阳地区改隶江津地区。

1952年春天，遂宁农村土地改革工作拉开序幕，初夏，几千年的封建土地制被彻底消灭，真正实现了耕者有其田。同年，农业合作社诞生，开始了初级农业合作化。1956年初，遂宁各地开始对私营工业、手工业、商业、交通运输业进行社会主义改造。

新中国成立，百业待兴，社会主义建设在遂宁如火如荼地开展起来。农业兴修水利，众多各型水库、灌溉设施相继建设竣工，确保了当时和今天工农业生产和生活需要。当年，万人大会战的场面是常态，人民用自己的勤劳和汗水创造着自己的新生活。工业兴办工厂、教育兴办学校、医疗兴办医院、交通修建道路、金融兴办银行，社会事业蓬勃发展起来。随着民生不断改善，今遂宁市境内人口从解放初期的约228万，到1982年已增至313万。

经过30多年的努力，今遂宁市境的经济社会取得了长足进步。1950年至1988年，今市境农业投入近310亿元，其中资金投入约78亿元，生产条件和生产技术得到改进。工业方面，国有工业企业总产值1952年为364万元，到1985年已超过7亿元；集体企业总产值1957年约为9000万元，到1985年增至1.7亿元；乡镇企业总产值1962年为1330万元，到1985年增至近1.7亿元；私营工业在1978年得到恢复，到1985年产值达到3510万元。

## 二、奋飞新时代

1985年2月，经国务院批准，撤销绵阳地区，分置遂宁、绵阳、广元三个省辖地级市。建市之初，遂宁市辖遂宁、射洪、蓬溪三县，后来撤遂宁县置遂宁市中区，为市府驻地。1997年从蓬溪分设出大英县，2003年撤市中区，分置船山、安居两区，至此变成了辖射洪、蓬溪、大英三县和安居、船山两区，以探索丘陵地区经济社会发展路径为基本目标任务的省辖市。

遂宁市地处川中盆地中部，涪江中游，东邻广安、南充，西接德阳、成都，南界重庆、内江、资阳，北毗绵阳，辖区面积5325平方公里。市境人口近400万，以汉族为主，同时还有40多个少数民族，其中蒙古族、藏族、彝族、回族等人口超过或接近500人。汉族与40多个少数民族的兄弟姐妹祥和安宁地生活在这片土地上。

建市以来，遂宁市建设取得了举世瞩目的成就。尤其是进入21世纪后，发展更为迅猛。经济社会诸方面建设均取得了重大突破。作为成渝两大经济圈的战略枢纽和“中国经济增长‘第四极’”成渝经济区的重要组成部分，遂宁具有突出的区位优势和巨大的发展前景，利用后发优势，她正在将高位追赶、跨越发展的战略思路变为现实。

2011年5月，国家发展和改革委印发《成渝经济区区域规划》。《规划》中，遂宁作为连接成都、重庆双核的新兴经济带的有机构成部分，其发展定位为“精细化工、电子信息、食品饮料、商贸物流基地，重要的交通节点城市”，遂宁迎来了前所未有的发展大机遇。

党的十八大以来，全市牢牢把握“科学发展、绿色发展、创新发展、跨越发展”的总体取向，深入落实“产业提升行动”，全力实施“工业强市”战略，奋力推动“枢纽拓展、产业壮大、城镇优化、文化振兴、环境提升、民生改善”六大兴市计划，经济社会取得持续、优质、全面发展。

目前，遂宁市已基本形成“4＋2”主导产业格局，即锂电及新材料、电子信息、机械与装备制造、精细化工等四大成长型产业和食品饮料、纺织服装等两大传统优势产业，形成涵盖32个门类的工业体系。

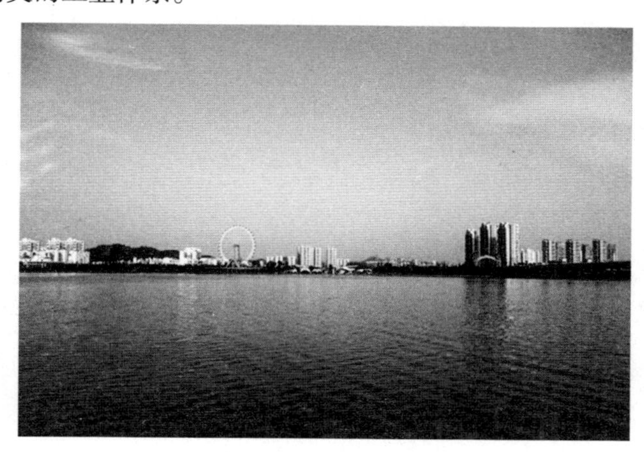

观音湖畔的河东新区

2016年全年实现地区生产总值（GDP）1008.45亿元，成功跨入全省市州“千亿元俱乐部”。GDP同比增长9.1%，比全国高2.4个百分点，比全省高1.4个百分点，增速居全省第2位。其中，第一产业实现增加值153.62亿元，增长3.7%，对经济增长的贡献率为6.3%；第二产业增加值561.68亿元，增长9.7%，对经济增长的贡献率为59.4%；服务业增加值293.15亿元，增长11.0%，对经济增长的贡献率为34.3%。2006年以来，遂宁市先后荣获全球绿色城市、国际花园城市、全国文明城市、中国优秀旅游城市、全国绿化模范城市、国家卫生城市、国家园林城市、中国观音文化之乡、中国曲艺之乡等近20张城市名片。

开放、发展的遂宁正在不断地塑造和展示着自己未来的发展趋势与目标方向，一个勤劳智慧、敢为人先、开拓进取的创新创业之城，百业兴旺、集约高效、生机勃勃的活力之城，慈爱善美、绿色生态、宜居宜业的和谐文明之城，古老现代、大强富美、品优质雅的魅力之城，将在成渝经济区和成都平原城市群中迅速崛起，成为四川、西南、全国乃至享誉全球的一道独具特色和品质品位的亮丽风景线。

（曾晓洪　撰写）

# 思想篇

## 第一节　观音文化的慈爱善美

遂宁圣莲岛世界荷花博览园景观

“观音”一词，是从印度梵语的“阿婆卢吉低婆罗”意译而来的。

但古印度的观音是一对孪生的小马驹，被称作“双马童神”，与中国的观音菩萨相去甚远。中华民族所崇拜的观音，是佛教在中国本土化之后出现的救苦救难的菩萨，是慈爱善美的化身。她最早落脚生根的故土就在川中遂宁。

地处四川盆地中部的遂宁市，与埃及金字塔、中东死海、百慕大三角同处于神秘的北纬30°。悠久的历史，深厚的文化，演绎着千年观音文化传奇。2008年，遂宁市被中国文联和中国民间文艺家协会联合命名为“中国观音文化之乡”，民间美誉为“中国观音故里”。

遂宁悠久昌盛的观音文化不仅是巴蜀文明重要的组成部分，更是中国文化不可或缺的灿烂篇章。以遂宁为发祥地，传播之深之广、及至覆盖亚洲的中国观音文化，“慈爱善美”是其精神内核，蕴含着改善人们的道德心理、道德人格、道德规范，从而美化人生和社会的价值取向。这主要表现在以下四个方面：

### 一、观音文化与和谐社会建构相通

观音文化的精神实质即慈爱善美。所谓慈爱，是与和谐同义的思想理念。观音文化中的慈与爱，就是要大家心存善意、和平友好相处，这是构建和谐社会的重要思想基础和路径办法，这与观音文化中的普度众生的实质要义是完全一致的，是穿越时空的对接。我们今天倡导传承弘扬观音文化，绝非支持那种迷信“佛神万能”的求升官、求发财、求消灾、求富贵等为图一己私利的烧香拜佛活动，而是主张弘扬观音慈悲为怀的大爱精神，促进传统观音文化与现代慈善理念的有机融合统一，使之传承弘扬，促进当今社会的完美和谐。

## 二、观音精神与为民宗旨和谐统一

观音救苦救难、普度众生的不懈追求体现的是一种为民情怀，是一种人类社会的普世价值。这与代表广大人民群众最根本利益的中国共产党人“只有解放全人类，才能最后解放自己”的理想信念和“全心全意为人民服务”的宗旨是完全一致的。中国共产党从她诞生的那一天起，就开宗明义地宣称了自己的观点主张和为民情怀，并从此与压在中国人民头上的“三座大山”进行了 28 年的浴血奋战，终于使人民扬眉吐气地做了国家的主人。党的十八大以来，我们党又高举新时代中国特色社会主义思想伟大旗帜，坚持“以人民为中心”的发展思想在大政方略中努力做到立党为公、执政为民、推出了扶贫攻坚建小康的重大举措，把关切的目光投向了急需救助的贫弱人群，进一步完善社会救助体系、健全社会福利制度、支持发展慈善事业。这些都充分表明了党中央对困难群众和弱势群体的热忱关怀，也宣示了慈善事业、慈善文化在构建社会主义和谐社会中的重要地位和作用。据此完全可以看到：共产党人的为民宗旨情怀与观音普度众生的道义主张实现了传统与现实的有机融合、宗旨与道义的和谐统一。

## 三、慈爱善美与人文精神最高境界

观音的基本行为方式是救苦救难、广结善缘，普度众生、行善惩恶。观音文化的本质，是教人求真、求善、求美，进而达到至真至善至美的崇高境界。观音菩萨虽然是虚拟的宗教神佛形象，但又的确是真切真实的客观存在，她是与人们最为接近的人格化了的人格神，她的行为道义与人类向真向善向美的基本追求是一致的。此外，观世音自身的真诚，对佛对事的执着，也表现出同凡人情感情绪的一致性。人们也据此按照自己的意愿去设计美化观世音的形象，于是就有了“马郎妇观音”“送子观音”“千手观音”等。再者，观世音的一切行为准则集中体现为一个“善”字。她劝人一向心善，广结善缘，与人为善。她令有劣迹者弃恶从善。这与儒家的忠恕，基督的博爱，佛教的慈悲完全一致。观音自身俨如一个“善”的使者，即使对恶人恶魔，除十恶不赦者外，都是以智慧以大德——善行去制伏或感化的。观世音的形象千变万化，也都是和其真善美的形象分不开的。从观音“男”身转化为“女”身这一“中国化”的进程来看，更赋予了她美的特质与内涵。精神世界的真与善，已足以构成内在的宇宙的美。女性的温柔，又进而包容了母爱的天性，使之担负起母亲保护婴儿的职责。而少女的形象，婀娜的体态，莲台的衬托，净瓶柳枝的缀饰，加之心灵的慈祥、和蔼，这就是灵魂与形象、内容与形式的完美结合，是真善美的集合与化身。而这一切，都是千百年来人类社会、人文精神所追求的最高境界。

**四、弘扬慈爱善美与“爱心之都”**

当代中国经济的高速发展，引发了对慈善事业的突出需求。

一般来说，社会效益越高，对慈善的需求也就越高。因为效益意味着强者对弱者的排挤，而慈善代表着强者对弱者的理解、关爱和援助。强者与弱者之间这一既排挤又援助的张力，正是让社会既充满活力，又安定有序的内在机制。

观音文化中践行的“普度众生”理念，倡导的是大慈大悲与大善大爱，这不仅是我们今天践行平等博爱，也是建设和谐社会的重要思想认识基础。在大力发展社会主义市场经济，弘扬社会主义道德的条件下，社会主义慈善事业已超越了施舍、恩赐的传统含义，具有了建立在人格平等基础之上的团结互助、互帮互爱、共同进步的新内涵。近年来，遂宁的慈善事业不断提高着开发社会公益资源的能力，以“慈善志翔班”“爱心亭”“慈善爱心超市”为标志的慈善网络遍布城乡，慈善工作从城市延伸到广大农村，“明天计划”“微笑列车 · 重生行动”“慈善助学”“慈善一日捐”“爱心义卖”“五位一体”社会福利救助中心等形式多样的慈善救助活动与项目遍布遂州大地，爱心之都的品牌彰显出强大的生命与影响力。这些慈善活动的广泛开展，不仅促进了社区服务，推进了社区建设，也激发了社会公众的道德回归，形成了人与人之间协调融洽的关系。这便是“中国观音文化之乡”——遂宁市在建设“爱心之都”的社会美化工程中“慈爱善美”的观音精神的具体体现。

观音文化的实质，即“慈爱善美”精神，与社会主义核心价值观既有文化层面的寓意沟通，又有实践层面的现实呼应。观音文化的“慈爱善美”诸多精神元素几乎渗透到了核心价值观的各个领域，即国家层面的“文明”“和谐”，社会层面的“平等”“公正”，个人层面的“诚信”“友善”。这些都是与我们今天提倡奉献爱心、服务人民、关心他人、团结互助、天下为公、先人后己、乐善好施的精神，与“先天下之忧而忧，后天下之乐而乐”的优良传统品质，与“只有解放全人类，才能最后解放自己”的共产主义精神是一致的，这既是传统文化的精粹、传统美德，也是社会公德。只有坚持历史唯物主义，对传统观音文化进行科学的扬弃与传承，中国国民的慈善观念和公民意识才会走向成熟，悠久的中华慈爱传统和人性之美才能绽放出现代文明之花蕾，我们的国家就一定会更加和谐美好！

（周光宁　撰写）

## 第二节　九宗书院的崇文兴学

遂宁九宗书院

九宗书院，为唐代遂州刺史张九宗所创办，位于今遂宁市城区南郊。

书院之名始于唐代，分官私两类。官办书院主要功能为官方收藏、校勘和整理图书，或偶尔作为皇帝讲经的场所；私立书院主要功能是供人读书治学之所，传播文化并培养学生参加科举考试。

最早的官办书院，为唐玄宗开元六年(718)兴办的丽正修书院，开元十三年又改为集贤殿书院。

而私立书院则比官办书院整整早了 83 年。唐太宗贞观九年(635)，遂宁民间已有书院问世，但无详考，而后又时兴时废，终为废墟。直到后来，遂州刺史张九宗主政遂州，遂宁民间所废书院，才重整旗鼓，时名“九宗书院”。

## 一、兴学：私立书院首开先河

张九宗，生卒年不详，四川遂宁人。九宗自幼聪颖好学，唐德宗元贞元年（785），遂州刺史乔琳在遂宁民间书院的废墟上建立学宫，张九宗入学读书，成绩优异，深得乔琳赏识。贞元十年（795）张九宗进京考试，一考就中了进士，接着被任命为戎州（现在的宜宾）刺史。张九宗在宜宾任上注意研究民风，主张以教育的手段来改变民风，在任数年治理有方，政绩显著，深得百姓喜爱。以后他又担任过同州（现在的陕西大荔县等地）、华州（现在的陕西华县）、普州（现在的安岳县）、遂州（现在的遂宁）、邛州（现在的邛崃）等五州刺史，并兼御史大夫。后来持节封侯归典乡郡。

张九宗在任遂州刺史的时候，深深感到文化教育的重要，同时又看到当年自己学习过的学宫已经废败，便筹资重建，致力恢复学宫，并且亲自讲课，大力提倡教育，这就是全国有名的“九宗书院”。九宗书院为振兴遂宁的文化教育乃至经济社会都作出了重要贡献，使得遂宁文风日盛，奠定了遂宁文化发展的基础。《通志》称赞说：“遂宁文学，自九宗倡焉”，这里的文学，便是文化教育的意思。

## 二、创举：营造治学育人环境氛围

遂宁市城南三里许，有一座自古就非常有名的山，过去一直被人们称之为梵云山（今市物流港内）。唐初遂宁第一位进士张九宗的住宅“九思山房”就在这里。

张九宗家居梵云山的时候，不仅在山上遍植佳木奇草异花，畜养鸟兽，营造良好生存环境，而且谨遵《论语·季氏》中“君子有九思：视思明，听思聪，色思温，貌思恭，言思忠，事思敬，疑思问，忿思难”之古训，将山庄命名为“九思山房”，意在追求一种勤于思考，时时思考，事事思考的勤学、苦读、深思、熟虑的至高境界。再加之“九”在中国传统文化里有“最多”“最大”的含义，因此，“九思”也含有多次、反复、深入思考，思考到成熟、“思考到极致”的深刻意蕴，是一种皓首穷经、百折不挠、追求真理、追求至善、追求完美的品质精神，它所彰显的正好是九宗书院、中国书院聚徒讲学治学、皓首穷经、追求真理、传承弘扬中华传统优秀文化，教书育人、促进经济社会发展的宗旨使命和品质精神。九宗书院与九思山房毗邻而建，张九宗非常重视校园环境建设，对书院的环境布局、氛围营造要求很高。书院有正厅两座各3间,东西楼阁共16间。书院主要建筑有宜园、斋舍、厢房、廊楼及园林建筑,亭下两旁为书楼,左右为义门,南边数十步为大门。为了美化环境,张九宗不仅亲自撰书有“欲藉水山来养性,更凭花鸟去偷春”的楹联悬挂于书院大门,在《荣禄诗》中有“牛羊衔草窥环佩,鸟雀离花听管弦”“梵云春晓画图间”的美好愿景描绘,而且还以身示范、躬身实践,在办学期间带领弟子亲自动手在书院周围种植翠柏、香樟等,在梵云山周围植养花鸟虫鱼,追求并营造“岚光翠柏、蔚然深秀”的美好境界,以此激发学生读书求学、修身养性的强烈愿望。使得不少学生在他的感召下爱上校园环境,自觉加入了校园环境建设与保护的行列。由于张九宗开创并践行了文化育人、环境育人的先进办学思想理念,使九宗书院“优美育人”的美誉度很高,人们纷至沓来,把这儿当成了远近闻名的旅游胜地,在遂宁历史上造就了“梵云春晓”的著名景点,使之成了延续至今的遂宁十二大名胜风景之一。

### 三、功绩:千秋书院薪火相传

唐朝末年,群雄并起,中国历史进入有名的“五代十国”时期。后唐天成四年(929),东川节度使董璋、西川节度使孟知祥于蜀中叛乱,起精兵三万围攻遂州。名将夏鲁奇率军民守城奋战,直到“二年(931)正月,援兵不到,城中断粮,城陷。”最后时刻,夏鲁奇将妻、子沉于衙署后井,后自刎殉城,时年49岁。九宗书院也毁于这场惨烈的兵燹。

此后,“九宗书院”随沧海桑田而变迁:

——宋庆历四年(1044),太守廖询复建九宗书院于郡城东,后被江水冲毁。

——南宋嘉泰二年(1202),转运史王勋、知州赵善宣迁建九宗书院于城南书台山麓,易名“书台”。嘉定年间,书台山附近有二雁塔,刻录唐、宋以来出自九宗书院的科甲名士。殿廊有石刻《考经》,传为宋徽宗亲书。在整个宋代,九宗书院培养弟子约800余名。唐、宋迄元,登榜擢第者为蜀中书院之冠。

——明洪武四年(1371),松江儒士钱恕出任遂宁知州,与州同(官职)陈善授捐俸重修九宗书院。“新绘七十二贤及历代道学宗儒”奉祀其中。

——明嘉靖九年(1530),遂州降格为县。知县郑重威重建九宗书院,二十一年扩大规模。崇祯末毁于兵燹。

——清乾隆四十三年(1778),举人席有源,李晋阳集资呈准知府汪世椿,仍于书台山旧址重建九宗书院。讲堂名“撷秀”，厅堂匾“学生”，书斋 7 间，东名“明志”，西为“致远”。

——嘉庆十八年(1813)，邑人捐资重修。二十一年知县赵曲忠补修，新建讲堂 3 间，书斋 2 间。继任知县余承俸，再于当年补建崇圣祠、亭、阁及书斋，规模与前代无异。

——道光二十八年(1848)，知县鸣谦再次补修，院内“岚光翠柏，蔚然深秀”，“历代鸿儒名臣，蝉联辈出”。清末改为天台寺初级小学。

**四、地位：开创历史独步世界**

中国古代书院，是聚徒讲学、研习传承传统文化的教学研究型机构，为后来大学兴起提供了可资借鉴的路径模式，所以有一学术观点认为，中国古代书院是世界早期大学的雏形。

九宗书院是中国历史上有史可考的第一家私立书院，比名震华夏的岳麓书院早创办了 341 年，比世界最早的大学——埃及的爱资哈尔大学早创办了 348 年，比欧洲最早的大学——意大利的波伦亚大学早创办了 453 年！因此，有学者提出了九宗书院是世界上最早大学的学术见解。

中央广播电视大学教材和《人民日报》2002 年 9 月 25 日报道认为：九宗书院的创建，标志着中国教育体制中一种新的办学形式的诞生。在学术泰斗季羡林先生作序的国家“十一五”重点图书工程——《中华长江文化大系》以及《中国教育简史》中，对九宗书院首开中国古代教育体制之先河的历史贡献，均有毋庸置疑的定论。其实在我们看来，九宗书院的贡献远不止这些，更重大的还在于其崇尚并践行“九思”、知行合一、研习学理、严谨治学、追求至善、传承弘扬优秀传统文化，教书育人、环境育人、服务社会等办学思想、育人理念方面的创新，使之成了中国、世界高等教育的鼻祖和滥觞。由此可见遂宁人的开拓创新精神和九宗其人、九宗书院在中国、在世界高等教育中的特殊贡献和特定历史地位，值得特别珍视和很好发掘。九宗书院，是遂宁、也是中华深厚历史文化底蕴中光辉灿烂的一页，是遂宁人、中国人引以为自豪的宝贵精神财富，是文化遂宁、人文遂宁的又一光彩夺目的亮点！

（周光宁　撰写）

## 第三节 卓然完人的天下廉吏

张鹏翮(1649—1725),字运青,号宽宇,四川遂宁人。清康熙九年(1670)进士,历任刑部主事、苏州知府、兖州知府、河东盐运使、通政司参议、兵部督捕副理事官、大理寺少卿、浙江巡抚、兵部右侍郎提督江南学政、左都御史、刑部尚书、江南江西总督、河道总督、户部尚书等职,官至文华殿大学士兼吏部尚书,时人称其为“遂宁相国”。雍正三年(1725)病逝,归葬遂宁庆元山。祀于清朝贤良祠、遂宁乡贤祠。张鹏翮集政治家、水利专家、理学家、文学家、外交家于一身,是清代268年间四川官位最显赫、名声最响亮的一代贤相。著有《冰雪堂稿》《如意堂稿》《信阳子卓录》《治镜录》《奉使俄罗斯行程纪略》《兖州府志》《遂宁县志》《治河全书》《关夫子志》《三国蜀诸葛忠武侯亮年表》《诸葛忠武志》《遂宁张文端公全集》等书。

### 一、自幼聪颖,心怀天下

张鹏翮自幼聪颖,三岁能诵《大学》,九岁能文。他以天下为己任,锐意经世济民。读《陆宣公奏议》,感叹道:“伊尹一介不取,孔明淡泊明志,先圣后圣,其揆一也”,把名相伊尹和诸葛亮作为人生楷模,足见其目光远大、志向高远、非同凡响。

### 二、不避权贵,初得帝赏

康熙八年(1669),张鹏翮中举。九年,成进士,选任弘文院庶吉士。当时在弘文院中属张鹏翮年纪最轻、阅历最浅,他却敢于对那些在弘文院内部互相吹捧的行为说不。三年后,改任刑部主事、刑部员外郎。张鹏翮审理案件,从不避让贵戚和权臣,对趋炎附势的行为极为鄙视。受人排挤的同时,他的名声也逐渐传开了。十四年(1675),受帝召见于懋勤殿,备受恩宠。后历任顺天府乡试同考官、会试及武会试同考官、会试提调官、殿试执事官、廷试贡士阅卷官等。

### 三、出京任职,小试牛刀

张鹏翮为官关心民生疾苦。康熙十九年(1680),三十二岁的张鹏翮出任苏州知府。不久,因母丧而归遂宁。守孝三年又回京,被任命为兖州知府。下车伊始,即查判过去积压的疑难案件,释放冤民 30 余人,还成全了一桩美满姻缘。他重视农业,发展民生。兴办学校,淳化民风。离任时,官吏百姓纷纷拦路哭留。

二十四年(1685),因治兖州有功,升河东盐运使。主持修复盐池,盐政大治。二十五年(1686),内迁通政司右参议,后转兵部督捕右理事官。

## 四、出使俄国,胆识惊人

清初以来,沙俄一直武装入侵东北雅克萨和尼布楚等地方。康熙二十五年(1686),两军于雅克萨城对垒。俄军最终粮尽援绝,被迫遣使请和。二十七年(1688),张鹏翮奉命为副使,随内大臣索额图、都统佟国纲等一道出使俄国,会谈两国边界事宜。

进入荒漠时,常遇风暴,饮水奇缺,有人渴死途中。张鹏翮的两腿被马鞍磨得血肉模糊,仍艰难前行。他在家书中写道:“愿效张骞,以身许国,予之志也。”使团经归化(今内蒙古呼和浩特)后分三路,齐向中俄边境进发。六月中旬,当他所在的一路人马行至蒙古喀尔喀部领地时,适逢喀尔喀部与额鲁特部发生冲突。张鹏翮主张派使者前去说明路过缘由,以免误会,但未被采纳。结果使团受袭,被俘去先锋。使团成员大多惊慌失措,主张还军。张鹏翮力持还军不可,厉声说:“公等皆怯,某独当之!”最后还是按张鹏翮的意见派人前去解释原委,方消除误会。额鲁特部认错谢罪,放了先锋。同行者无不叹服张鹏翮的惊人胆识。这次深入漠北显示了清朝捍卫边疆的决心,为次年中俄两国签订《尼布楚条约》作出了积极贡献,也使张鹏翮从此“扬厉中外”。八月中旬,使团回到北京后,康熙提升他为兵部督捕左理事官,又升为大理寺少卿。

## 五、深得帝心,建设浙江

康熙二十八年(1689),张鹏翮护驾南巡。康熙以其“为人颇优”“居官素善”,擢升他为浙江巡抚。当时浙江吏治十分颓败,贪污风行,加上连年灾荒,以致民生困穷。张鹏翮抵任后即退还室内华丽陈设,提倡俭朴办公。他勤理政务,革除陋规恶习,严惩贪官污吏。又兴修定海城(今浙江舟山),巩固边防。重视教化,端正民风。三十二年(1693),浙江普遭旱灾。张鹏翮三次上疏康熙,陈述民生疾苦,祈求国家赈济；一边亲自勘查海塘，大兴农田水利。其行下为士民称颂，上受皇帝褒奖。鹏翮抚浙历时六载，精勤理政，廉洁守职，使兵民相安，生产增长。时年八十五岁的著名思想家黄宗羲曾慕鹏翮清名并“造辕请见”，赞扬他笃守圣贤之学，言行一致，堪称士人表率。三十三年（1694），张鹏翮升兵部右侍郎。离任时，浙江百姓感恩戴德，涕泣挽留。后绘制鹏翮之像于竹阁，为的是使子孙后代“无忘我公之惠政”。

## 六、除弊务实，士子楷模

清初，科举考试营私舞弊严重，江南尤甚。康熙认为，只有选派刚果廉洁之人，才能整治此风。康熙三十三年十一月，张鹏翮以兵部右侍郎提督江南学政。鹏翮前往江宁（今南京）赴任时，行李极少，随从无几。到任后，严词拒绝一切请托。因其铁面无私、矢志矢公，一些考生即使持有京城权贵的亲笔推荐信也不敢呈交，后门走不得。他秉公主持科考，拔选之才不少为贫寒有识之士。终其任，没有一个侥幸被录取的人。旧有陋规，凡是在呈给学政报册时，都要交些所谓的手续费。然而张鹏翮两袖清风，分文不取，铲除了这个陋习。张鹏翮推崇经世致用的文章，摒弃浮华绮丽之辞，影响了一代江南学风。江南士子每念其节操，辄“唏嘘流涕”。后来，吴县一带士绅还在江阴学宫的东面专门盖了一座书院，其正堂偏中处特设有张鹏翮的座椅，并聚此讲学。

## 七、公正审理，天下廉吏

康熙三十六年（1697）五月，张鹏翮回京，康熙召见，称“卿非常清操，朕甚敬重”，褒誉他为“天下第一等人”，升其为都察院左都御史。次年，川陕总督吴赫贪污一案被揭发，鹏翮受命偕同刑部尚书傅腊塔赴陕查办。七月，回京复命，任刑部尚书。由于他办事公正廉明，不畏权贵，不少人对他又恨又怕。凡有重大案件，康熙总是派他前去处理。就职不久，两江总督噶礼诬告苏州知府陈鹏年，说陈所作的《重游虎丘》是反诗，康熙派张鹏翮查处此事。当时张鹏翮的儿子张懋诚是噶礼的部下，专横暴戾的噶礼扬言：“张鹏翮若敢整到我的头上，老子就杀了他的儿子！”噶礼愈蛮横，张鹏翮愈不怕，依然秉公办事。最终洗陈鹏年之冤，揭噶礼之罪，作出了实事求是的审查结论。十一月，出任江南江西总督。

三十八年(1699)春,康熙帝南巡,张鹏翮迎驾于扬州。康熙告谕近臣:“居官如大学士吴琠、总督张鹏翮、巡抚宋荦,朕可以无忧。”五月,他扈从入京,被委派同傅腊塔再次赴陕,复查上年曾亲自审理过的案件。他单骑简从,禁止地方官员迎送。由于案件重大,涉案人员众多,在审理过程中,张鹏翮的居所可谓门庭若市。但他不为金钱所动,更不怕打击报复,坚持秉公办案。凡属冤假者,他即刻纠正,而对查有实据的贪官污吏,无论是督抚布按,还是知州知县,均绳之以法,严惩不贷。他判案是非分明,令傅腊塔等会审诸臣为之折服。康熙对此很赏识,谕众大学士曰:“张鹏翮前往陕西,朕留心察访,果一介不取。天下廉吏,无出张鹏翮右者。”是为不刊之论。

**八、时时自警,禁绝腐败**

康熙四十八年(1709)后,张鹏翮相继担任刑部尚书、户部尚书、吏部尚书。在清代,吏部居六部之首,凡全国官员的任免、考课、升降、调动等事务均归吏部负责。吏部是最容易滋生腐败的部门,康熙认为张鹏翮能够禁绝此弊。为了对付前来请托的人,素来崇拜关羽的他在自家厅堂上树了一尊关帝塑像,且有周仓持刀威严旁立。每逢亲朋好友有私事相求,他便指着塑像说:“关夫子在上,监察无遗,岂敢狗隐!”有些交情甚笃的人想要美差,张鹏翮往往诙谐说道:“周将军手中的青龙偃月刀很锋利,你就不惧怕吗?”康熙赞其“不但为今之名臣,亦足重于后世矣。”

张鹏翮塑像

### 九、鞠躬尽瘁，卓然完人

雍正在即位前就深知张鹏翮的廉名，因此在雍正元年（1723）二月，即拜张鹏翮为文华殿大学士兼吏部尚书。六月，黄河决口，雍正左右为难，最终命他前往治理。临行前，雍正对他说："以位，则卿不当差；以龄，则卿亦不当差。然遍顾诸臣，无出卿右者。"三年（1725）二月十九日，张鹏翮于任上逝世，终年77岁。去世前夕，他还给雍正上奏边防、河防、海防等国策。张鹏翮一生粗茶淡饭，死后家中无多余财物，所谓"四壁空虚，一棺清冷，贫宦与老僧无异"。其子张懋诚"四顾茫然，无法举丧"，全赖雍正赐白金千两，才得扶榇归葬。张鹏翮逝世后，雍正悲悼减膳，两次御制祭文悼念。雍正在御制碑文中赞鹏翮"秉性贞介，持身廉洁"，称其为"卓然一代之完人！"评价之高，无出其右。

（胡传淮　陈名扬　撰写）

## 第四节　将相王侯的勤政爱民

遂宁历史悠久，钟灵毓秀。自东晋以来，遂宁历史上涌现出许多杰出人物、将相贤臣，他们怀抱经世济民的理想，践行忠义廉直、勤政爱民的精神，是历代遂宁人的优秀典型，他们将永远激励我们前行。

### 一、晋末龚颖铁胆显忠义

第一次出现在正史中的遂宁人是晋末宋初的龚颖。龚颖，生卒年不详，有德才，被益州刺史毛璩聘为劝学从事。后国变，谯纵占据四川，龚颖发誓不附庸，被刘宋名臣陆徽所赏识。陆徽在《荐遂宁龚颖表》中称龚颖："秉身贞白，抗志不挠""虽桎梏在身，践危愈信其节；白刃临颈，见死不更其守"。并赞扬他为"当今之忠壮，振古之遗烈。"龚颖铁胆忠义的形象从此深深地留在了人们的脑海里。

### 二、北宋张述慷慨讽时政

张述，生卒年不详，字绍明，北宋遂州长江县长潭镇（今大英县隆盛镇）人。举进士，调咸阳县主簿，有政绩。后改大理寺丞，迁太常博士。张述为人慷慨，喜讽时政。皇祐年间，因仁宗未有子嗣，张述于是上书说："生民之命，系于宗庙社稷，而继嗣为之本。匹夫有百金之产，犹能定谋托后，事出于素，况有天下者哉！陛下承三圣之业，传之千万年，斯为孝矣。宗庙社稷未有托焉，此臣所以夙夜彷徨而为陛下忧也。谓宜慎择宗亲才而贤者，异其礼秩，试以职务，俾内外知圣心有所属，则天下大幸。"至和元年(1054)，张述又上疏说："臣闻'明两作离，大人以继明照四方'。离为日，君象也。二明相继故能久照，东升西没，昼夜迭运，数之常也。陛下御天下且三纪矣，是日之正中也，而未闻以继照为虑，臣窃疑之。历观前世或令出宫闱，或谋起阉寺，或奸臣首议，利幼主以专政，假后宫以盗权，安危之机发于顷刻。朝议恬然，曾不为计，此臣拳拳为陛下言也。"张述前后七次上疏，最后语言尤激烈，仁宗皇帝善于听取意见，最终不以为罪。

### 三、元代谢端铁面无私

谢端(1279—1340)，字敬德，遂宁人，后迁居湖北武昌。元代著名文学家、史学家。《元史》评价说："元世蜀士以文名者，曰虞集，而谢端其次云。"谢端为延祐五年(1318)进士，身经七朝。历任潭州路同知湘阴州事、国子博士、太常博士、翰林修撰、同知制诰、国史院编修、翰林待制、国子司业，终累官至翰林直学士，阶太中大夫，赠国子祭酒、轻车都尉、陈留郡侯，谥"文安"。入祀遂宁乡贤祠。元仁宗延祐五年，谢端出任潭州路同知湘阴州事。湘阴教育在元初弊端很多，谢端从多年的教育经验出发，重建制度，精勤课考，学风为之一新。农业生产方面，谢端在湘阴兴建堤坝、保护农田，百姓以为利。元初赋役不均的情况在湘阴很明显，谢端命令将每户的田产数量写在各自的

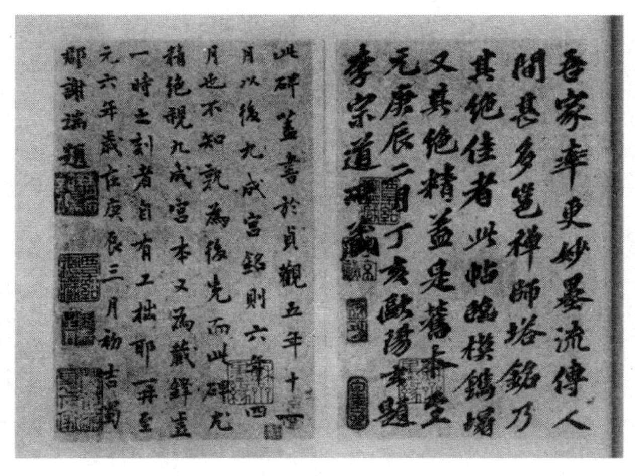

谢端书法作品照

户籍上,从田产数量出发予以征收赋役。

谢端铁面执法,治理社会环境卓有成效。湘阴有一霸,名叫田元贵。此人曾任巡徼官,因为持有上面人的把柄,横行一方,无人能管制。谢端到湘阴后,就有民状告田元贵霸占其妻子不还。衙人都害怕田,谢端传话,如果他不来受审,我就会派人把他绑来。田来后,谢端一审就服罪,打了他的板子。等到田再次犯法时,谢端令人书红字在他门上,公开他的罪行。田无法,最终迁出湘阴。

谢端不仅是神判,还是神探。曾经为查办一桩悬疑颇多的杀人案,微服私访,入住盗贼村中。经亲自探查证据,人赃俱获,最终案破罪伏。从此之后,邻州一有疑案即拿到湘阴交由谢端审查。湘阴离武昌很近,谢端却因忙于公务,竟三年不曾回家。又湘阴为湖南下州,为官颇难。宋褧感慨地说:“使君厅事冷于冰,使君无家静如僧”,突出了谢端为官的清正。谢端离开湘阴赴京任职二十年后,湘阴的老百姓仍“颂其遗爱”。

### 四、明代陈讲兴学御边

陈讲(1487—1570),字子学,号中川,四川遂宁(今船山区永兴镇罗家场)人。明正德十一年(1516)解元,正德十六年(1521)进士。选翰林院庶吉士,授监察御史。嘉靖年间,巡按陕西,历官直隶、山西提学。又迁河南布政使,转都察院右副都御史,巡抚山西。

陈讲任山西巡抚时,尊敬人才,兴办学校,使山西文风大振。嘉靖十八年(1539),蒙古俺答大举进犯,直达山西大同、太原、晋阳等地。陈讲急奏御敌方略,为帝认可,最终使北疆稳定。又上《请饬群臣和衷疏》,希望群臣和衷共济以理国事;又请恢复杨廷和职位以利朝政。陈讲工诗善文,撰有《中川文集》《如鸟集》《马政志》《(嘉靖)遂宁县志》《(嘉靖)潼川志》等。

### 五、探花杨名上书谏帝

杨名(1505—1559),字实卿,号方洲,四川遂宁土桥铺银杏湾(今安居区聚贤镇)人。明嘉靖七年(1528)解元,八年(1529)殿试第三名,高中探花。授翰林院编修,后任展书官。

十一年(1532)十月,彗星现,杨名应诏上书。他第一个站出来反对皇帝沉迷于邵元节的妖术，直言嘉靖喜怒失中，用人不当，并弹劾吏部尚书汪鋐等人的过错。嘉靖读完杨名的奏折后，十分震怒。当即命左右将其逮捕下狱，严刑拷打。杨名遭到几番暴打，近乎毙命，始终以忠诚自辩。后特诏谪戍，编伍瞿塘卫，一年后才被释放。后屡有举荐，终不复召回。

杨名家居遂宁二十余年，孝养其亲。四川巡抚刘大谟礼聘他与杨慎、王元正等同修嘉靖《四川通志》，嘉靖二十年（1541）成书，共八十卷。又与陈讲合修有嘉靖《遂宁县志》。晚年，杨名在遂宁蟠龙山方洲书屋（今安居区横山镇）讲学授徒。明穆宗即位，方复原官。后病卒，赠光禄寺少卿。杨名曾编三贤祠周敦颐、王十朋、宋濂诗文，为《三贤集》三卷。另撰有《方洲集》《杨太史奏疏》《大昌县志》等。

### 六、明代杨最抗疏直谏

杨最（1475—1541），字殿之，号果斋，明代四川射洪（今遂宁市射洪县）人，以直谏著称于世。正德十二年进士，被任命为工部主事，曾任郎中。曾治理淮河和扬子江水患。正赶上明世宗即位，向皇上进言说："宝应氾光湖西南高，东北低，船只要从湖中行三十多里。东北的堤岸高出水面不过三尺，到了雨大风急的时候，就会决口，影响船只运输，盐城、兴化、通州、泰州等地的良田都会遭受灾害。应该像当年白圭修筑高邮的康济湖大堤一样，专门任命大臣修筑内河，加高旧堤作为外层的屏障，可以确保一百年没有水患，这是上等的对策。其次是在沿河边栽多重木桩，能对风波起到一定的阻碍作用，增加旧堤厚度，不要过于低矮，也可以支撑多年。如果只是堵塞缝隙和缺口，希望暂时无事，一旦遇到大雨，积成大潮，这就没有对策了。"工部分析研究后，决定采纳他的第二条建议。后来出任宁波知府，请示皇上允许浙东的老百姓停止交纳财物，全部以银子来代替，老百姓觉得非常方便。后官至贵州按察使、太仆寺卿。明世宗喜好神仙，给事中顾存仁、高金、王纳言都因直言进谏而获罪。正巧有个叫段朝用的方士，把自己炼造的白金器具百余件靠着郭勋向皇上进献，说用这盛饮食物品，供奉祭品，就可以请来神仙。皇上立即召来与他交谈，十分高兴。段朝用说，皇上住在深宫里不要与外人接触，就会炼成黄金，得到长生不老的药。皇上更加高兴，下令朝内的大臣让太子监理朝政，并说："我暂时退隐一两年，然后和当初一样管理朝政。"整个朝廷上下都十分惊愕，不敢说话。杨最向皇上直言进谏说："陛下正值壮年却下诏谈到这件事，只不过见到一个方士,就想服药成为神仙。神仙是住在山中修炼的人所做的,哪里有居住在豪华的宫殿里,穿着华丽的衣服,吃着精美的食物,却能在白天飞上天的呢?我即使十分愚蠢,也不敢照旨行事。”皇上大怒,立即下诏将杨最关进监狱,重施杖刑,杖刑还没有结束,杨最就死了。杨最死后,太子监国的提议也没有实行。第二年,郭勋因罪在狱中病死,段朝用的骗术也被识破,后被处死。隆庆元年,封杨最为右副都御史,谥号“忠节”。

### 七、榜眼李仙根安定南疆

李仙根(1621—1690),字子静,号南津,四川遂宁人,清初著名文学家、书法家、外交家。顺治十八年(1661)殿试第二名,高中榜眼。历任弘文院编修、国子监司业、秘书院侍读、宣谕安南正使、国子监祭酒、康熙庚戌科武会试总裁、经筵讲官、日讲官、起居注官、内阁学士、礼部侍郎、《太宗文皇帝实录》副总裁、鸿胪寺少卿、左副都御史、明史纂修官、户部右侍郎、光禄寺少卿。李仙根为遂宁历史上科名最高者。康熙皇帝赞扬:“李仙根办事有才。”

李仙根书法作品

康熙六年(1667),清廷封臣安南国王黎维禧进攻安南都统使莫元清所据高平地。时任秘书院侍读的李仙根被廷举为宣谕安南正使,奉旨平息边境兵事。康熙赐李仙根正一品麟蟒服,诏许便宜从事。李仙根到安南后,安南国王黎维禧先是不接旨。李仙根引据律典,对安南君臣晓以大义,反复开谕十多次,耗时达三月。吏众见李仙根威严若神,终按三跪九叩礼接受了康熙圣谕,退还了莫元清高平地。李仙根不辱使命,安南大定。他依据在安南的见闻和调查,归途撰《安南使事纪要》,后为中越关系史重要典籍。

(胡传淮　陈名扬　撰写)

## 第五节 开拓创新的遂宁精神

一个人是要有一点精神的,这当无可非议。一群人呢?由一群人组成的一个团体、一个小社会、一座城市呢?大约也应当是有精神的吧?这在过去似乎有些问题,因为很少有人论及其精神问题。现在就不是问题了,因为已经有越来越多的人和城市在讨论这一问题。也因为遂宁这个曾经并不起眼的小城市与众多城市一样,其经验表明,一个城市与一个人,一群人一样,是要有精神的,否则便没了这个城市的精气神,没了这个城市的根和魂,这个城市就没了生气,成了钢筋水泥的堆砌体,那咋行呢?没有好的精神,没有崇高的追求和精神境界,一个城市就没了灵气,没了生机,没了发展,没了品质品位,就不可能成为真正意义上的大城市、特大城市、好城市,就难以很好地生存与发展,就更不要说名垂千古,流芳百世了。由此可见城市精神之重要,这便是我们讨论问题的基点。

### 一、遂宁精神的实质要义

(一)遂宁精神的定义

遂宁精神是指遂宁人在推进社会经济发展进程中所凝聚并展示出来的意识观念、品质风貌、状态神情等内在精神层面的,能引领、指导、鼓舞人积极向上、奋发有为、百折不挠、勇往直前的思想观念、意识形态领域的核心要素。遂宁精神与遂宁城市精神有相同相通,也有不同之处。严格地讲,是遂宁精神包容着遂宁的城市精神。

对于遂宁精神有两种定型的表述:其一是敢想敢干、敢闯敢试,开拓创新的遂宁精神;其二是友善、包容、创新、奉献的遂宁城市精神。前者是见诸报端的人们总结提炼的遂宁精神,后者是官方发布且得到广泛认可的遂宁城市精神。这里所言的遂宁精神是专指从敢想敢干、敢闯敢试中概括提炼出来的实质要义,是与遂宁城市精神中的“创新”融合统一起来的开拓创新精神。这是遂宁精神的核心和精髓,是遂宁精神的实质要义所在,是遂宁发展建设的指导思想,是遂宁经济社会发展的密钥良方,是遂宁经济社会飞速发展的有力推手,也是遂宁经济社会发展的重要经验，是遂宁文化层面、意识形态领域的重大成果，是遂宁人民和经济社会发展的根和魂。

（二）遂宁精神的意义

无论是遂宁精神还是遂宁的城市精神，都是历届市委市府领导和遂宁人民在长期的，特别是近三十年艰苦创业历程中逐步探索、积累和总结提炼出来的，是遂宁经济社会发展经验的结晶。其价值功用主要体现在：

一是指明了遂宁经济社会发展的方向，决定着遂宁发展建设的目标任务、路径举措和速度、高度与水平；

二是统一了思想认识，振奋鼓舞了人心，起到了凝心聚力、集聚精气神、优化社会风气、推动促进经济社会发展的特定作用；

三是取得了经济社会发展的巨大成就，促进了遂宁经济社会的创新、转型、跨越发展，探索了一条成功的丘陵地区经济社会发展建设之路；

四是创造了宝贵的发展建设经验，凝聚了攻坚克难的精神食粮，成了遂宁发展建设的精神支柱和力量源泉。

所有这些，都是被遂宁经济社会发展的基本历程、基本事实、巨大成就所证实的，是无可辩驳，世所公认的。

## 二、遂宁精神的凤凰涅槃

遂宁精神主要包容在遂宁的发展建设进程中，体现在遂宁市委市政府的重大决策和举措中，特别是其建设、经营、管理城市，推动社会经济发展的思想理念和思路上。其主要表现为：

一是建市之初，首届市委制定的“以农业促工业，以工业带动农业，工农业密切配合、协调发展”战略。它打破了沿袭多年的农耕文化一统天下的局面，不仅首次理顺了一二产业的关系，创设了工农业并驾齐驱、协调发展的新格局，而且大胆开创了以工业带动农业的经济社会发展新思路、新局面、新篇章，可谓出手不凡。

二是 1988 年，首届市委又百尺竿头，更进一步，将其调整成了“农奠基、工立柱、拓商贸、兴科技，城乡结合协调发展”战略，不仅颠倒了一二产业的主从关系，确立了工业的支柱产业地位，而且创新性地制定了发展第三产业、推动科技进步和城乡结合的协调发展战略，创设了跨越发展的基础前提和良好态势。

三是20世纪90年代，第二届市委提出的"在'中'字上做文章，在'通'字上下功夫"的"中通战略"。目的是把遂宁建成川中的交通枢纽和商贸中心，彰显了走出盆地、登高望远、攻坚克难、改革开放破顽疾的非凡豪迈气概。

四是进入21世纪，市委于四届三次全会上确立了"以科技为先导、强化基础设施建设和农业基础地位，推进工业化、城镇化、信息化进程"的"三化两基础一先导"的发展战略，让遂宁再次创新发展战略，创立新思路、跃上新平台、占领新高地、开辟新境界，展现出新世纪的新风采。

五是党的十七大以后，市委于五届四次市委全委会议上提出了以"打造成渝之心、建设现代产业高地"为战略定位，以建设"绿色遂宁、健康遂宁、和谐遂宁、现代遂宁"和"一枢纽、三中心、四基地、一目的地"为目标，大力推进"五创联动"，走农业原生态、工业可循环、服务业可持续的绿色经济发展新路子。

六是党的十八大以后，在六届五次市委全委会基础上，七届市委将"科学发展、绿色发展、创新发展、跨越发展"作为总体取向，"统筹城乡""'三化'联动"作为发展战略，实现"五个战略定位"作为目标任务，把"枢纽拓展、产业壮大、城镇优化、文化振兴、产业提升、民生改善'六大兴市计划'"和产业、枢纽、城镇、创新、开放、文化、惠民"七大提升行动"作为实施路径，吹响了加快建设"大而美、富而强、优而雅"的新遂宁和绿色经济强市的进军号角，让遂宁进入了弯道超车、跨越发展的快车道，以全新的姿态走出四川、走向全国、进军国际大舞台。

## 三、遂宁精神的流光溢彩

人民生活水平、城市面貌的根本改观，1环8射高速公路、5线11向铁路网络枢纽，中国西部现代物流港、河东新区、国家级经开区，108个生态湿地，五彩缤纷路、观音湖、螺湖、赤城湖、圣莲岛、观音文化园、中国死海、观音故里、国家地质公园以及两张国际、十多张国家级名片，"一城两区五组团"的大城市构架、"三城建设"之大手笔等，都形象直观、立体全方位地展示了遂宁改革开放、开拓创新的巨大变化与成就。

下面三组数据更能说明遂宁在遂宁精神指引下沧海桑田的巨大变化和非凡成效：

一是建市头5年国民生产总值年均增长8.8%，工业产值增长18%，财政收入增长20.3%，旗开得胜。

二是建市30年，2012—2014年，全市GDP年均增长11.4%，工业年均增长14.1%，地方财政收入增长17.3%，30年两位数的高速增长、30年如一日，长盛不衰，难能可贵！

三是30年的整体效应：同样是1985—2014年，全市地区国民生产总值由11.7亿元增至809.55亿元，增长69倍；人均GDP由377元增至24691元，增长65.5倍；公共财政收入由0.7亿元增至39.07亿元，增长55.9倍；农村居民收入从人均288元增长至9482元，增长32.9倍；城镇居民收入从629元增长至22790元，增长36.2倍。30年持续增长、成倍翻番，30年高速发展、久盛不衰。

2012年绿色经济遂宁会议开幕式

事实与数据表明：30年谋动思变、30年探路求索、30年开拓创新、30年击鼓奋进、30年沧桑巨变。三十而立，敢想敢干、敢闯敢试，改革奋进、艰苦创业、开拓创新的遂宁人终于走出了一条打破桎梏、颠覆传统的开拓创新路；30年百折不挠、30年慎终追远、30年矢志不渝、30年革故鼎新、30年筚路蓝缕，勤劳勇敢、顽强拼搏、攻坚克难的遂宁人豪迈地走出了一条继往开来、勇往直前的奋进路，走出了一条劈波斩浪、天翻地覆的转型路，走出了一条薪火相传、不断超越的跨越路，走出了一条与众不同、超凡脱俗的特色路，走出了一条绿色环保、生态持续的科学路。这就是遂宁精神，这就是遂宁精神的实质要义、精髓与结晶所在。

（王金星　撰写）

## 第六节　名片品牌的发展战略

无论何时何地，小到企业行业县区，大到省市国家社会，其发展战略都是至关重要且多种多样的，正所谓条条道路通罗马。诸如农奠基、工立柱、拓商贸、重视工业农业服务业，工业兴市、科教强市、文化强市等。但以名片品牌为发展战略者并不多见，遂宁却是这为数不多者之一，颇值关注。

### 一、名片品牌战略的含义

（一）名片品牌战略的定义

传统的名片通常是人们在社会交往中使用的印有自己姓名、单位、职务职称、地址、联系方式等内容的长方形硬纸片。其功能主要是推介自己，以便于进一步联系衔接、沟通交流或开展业务、增进友谊。随着经济社会的发展进步，名片的适用范围、对象和功用都有所扩大，已不仅仅是人们交际交往的工具，也成了地区、单位和城市经营、形象塑造的手段，成了发展建设的基本理念或重要举措，因而单位、城市、区域性名片等逐步多了起来。

严格说来，品牌并非新名词，在我们看来，品牌即人们通常说的名牌产品，俗称“牌子货”的东西。原本是在商品生产和流通领域中人们公认的一种质量、性能很好，品质品位很高，得到人们信任称赞，具很高知名度、很大影响力的好产品。因此，品牌应当是产品质量、性质、功用和品质品位、社会知名度、美誉度、影响力的象征。正因为如此，品牌的概念越来越看好，已被引入了广泛的社会生活领域，成了企业、行业、单位、区域、城市乃至国家的形象代言者和身份地位的代名词，并且上升成了国家战略。2017 年 5 月，国务院决定将 5 月 10 日定为国家品牌日。遂宁的白菜豆腐乳、舍得酒、宋瓷国宝、天齐锂业、观音文化城、中国西部现代物流港、全球绿色城市、国际花园城市等，都是这方面的产物和标志性的品牌。

战略本是国防军事用语，指的是指导战争全局的计划或策略。因有全局性策略的比喻义，所以被引入了其他行业领域，多指能取得决定性根本性胜利的长远性、根本性、全局性思路举措或运筹帷幄方案。比如党和国家的西部大开发、成渝经济区、长江经济带、自由贸易区、战略合作伙伴关系、一带一路等,均属发展性战略。

（二）名片品牌战略的外延

名片一般是社交活动中的常用工具,也将其引入了行业企业事业单位甚至党政部门、城市区域乃至国家发展需求之社会领域,成了社会地位和影响力的代名词。比如遂宁就有了全国优秀旅游城市、卫生城市等十多张国家级名片,全球绿色城市、国际花园城市两张国际名片。

品牌则主要是质量、地位、品质、品位、信誉、声誉的象征,其公信力、影响力是大家公认的。因此,品牌即一种品质、品相、品位、地位、价值符号的代表,是一种信誉度、公信力的代名词。做品牌就是做质量、做品质、做品位,也就是在树形象,提升品质品位;标准化程度越高,做的品牌也就越多,品质品位也就越高;做的层面越高,知名度、影响力也就越大越高;人们的信任感、幸福感、信任度也就越高。做品牌就是在练内功,增强软实力、核心竞争力、发展力,这是一种战略性举措;做品牌就是在做文化,只不过做的是一种质量文化,一种品质品位文化,一种积极向上,做大做好、做特做强、做优做高、向真向善向美的高层次高品质文化。

战略即从关键处、要害处着手,从全局、根本上来确定发展趋势、努力方向、目标任务、思路举措,从长远、可持续、科学发展角度来认识思考、看待处置问题,而不是主观盲从、随心所欲、见子打子、鼠目寸光,只看表面现象、只顾眼前利益的思考解决问题,而是一种管理运作、运筹帷幄、决胜千里的思维与决策行为。战略是整体思维、系统思维、超前思维、科学思维。战略不是儿戏,不是三天打鱼两天晒网,不是修修补补、小打小闹,战略是打大仗、打有准备之仗、打巧仗,是志在必得、知彼知己、百战不殆,从根本上决策决战决胜的思维方式;是未雨绸缪,是大手笔,是跨越式发展所必需的决策性思维方式、思维成果。

遂宁的名片名牌、品牌工程就是一种战略性思维,是一种根本性的发展思路和战略。

（三）名片品牌战略的意义

实施名片品牌战略,一是可以更好地找准定位,明确努力的目标方向并制定切实可行思路举措和办法来确保目标任务的圆满实现;二是可以集中力量办大事,最大限度地避免人力物力浪费,做到费省效宏;三是有利于高起点、高标准、高质量、高速度、高水平、跨越式地推进发展建设；四是能够从根本上，更好地塑造提升整体形象；五是有利于形成竞争激励机制，最大限度地调动积极性、发挥创造性，努力开拓创新、增强生机与活力，形成你追我赶、蓬勃向上、更好更快的发展态势。

## 二、名片品牌的打造

### （一）名片品牌战略的熔冶提升

遂宁的名片品牌战略由来已久，历史上的不说，单从建市开始，其动机目的就是打造创立丘陵地区经济社会发展模式的独具特色的社会性、综合性、创新性大名片大品牌，并由此开始，做了锲而不舍的努力，留下了一系列闪光的脚印：历史上的陈子昂、张九宗、邹和尚、王灼、席书、黄珂、黄峨、吕大器、吕潜、李实、张鹏翮、张船山，灵泉、广德、金华山、高峰山，九宗书院、《糖霜谱》《碧鸡漫志》《蜀语》等自不必说，建市后的几届纺织食品节隆重推出的小磨芝麻油、五香豆腐干、白菜豆腐乳、蓬溪姜糕、玉液、沱牌曲酒、舍得、遂州酒、中川牌衬衫，等等，响彻神州大地，妇孺皆知，便是遂宁人试水商品经济，打造名片品牌的最好明证；后来的飞虹轴瓦、遂州牌农用车、观音绣、中国死海、卓筒老井、观音故里、宋瓷博物馆、宝梵寺、高峰山、国家地质公园，中国西部现代物流港、生态山水城、现代花园城、观音文化城、中国书画之乡、中国曲艺之乡、中国观音文化之乡、世界荷花博览园、国家优秀旅游城市、环保模范城市、国家卫生城市、全球绿色城市、国际花园城市，等等，由最初的农副产品、纺织食品商品品牌，到后来的制造业、重工业、商业产品品牌；再后来基于居中不通的交通品牌、旅游品牌、城市品牌，最后上升到文化品牌、城市经营、社会经济发展理念、发展战略品牌，由远及近、由小到大、由低到高、由局部到全局、由具象到抽象、由当前到未来、由务实到务虚及虚实皆务，由量变到质变、由物质到精神、由小心尝试求证到大胆改革探索，由渐进到跨越，由经济物质到文化精神、由表象到根和魂、到根本、到战略性的涅槃与熔冶提升，一路走来，可谓步步高、很大气、很豪迈、很辉煌。

### （二）名片品牌战略的建设成效

通过建市以来的不懈努力，遂宁不仅根本改变了居中不通，手中无资金、地上无特产、地下无资源，重工业烧砖头、轻工业弹棉花，人口多、资源缺、基础差、农业重、工业薄、财力弱的典型农业市形象,使生产总值、人均 GDP、公共财政、农村居民收入、城镇居民收入五大指标都呈 30 至近 70 倍的增长,成功打造了中国死海、观音故里、子昂故里、中国书画之乡、曲艺之乡、螺湖、赤城湖、观音湖、湿地公园、圣莲岛、卓筒老井、龙凤峡硅化木地质公园、绿色生态农业、观光休闲现代农业、世界荷花博览园等旅游品牌,中国西部现代物流港、电子工业园、台商工业园、磨溪气田、江淮汽车等现代工业、服务业基地品牌,实现了电子工业、物流产业的从无到有、二三产业由弱到强,成功地实现了从城乡二元结构到城乡统筹携手并进、由切薯片到切芯片、造芯片的根本性变革和堂皇华丽转身,而且还创新了生态、山水、田园、花园、慈善、绿色等城市经营与建设和经济社会发展的好思想、好理念、好经验、好品牌,极大地改善了遂宁的生存发展空间和生态环境。不仅引来了大雁、天齐、健坤、远成等国际知名企业落户,引来了国内外与日俱增的游客,使旅游成了新兴支柱产业,建起了国家级经济技术开发区,跨进了千亿俱乐部,融入了成都平原城市群、成渝经济区,而且使遂宁成就了中国优秀旅游城市、国家卫生城市、国家环保模范城等众多响亮品牌,成了享誉全球的绿色城市、国际花园金奖城市,让遂宁站在了新的历史起点和高度上。

## 三、名片品牌效应

遂宁的名片品牌从观念理念到目标定位,从思路举措到蓝图绘就,从实践运作到成果展示、宣传营销,逐步形成气候、产生效应和影响,这主要体现在:

### (一)城市形象效应

名片品牌带来了城市形象的大提升,使遂宁由原来的居中不通,名不见经传的无名小城变成了一个通江达海、四通八达的四川次级交通枢纽城市。通过五创联动等一系列重大行动,使遂宁的城市功能、城市面貌、城市品质品位都发生了巨大深刻变化,经济飞速发展、社会稳定祥和,变成了由二十多顶国际国内桂冠组成,让人赞叹、感慨、羡慕,来了就不想走的魅力城市;变成了一个大而美、富而强、优而雅,品质品位高,在全川全国都享有盛名和美誉的心灵度假地,获得了中国人居环境范例奖、中国十佳宜居城市等品牌。

### (二)经济发展效应

名片品牌也带来了经济上的巨大效应。一二三产业的结构性大变革,二三产业的迅速崛起,带来的是经济总量的两位数以上的长期快速大增长,多项指标跃升全省前列,城乡居民收入的大提高,生活与环境的大改善,城乡二元结构的大改变,城乡尤其是城市面貌的大改观,幸福指数的大提升。特别是绿色经济的大崛起,不仅使遂宁找到了发展建设的捷径,而且让遂宁走上了绿色低碳、费省效宏、科学可持续的根本性发展建设之路,为遂宁创设了良好的发展机遇和更为广阔的美好的发展前景。

(三)社会品位效应

名片品牌的出现和集聚,使这座无名小城,使这座古老而年轻的城市在短短的30余年时间中迅速崛起,有了不少国家级、国际级的耀眼光环。城市的声名鹊起,城市的美誉度大提升,不仅让遂宁人深感欣喜、幸福、荣耀、骄傲和自豪,而且让外地人赞叹和羡慕不已,外省的、国际的游客友人也都慕名前来,蜂拥而至,让城市的品质品位大大提升,知名度、美誉度、影响力大大增强,一跃而逾百年上千年,不仅走出四川,走出西南,而且走出了国门、走向了世界,这当是国际国内都罕见的。

**获取国家卫生城市殊荣**

全球绿色城市证书

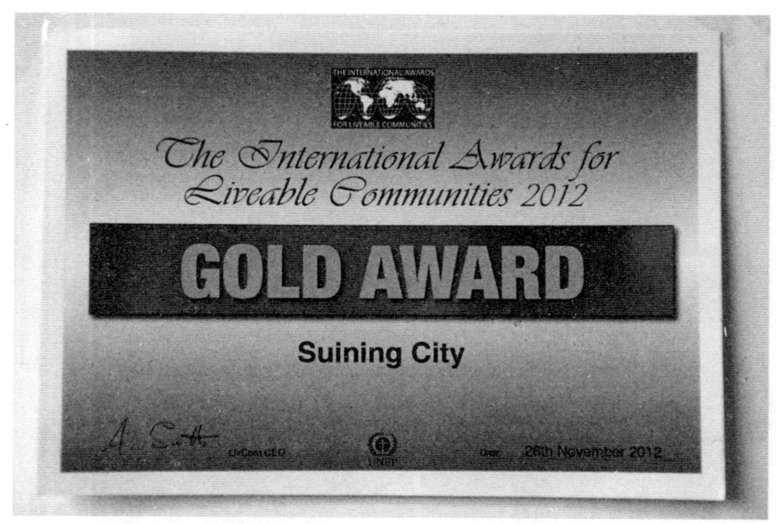


国际花园城市金奖特别奖证书

（王金星　撰写）

# 文学篇

## 第一节　开创一代诗风的大唐文宗陈子昂

陈子昂(约公元661—702)初唐著名诗人、文学家。字伯玉,梓州射洪(今四川省遂宁市射洪县)人。官至右拾遗,后世称为陈拾遗。

### 一、陈子昂的生平

陈子昂年幼聪颖,少而任侠,不喜读书。后因击剑伤人,始弃武从文,慨然立志,谢绝旧友,深钻经史,不几年便学涉百家,不让乃父。唐高宗调露元年(679),怀经纬之才的陈子昂,出三峡,北上长安,进入当时的最高学府国子监学习,并参加了第二年科举考试。落第后还乡。回故里金华山研读,“数年之间,经史百家,罔不赅览。尤善属文,雅有相如、子云之风骨”,为他后来革新文学奠定了坚实的基础。

陈子昂塑像

文明元年(684)陈子昂24岁时进士及第,因其文“历抵群公”,得罪权贵,不为所用。公元690年,陈子昂上书《大周受命颂》祝贺武则天改国号为周、登基为帝,武则天叹其才,授以麟台正字,旋迁右拾遗。垂拱二年(686),曾随左补阙乔知之军队到达西北居延海、张掖河一带。万岁通天元年(696),契丹李尽忠、孙万荣叛乱,又随建安王武攸宜大军出征。两次从军,加强了他对边塞形势和当地人民生活的认识,写成了《登幽州台歌》《蓟丘览古》等名作。

陈子昂生性耿直,关怀天下,直言敢谏,屡次上书谏诤武则天信用酷吏,滥杀无辜。又主张与民休息,因上书反对武则天计划开凿蜀山经雅州道攻击羌族,被斥降职。圣历元年(698),壮志难酬的陈子昂因父老辞职还乡,不久父死。居丧期间,权臣武三思指使射洪县令段简罗织罪名,加以迫害。冤死狱中,年四十二岁。

## 二、陈子昂的诗论

陈子昂在诗歌的理论与创作上都表现出大胆的创新精神。在齐梁之际，随着文学自身的不断积累，文学创作极度繁荣，社会上对文学创作给予很大的关注。但是，由于过分强调文学的娱乐性，片面追求诗文的辞藻和音韵，而忽视了文学的思想内容，最终导致了浮靡文风的盛行。陈子昂在著名的《修竹篇序》里，一针见血地指出初唐宫廷诗人们所奉为偶像的齐梁诗风是"彩丽竞繁，而兴寄都绝"，主张改革六朝以来绮靡纤弱的诗风，恢复《诗经》的"风、雅"传统，强调比兴寄托，提倡汉魏风骨，在倡导复古的旗帜下实现诗歌内容的真正革新。他态度很坚决，旗帜很鲜明，号召很有力量。"兴寄"和"风骨"都是关系着诗歌生命的首要问题。"兴寄"的实质是要求诗歌发扬批判现实的传统，要求诗歌有鲜明的政治倾向；"风骨"的实质是要求诗歌有高尚充沛的思想感情，有刚健充实的现实内容。在陈子昂的诗歌中表现出来的风雅传统、兴寄精神和刚健的风骨，其基本精神是要求诗歌要密切联系社会生活，要有劲健刚直的思想力量和高昂壮大的感情力量。这在当时诗坛仍受到绮靡纤弱诗风影响的情况下，确有起衰救弊的作用。从当时情况来说，陈子昂的革新主张不仅有理论的意义，而且富有实践的意义；不仅抨击了陈腐的诗风，而且还为当时正在萌芽成长的新诗人、新诗风开辟了道路。

## 三、陈子昂的诗歌

陈子昂不仅有自己明确的革新主张，而且他的很多作品都实践了自己的观点。陈子昂的仕途生活几起几落，其创作风格在不同的时期也体现出了不同的特征，但总体来说，他的作品可分为两类：第一类感怀身世，抒发报国理想的作品；第二类是政治失意，感叹破灭的感伤诗。

在第一类作品中，作家显现出强烈的社会政治意识，作品中往往包含着关注社会，反映社会的浓烈情怀。

1. 渴望建功立业的诗作。陈子昂在年少时继承了其父辈慷慨豪侠的性格气质，他 18 岁幡然悔悟、发愤读书之时，在广泛涉猎经史百家的基础之上，特别注重于钻研经邦治国的学问和游说国君的纵横术，这种性格和学习经历，使得陈子昂早期的文学创作显现出他怀着经邦济世、建功立业的理想。在告别家乡，到京城求学的旅途中饱览山水景色，眼界顿然开阔，写下了一系列写景抒情的作品，在这些作品中流露出对理想的强烈向往。如“日落沧江晚，停桡问土风。城临巴子国，台没汉王宫。荒服仍周甸，深山尚禹功。岩悬青壁断，地险碧流通。古木生云际，归帆出雾中。川途去无限，客思坐何穷。”（《白帝城怀古》），描绘白帝城周围的景色，抚今追昔，抒发作者强烈的爱国情怀，元代方回《瀛奎律髓》卷三誉之为“唐代律诗之祖”。即使在他科举失败后，曾度过一段学仙隐居的生活，但只是有向往隐逸的思想，并非是避俗遁世，而是常常杂以怀才不遇的牢骚与激愤，在根本上仍然是待时而出的心态。如《感遇》其三十八首。第二次应试得中后，他受到武则天的赏识，政治热情更加高涨起来，这段时间，他的创作主要集中在反映现实社会弊端以及反映战争观点这两方面。

2. 反映战争观点的诗歌。如他的《感遇》其三描写了边地荒凉悲惨的景象，抨击了边备空虚、将帅无能，丧师辱国，以及塞上遗孤得不到体恤等弊政，表达了自己对广大兵民的同情：“苍苍丁零塞，今古缅荒途。亭堠何摧兀，暴骨无全躯。黄沙幕南起，白日隐西隅。汉甲三十万，曾以事匈奴。但见沙场死，谁怜塞上孤！”他的《感遇》其三十七、二十九等描写了其在北征期间的亲身所见，描绘边防战士艰难状况及边地人民的困苦生活，描述了战争给人民带来的深重苦难，令人感受到他悲天悯人的情怀。

3. 讽刺社会黑暗的作品。如他的《感遇》其十、十九等，将当时社会耿介之士不被社会所容，人们互相倾轧，唯利是图的世风写得形象而深刻；如他的《感遇》其四以“食子殉军功”的乐羊和“孤兽犹不忍”的中山相对举，痛斥统治阶层中人物为求一己之富贵变得残忍而虚伪，失去人性。对于牵涉到最高统治者的许多最敏感的时事，陈子昂也无所避忌，大胆地陈诸笔下。如他的《感遇》其九揭露武周集团借图谶愚民的虚妄，其十七斥责武后佞佛殃民，其二十九反对穷兵黩武的扩张政策，都表现他的骨鲠之气。

第二类是政治失意时期的作品。陈子昂作了种种努力，企图赢得权贵们的理解与支持，但这些努力都以失败告终，在接二连三的受挫过程中，诗人开始有了一种隐逸的向往。如《秋园卧病呈晖上人》，是他在吊死哀丧时期，回想自己仕途的坎坷，抒写了心中怀有的无限忧愤之情，诗歌流露出作者的厌世情绪和遁世归隐之心。

## 四、陈子昂的影响

陈子昂是倡导唐代诗歌革新的先驱,对唐诗发展影响很大。卢藏用说他“横制颓波,天下翕然质文一变”(《陈伯玉文集序》),宋刘克庄《后村诗话》说:“唐初王、杨、沈、宋擅名,然不脱齐梁之体,独陈拾遗首倡高雅、冲淡之音,一扫六代之纤弱,趋于黄初、建安矣。”金元好问在《论诗绝句》中也云:“沈宋横驰翰墨场,风流初不废齐梁。论功若准平吴例,合著黄金铸子昂。”以上这些都中肯地评价了他作为唐诗革新先驱者的巨大贡献。

陈子昂现存诗共100多首,其中最有代表性的是《感遇》诗38首,《蓟丘览古赠卢居士藏用》7首和《登幽州台歌》。这些诗歌,以其进步、充实的思想内容,质朴、刚健的语言风格,对整个唐代诗歌产生了巨大影响。其后张九龄的《感遇》诗、李白的《古风》,都以他的《感遇》诗为学习对象。杜甫对他评价极高:“公生扬马后,名与日月悬……终古立忠义,《感遇》有遗篇。”(《陈拾遗故宅》),杜甫不少关心国事民生的诗篇,可明显地看出是受了他的影响。白居易《与元九书》、元稹《叙诗寄乐天书》都谈到他们努力写作讽喻诗,是受到陈子昂《感遇》诗的启发。白居易还把陈子昂与杜甫相提并论,说:“杜甫陈子昂,才名括天地。”(《初授拾遗》)

陈子昂也是唐代古文运动的前驱者。《新唐书·陈子昂传》说:“唐兴,文章承徐、庾余风,天下祖尚,子昂始变雅正。”他的散文,虽然还夹杂一部分骈偶语句,但大体上质朴疏朗,取法古代,接近先秦两汉的古文,独具清俊的风格,改变了唐代初期的文风。唐代古文家对他的散文,常给以很高的评价。如萧颖士认为“近日陈拾遗子昂文体最正”(李华《萧颖士文集序》引);梁肃说“陈子昂以风雅革浮侈”(《补阙李君前集序》);韩愈说“国朝盛文章(包括诗文),子昂始高蹈”(《荐士》诗);柳宗元也说著述、比兴二道,即文、诗二者,作者罕能兼美,陈子昂则是“称是选而不怍者”(《杨评事文集后序》)。但其散文的成就,不及诗歌突出。

陈子昂死后,其友人卢藏用为之编次遗文10卷。今存《陈伯玉文集》是经后人重编的。

(汪旭　撰写)

## 第二节 “僧敲月下门”的长江县主簿贾岛

贾岛(779—843),字浪仙,人称诗奴,又名瘦岛,唐代诗人。河北道幽州范阳县(今河北涿州市)人。早年出家为僧,号无本,后还俗,自号“碣石山人”。

### 一、贾岛的坎坷人生

贾岛早年家境贫寒,他的家乡范阳曾是安禄山的老巢,安史之乱平定后,这里又长期为藩镇所据,处于半隔绝状态。贾岛出生于平民家庭,门第寒微,所以他早年行事率不可考。19 岁云游,识孟郊等,传说他 30 岁前曾数次应举,都不得志。失意之余,又迫于生计,只好寄居于从弟释无可长安圭峰草堂寺,取法名无本。贫困的家庭景况,枯寂的禅房生活,养成他孤僻冷漠而内向的性格,耽幽爱奇,淡于荣利,喜怒鲜形于色,世事颇少萦怀。《唐才子传》说他“貌清意雅,谈玄抱佛,所交悉尘外之人,况味萧条,生计龃龉(龃龉,不相融合之意)。”

贾岛还俗后,多次赴考,都名落孙山,有一次竟因“吟病蝉之句,以刺公卿”,不仅被黜落,而且还被扣上“举场十恶”的帽子。更使他悲伤的是,他的好友孟郊于元和九年(814)突发急病而死。至长庆四年(824),韩愈又病逝。而此时之贾岛却依然是一介白衣。因其不通俗务,桀骜不驯,直到垂老之年,才出任长江县(今四川蓬溪县)主簿。开成五年(840),贾岛三年考满,迁任普州(今四川安岳县)司仓参军。会昌三年(843)七月二十八日(8 月 27 日),贾岛染疾卒于任上。

贾岛像

贾岛在长江主簿任上有何建树,史书不载。唐人苏绛在他的《贾司仓墓志铭》称赞贾岛“三年在任,卷不释手”。看来,贾岛仕宦后,依然不改其读书吟诗的癖好。

## 二、贾岛诗歌的主要内容

（一）自述穷愁境况，诉说怀才不遇的幽怨。贾岛一生穷愁潦倒，有不少自述穷愁之作，如“市中有樵山，此舍朝无烟。井底有甘泉，釜中乃空然”（《朝饥》），而他的“有琴含正韵，知音者如何?”（《寓兴》），“自嗟怜十上，谁肯待三征?”（《即事》）等，则诉说了他世无知音的感叹。

（二）赠别怀人诗。贾岛一生奔波辗转，他的宦游赠别诗颇多佳作。他善于把遭遇的不幸、宦旅的况味和景色的描写、友情乡思的抒发结合起来，所状景致宛然，所抒情思真切。如：“半夜长安雨，灯前越客吟。孤舟行一月，万水与千岑。岛屿夏云起，汀洲芳草深。何当折松叶，拂石剡溪阴。”（《忆吴处士》）

（三）怀友吊古诗。贾岛一生孤傲不群，朋友很少，所以他珍视友情，如“秋风吹渭水，落叶满长安”（《忆江上吴处士》），对仗工整，感情自然，一气呵成，意境苍凉，形象地传达出诗人忆念朋友的一片深情，不愧是传诵千古的名句。他的吊古诗，物伤其类，沉痛凄绝。如：“身死声名在，多应万古传。寡妻无子息，破宅带林泉。冢近登山道，诗随过海船。故人相吊后，斜日下寒天。”（《哭孟郊》）

## 三、贾岛诗的艺术特色

贾岛以“苦吟”著称，注重词句锤炼，刻意求工。其诗作也以清奇苦僻为特色，缺乏强烈的哀乐之情。“推敲”的典故，就是由于他的诗句“僧敲（推）月下门”而来的。《唐遗史》载：一日，贾岛访隐士李凝，李凝不在家，贾岛就把一首诗留了下来：《题李凝幽居》“闲居少邻并，草径入荒园。鸟宿池边树，僧推月下门。过桥分野色，移石动云根。暂去还来此，幽期不负言。”第二天，贾岛骑着毛驴返回长安。半路上，他想起昨夜即兴写成的那首小诗，觉得“鸟宿池边树，僧推月下门”中的“推”字用得不够妥帖，或许改用“敲”更恰当些。贾岛骑着毛驴，一边吟哦，一边做着敲门、推门的动作，不知不觉进了长安城。大街上的人看到他这个样子，都感到十分好笑。这时，适逢尚书职方员外郎韩愈外出路过此地，贾岛回避不及，撞上韩愈的侍卫队被拦住，侍卫将他带到韩愈面前，贾岛据实诉说，“因未定‘推’‘敲’，神游物外，不知回避。”韩愈听后没有责备他，略思片刻后笑道：“‘敲’字佳矣！”自此，韩贾结为布衣交，深得其赏识。贾岛写诗以刻苦认真著称。这在他自己的诗句中也有所反映。如他在《送无可上人》诗“独行潭底影,数息树边身”句下就自注:“二句三年得,一吟双泪流。知音如不赏,归卧故山秋。”“二句三年得”自然是夸张说法,但他吟诗常常煞费苦心却真有其事。也正是由于他的后天努力,才得以弥补其先天天分的不足,使他终于在众星璀璨的唐代诗坛赢得一席之地,并且留下许多佳作。又,贾岛与孟郊并称“郊寒岛瘦”,孟郊人称“诗囚”,贾岛被称为“诗奴”,一生不喜与常人往来,唯喜作诗苦吟,在字句上狠下功夫,常常为构思佳句而忘乎所以,“虽行坐寝食,苦吟不辍。”贾岛也因此被视为唐代苦吟诗人的典型。

贾岛诗构思奇、意境冷、遣词硬、用韵险、句法新,形成了奇险瘦硬的风格。贾岛的诗喜欢描写荒凉枯寂之境,颇多寒苦之辞。以五言律诗见长。其构思力避平俗,独辟蹊径,如他的《下第》诗:“下第只空囊,如何住帝乡!杏园啼百舌,谁醉在花傍?泪落故山远,病来春草长。知音逢岂易,孤棹负三湘。”抒写了自己落第后的痛苦心情。苦吟与苦境,是形成他诗歌内容和语言特色的两大原因。

贾岛一生很不得志,年少孤贫,仕途艰难,所以,他的诗作也以描写孤峭幽静的境界为主。但有时也有慷慨激越之作,如他的《病鹘吟》:“俊鸟还投高处栖,腾身戛戛下云梯。有时透露凌空去,无事随风入草迷。迅疾月边捎玉兔,迟回日里拂金鸡。不缘毛羽遭零落,焉肯雄心向尔低!”依然是雄心不改,壮志难磨,仍幻想着有凌空搏击的机会。他的思想中的这种激烈奋发的因素,还常常借助于旧将、老将的形象宣泄出来。如他的《代旧将》:“旧事说如梦,谁当信老夫。战场几处在,部曲一人无。落日收病马,晴天晒阵图。犹希圣朝用,自镊白髭须。”他的《剑客》:“十年磨一剑,霜刃未曾试。今日把示君,谁有不平事。”无不是豪气干云,风骨凛凛。只可惜贾岛有此壮志而无此机遇,致使他始终未能施展自己的才干。

**四、贾岛的影响**

贾岛诗在晚唐形成流派,影响颇大。唐代张为《诗人主客图》列为“清奇雅正”升堂七人之一。清代李怀民《中晚唐诗人主客图》则称之为“清奇僻苦主”,并列其“入室”“及门”弟子多人。晚唐李洞、五代孙晟等人十分尊崇贾岛,事之如神,“酷慕贾长江,遂铜写岛像,戴之巾中。常持数珠念贾岛仙,一日千遍。人有喜岛者,洞必手录岛诗赠之,叮咛再四曰:此无异佛经,归焚香拜之”。(《唐才子传》

《郡斋读书志》)。

贾岛著有《长江集》10 卷,录诗 390 余首,通行有《四部丛刊》影印明翻宋本。李嘉言《长江集新校》,用《全唐诗》所收贾诗为底本,参校别本及有关总集、选集,附录所撰《贾岛年谱》《贾岛交友考》以及所辑贾岛诗评等,较为完备。

(汪旭 撰写)

## 第三节 才情不让易安的明代散曲家黄峨

黄峨(1498—1569),明代女文学家。字秀眉,四川遂宁(今遂宁市安居区西眉镇)人。文学家杨慎之妻,人称黄安人,能诗词,散曲尤有名。与卓文君、薛涛、花蕊夫人并称“蜀中四大才女”。

黄峨塑像

### 一、出身名门,多才多艺

黄峨诞生在遂宁县的一个官宦之家。父亲黄珂,字鸣玉,成化二十年(1484)举进士,初授农阳(今湖南汉寿县)知县,由于他吏治精勤,升迁为御史,在京供职,母亲聂氏,为黄梅(今属湖北省)县尉聂新的女儿,知书识礼,严于家教,她既是黄峨的慈母,又是黄峨的启蒙老师。黄峨自幼聪明伶俐,在母亲的教导下,谨守闺训,好学上进,写得一手好字,弹得一手好琴,而对于做诗文、填词曲更有着高深的造诣。从她早期的作品《闺中即事》:“金钗笑刺红窗纸,引入梅花一线香;蝼蚁也怜春色早,倒拖花瓣上东墙。”一诗中可见其才情。

### 二、良缘佳偶,文寄相思

正德十二年(1517),杨升庵对恣意淫乐、不理朝政的明武宗提出忠谏不被采纳,遂以养病为名,回到新都,读书自娱。不久,升庵的原配夫人王氏病故。次年,升庵得知聪明有才、美丽多情的黄峨年过二十尚未许人,便征得父亲的同意,遣人做媒。黄杨二家交谊深厚,门当户对,一说即成。于是,升庵备办丰厚的聘礼,亲往遂宁迎娶黄峨。黄峨、杨慎二人成百年之好,居家新都桂湖,因为杨升庵是正德六年(1511)的状元,钦赐朝服冠带,授官翰林院修撰,是当朝首辅杨廷和之子,而黄峨之父黄珂是明南京工部尚书,其弟黄华曾任户部主事、松江知府,故时人称黄峨为"尚书女儿知府姐,宰相媳妇状元妻。"正德十五年(1520),黄峨随夫返京,杨慎任经筵展书官。嘉靖三年(1524),杨慎因直谏触怒了嘉靖皇帝而"中元日下狱,十七日廷杖之,二十七日复杖之,毙而复苏,谪戍云南永昌卫。"这次打击是黄峨人生中一个大转折。她先是在秋风萧瑟中护送丈夫向云南进发,困顿颠扑,艰辛备尝,后又不得不以泪作别杨慎,独自回四川老家照顾老少。从此夫妻分离,天各一方,难得见面。黄峨思念丈夫,常常回忆过去诗情画意的两人世界,平添几多离愁,也留下了为人称道的佳作诗词。黄峨之作,风格与杨慎相近,多爽丽真挚而较杨纵恣。如散曲《罗江怨》:"空庭月影斜,东方亮也,金鸡惊散枕边蝶。长亭十里,阳关三叠,相思相见何年月?泪流襟边血,愁穿心上结,鸳鸯被冷雕鞍热。青山隐隐遮,行人去也,羊肠鸟道几回折?雁声不到,马蹄又怯,恼人正是寒冬节。长空孤鸟灭,平芜远树接,倚楼人冷阑干热。"艺术技巧娴熟,读之凄婉动人。

又如在明代就为艺林称道传诵不绝的黄峨《寄外》诗(其二):"雁飞曾不到衡阳,锦字何由寄永昌?三春花柳妾薄命,六诏风烟君断肠。曰归曰归愁岁暮,其雨其雨怨朝阳。相闻空有刀环约,何日金鸡下夜郎?"此诗是黄峨寄给杨慎的,婉转表现出黄峨对丈夫思念的真挚感情,催人泪下。后来刻在杨慎戍永昌(今云南省保山市)的旧居楼下,明清以来,咸为文人推崇。

### 三、精明干练,桂湖流韵

1558年,杨慎已年过七十,按当时律例允许归休。可是杨慎回川后,前脚到家,后脚又被云南巡抚拘捕押回滇南戍所,令杨慎万念俱灰,他满腔悲愤,气而成疾,第二年便病死了。黄峨得知后,老泪纵横,不惜以花甲之年,羸弱之身,徒步赴云南奔丧。走到泸州,遇上升庵的灵柩,她仿照南北朝才女刘令娴的《祭夫文》自作哀章,词语凄怆哀婉,闻者无不垂泪。亲自迎殡归葬于新都。当时,家人、亲朋力主“礼葬”，唯黄峨坚决反对。她对大家说，杨慎以“议大礼”得罪朝廷，致使终身流放，现贬谪而终，实为万幸。恐“天威难测”，若用“礼葬”，皇帝追问，必大祸临头。后按黄峨之意，“藁葬”杨慎于新都。果然，明世宗派人启验，因找不到任何借口，遂免了一场大祸。

安葬丈夫之后，黄峨亲赴泸州接妾侍生的孩子回家教养。杨慎的冤案直到死后的第二年才得以昭雪，穆宗即位，追封为光禄寺少卿。后来又谥封为文宪公。黄峨也由安人晋封为宜人。隆庆三年(1569)，黄峨病逝，享年72岁。

1961年，杨升庵祠和桂湖被列为四川省文物保护单位，升庵祠对面的沉霞榭被辟为“黄峨馆”，作为纪念黄峨的地方。馆内，手持诗笺、吟哦遐思的黄峨塑像立于正中，与夫君的塑像隔湖相望，让后人追念两人天涯相隔的悲婉凄清。清人梁正麟撰写“黄夫人祠”的对联贴切地表达了人们对黄峨遭遇的深切同情：盼不到迁客来归，白象金鸡相思万里；莫便伤才人命薄，红榴丹桂各有千秋。

### 四、诗工曲妙、千古流芳

黄峨一生共写了多少作品，至今无法精确统计。因为她的文稿、书信不存，诗稿也都散佚。

黄峨之诗曲，就其思想内容看，多伤其丈夫远戍，写其幽愤怨致，发其胸中忧郁愤懑，是当时社会历史的曲折反映，是时代的哀音。

黄峨的诗、曲内容也并不仅限于写离愁别恨，她的诗、曲还有歌咏山川风物的，有描写男女恋情的，有讽刺浪荡公子和无耻文人的，有揭露虔婆和负心人的，等等。

黄峨以她丰富的才情、广博的学识、深厚的语言功底和苦心的经营琢磨，创作了许多感人肺腑的作品。这些作品，特别是散曲，艺术性很高。黄峨的散曲以写离情见长，但她的艺术风格既不像温庭筠那样“香软绮靡，浓丽浮艳”，也不像柳永那样“纤巧细碎，缠绵悱恻”，她的风格是波涛跌宕，情深意长。作为明代著名的女诗人、词曲家，黄峨散曲艺术性很高。首先，黄峨散曲以写离情见长，风格清新活泼、爽朗跳脱，感情浓郁而细腻，女性情态毕现。如《梧叶儿》《折桂令》《驻马听》《落梅风》《黄莺儿》《罗江怨》诸曲，都写得缠绵悱恻，一波三折，催人泪下。其次，黄峨散曲在表现手法上善于摄取典型的艺术形象，善于状难写之景，抒难言之情，如《骂玉郎带过感皇恩采茶歌》散曲，描写24个少女，个个栩栩如生。最后，黄峨散曲，或语言流畅清丽，声情并茂，修辞细美，风格婉约；或浑朴自然，有丰富的民间气息。总之，黄峨散曲内容较广泛，题材也较丰富，艺术性很强，是我国古代妇女著作中的珍品。

黄峨能文工诗，更擅词曲，这早见于与之同时而略晚的朱孟震《续玉笥诗谈》："博通经史，能诗文，善书札。"但诗不多作，亦不存稿。而其词曲，则比诗作为多。明代著名文学家徐渭在重刻万历版《杨夫人乐府词余》序中称黄峨"才情甚富，不让易安、淑真。"她的许多诗还辗转传抄，分别散收于明、清人集中，她的词曲，好多都同杨升庵的作品混在一起，很难辨别。

（汪旭　撰写）

## 第四节　名冠蜀中的清代性灵诗人张船山

张船山（1764—1814），本名张问陶，字仲冶，一字柳门，清代四川遂宁金桥（今四川省遂宁市蓬溪县金桥镇）人。因故乡遂宁城郊有一座孤绝秀美的小山，形如覆舟，名船山，便自号"船山"，也称"老船"，后人因此常称其"张船山"。张船山是清代著名书画家、诗人、诗论家。其诗名冠蜀中，被誉为"青莲再世""少陵复出"、清代"蜀中诗人之冠"。

张船山小像

### 一、出身世家，才华横溢

张船山出身书香官宦世家，先世居湖广麻城孝感乡，明洪武中迁蜀遂宁。其高祖张鹏翮（1649—1725），清代康熙、雍正朝名臣，官至文华殿大学士兼吏部尚书，太子太保、太子太傅，《清史稿》有传；曾祖张懋诚（1667—1737），官至通政使、署工部右侍郎；祖父张勤望（1694—1757），官至山东登州知府、署登莱青海防兵备道；父亲张顾鉴（1721—1797），官至云南开化知府。张顾鉴有三子二女，三子即问安、问陶、问莱。弟兄姊妹皆博学多才，闻名于世。

乾隆二十九年（1764）五月二十七日，船山出生于山东馆陶县其父顾鉴宦所。后随父迁均州、荆州、黄州、汉阳。乾隆四十三年（1778），父升云南开化知府，船山随母及全家留汉阳。不久其父因荆门“失出”案发受牵连去职，家产赔累殆尽，全家生活陷入困境。

船山自幼受书香世家的熏陶，在其父的教导下，与问安、问莱发奋读书。他饱览群书，博研名画，勤学苦练，少年时即崭露才华，被誉为“青莲再世”。15岁时写《壮志》一诗抒怀：“……咄嗟少年子，如彼玉在璞。光气未腾天，魍魉抱之哭……”少年壮志，气概不凡。尽管家中生活窘困，仍顽强坚持学习，“布衣不合饥寒死，一寸雄心敌万夫”。乾隆四十九年（1784）三月，船山年21岁，在京与四川涪州（今重庆涪陵）周兴岱之长女结婚。次年八月，偕周夫人乘船回川省亲，十月在途中生一女，周夫人因病乃与小女留涪陵娘家。他回遂宁，写诗甚多。第二年五月，周夫人病逝涪州，不久小女亦夭。这时，其家境更为困顿，有时竟到“仅求衣食亦无缘”的地步。是年秋，他与兄问安去成都参加乡试。他所写诗歌传抄者众，诗名大噪，成都盐茶道林西崖爱其文才，将其女韵征许配于他，乾隆五十二年（1787）九月，在盐茶道署成婚。婚后夫唱妇和，琴瑟和谐。

## 二、为官清正，关注民生

乾隆五十三年（1788）三月，船山赴京师参加顺天乡试，中举人，次年初，西返四川，在成都、遂宁小住，岁末去北京。这期间他吟兴甚豪，每到一地必有一诗，或凭吊古迹，或流连风景，寄词壮采，显示出卓绝的才华。乾隆五十五年庚戌（1790）中进士，点翰林院庶吉士，此期间写诗最多，几乎每日一首或几首，而且形成了独特的风格。五十八年（1793）三月，授翰林院检讨。五十九年，写《论文八首》《论诗十二绝句》，反映了船山的诗歌风格和理论体系。

嘉庆二年（1797）秋，父亲逝世，船山在家丁忧。这期间，他往来于遂宁、成都、北京，目睹现实，写诗揭露，如《宿宝鸡县题壁十八首》中有“豺虎纵横随处有”“焦土连云万骨枯”的句子，对官吏们掠夺人民的暴行，以及“万骨枯”的社会悲凉景象作了深刻的揭露。嘉庆五年（1800）八月，分校顺天乡试，翌年奉派教习庶吉士，九月又分校顺天乡试。嘉庆十年(1805)九月，任江南道监察御史，奉派巡视北京南城。嘉庆十四年(1809)春，充会试同考官，七月，改吏部验封司郎中。嘉庆十五年(1810)七月，出任山东莱州知府。船山赴任后，栉风沐雨，跋山涉水，深入所辖七邑了解民情，并清理积案，考试童生，奖掖后进。他为官清正廉明，审理案件及时，不徇情枉法，深得民心。其断案所下判词，简切透辟，后人奉为典范，曾多次编选印行。莱州辖区掖县、即墨两县农业减产，平度、昌邑、高密、潍、胶五县遭严重水灾，村落萧条，民生困苦，船山面对这般现实，痛如切肤。他乃具报请予减免缓交税租，并发放积谷，以赈济饥民。为此事，与上官意见不合，见为民请命，难有作为，郁郁不自得，逾年而病。嘉庆十七年(1812)三月以病辞官，行前，他系念莱州近年歉收，民有饥馑，便将己之历年积蓄捐谷七百石赈济七邑饥民。嘉庆十九年(1814)三月张船山病卒于苏州寓所，年51岁。船山辞世时，家境清贫，三个女儿(尚未出嫁)无力扶灵柩回乡，乃葬于苏州玄墓山。后归葬故乡两河口(今四川蓬溪县金桥乡翰林村两河口)祖茔。

### 三、才艺卓著，诗冠巴蜀

张船山一生致力于诗、书、画，造诣精深。船山书法，险劲放野，别具一格。其画近似徐青藤，不经意处皆有天趣，山水花鸟皆善，尤以墨猴最佳，他也自号“蜀山老猿”。他的绘画集明四大画家(沈周、唐寅、文徵明、仇英)之技艺精华而挥笔自如、线条流畅，工笔精湛，韵味宏厚，技艺一绝，别具风格。画山——险峻陡峭，画树——枝粗叶茂。画面清爽，工笔水墨相间，图纹转折如行云流水，图文并茂，如《深山隐居图》。其书画，蜀中从清代后期起民间就有“家无船山画，不算书香门”“家无船山字，枉为读书人”之说。船山书、画手迹，省、市博物馆均有收藏。

张船山的诗被誉为清代“蜀中之冠”，著有《船山诗草》20卷，清嘉庆二十年(1815)刊行；《船山诗草补遗》6卷，清道光二十九年(1849)刊行，存诗3000余首。对于诗歌创作，他主张抒写性情，强调独创，反对模拟。他的诗歌题材广泛，内容丰富。或吟咏爱情，表达伉俪情深，如《嘉陵江上立春寄内》《凤县得妇书》《七夕忆内》《得内子病中札》《春日忆内》等；或抒写壮志，表达渴望建功立业之情，如《壮志》《新堤舟夜》《临江叹》《骤雨》《羁旅行》等；或怀念故土，表达思乡之情，如《春日感怀》《念故山》《忆家园》《七月十四夜京师望月》等；或描写风物，记游感怀,如《潼关》《登华阴庙万寿山望岳》《雨后发黄牛堡》《煎茶坪题壁》《登风岭绝顶》《七盘岭》《雨后过五丁峡》等;或抨击时政,关注民生,如《岁暮杂感》《丁巳九月褒斜道中即事》《宿宝鸡县题壁十八首》《怀古偶然作》六首、《乡愁》五首、《河间道中》等;或抒写人生失意,表达内心苦闷与出世思想,如《壬戌初春小游仙馆读书遣兴》《依竹堂初冬即事》《落花诗》《暮春即事》《庐湘槎明府骑鹤清游图》等。他的诗歌以嘉庆改元(1796)为分界线,大致可分为前后两期。前期诗歌雄奇奔放、空灵清新,后期诗歌沉郁苍秀、冲淡平和。徐世昌《清诗汇·诗话》云:"船山弱冠工诗,空灵沉郁,独辟奇境,有清二百余年,蜀中诗人无出其右者。"列入《清史稿·文苑传》者,蜀中只有张船山一人。可见,称船山为"清代蜀中诗人之冠"、元明清巴蜀第一大诗人,名副其实。

张船山还有诸多著名的论诗诗,如《论文八首》《论诗十二绝句》《重检记日诗稿自题十绝句》等,其诗学观与袁枚性灵说笙磬相应,又不乏独到之见,堪称性灵派独具特色的诗论家。船山主张诗歌应写性情,有个性:"天籁自鸣天趣足,好诗不过近人情"(《论诗十二绝句》),"诗中无我不如删,万卷堆床亦等闲"(《论文八首》);反对模拟:"文章体制本天生,祇让通才有性情。模宋规唐徒自苦,古人已死不须争。"(《论诗十二绝句》)。他的诗论与性灵说相吻合,为袁枚所称赏。袁枚誉张诗"沉郁空灵,为清代蜀中诗人之冠",又夸其具"倚天拔地之才",视为"八十衰翁生平第一知己"(《答张船山太史》)。张船山的诗学观同袁枚有颇多相通之处,成为嘉庆时期性灵派的重镇,与乾隆时期性灵派的代表人物袁枚、赵翼鼎足而三,占据乾嘉性灵派殿军的地位。当代国学大师钱锺书在《谈艺录》中云:"袁、蒋、赵三家齐称,蒋与袁、赵议论风格大不相类,未许如刘士章之贴宅开门也。宜以张船山代之。"即主张以张船山代替蒋士铨,重组三大家。著名学者王英志先生在《性灵派研究》一书中,将袁枚、赵翼、张问陶(又名张船山)列为乾嘉诗坛"性灵派三大家"。

张船山诗书画三绝,享誉蜀中。其兄张问安、其弟张问莱,皆知书善诗,是有名的"三弟兄诗人",为诗坛所罕见。

(罗莹　撰写)

## 第五节　才艺绝佳的著名女性诗人“三妯娌”

享有“清代四川第一家”之誉的遂宁张家，为世代书香世家，至船山辈，其家里不仅出现了问安、问陶、问莱著名的“三兄弟诗人”，同时张问安之妻陈慧殊、张问陶（又名张船山）之妻（继室）林颀、张问莱之妻杨继端又是有名的“三妯娌诗人”，一家人并称“三兄弟三妯娌诗人”为中外诗坛所罕见。

### 一、张问安之妻——陈慧殊

陈慧殊（1755—1783），字缃箬，浙江海宁人，江西南安府同知陈亿第三女。生于乾隆二十年（1755）十一月二十三日，龆年明慧能文章，父母视为掌上明珠，故有“慧殊”之名。乾隆三十九年（1774），在汉阳与张问安结婚，夫妇鸿案相庄，花晨月夕，每多唱酬，事舅姑以孝，相夫子以德。安淡泊，乐吟咏，小郎及小姑咸受业于她。慧殊清羸多病，又以哭母故，遂致病。病中慨然送夫赴试，作诗《送季门入都》：“竟尔征车动，匆匆唱渭城。一声闻折柳，千里早关情。从此潇湘月，谁怜素影清。加餐祈努力，莫为别怀萦”，人称其贤。乾隆四十八年（1783）九月十五夜，病逝于汉阳，年仅29岁。十月，问安从都门归，未能见上慧殊最后一面，不胜悲感，作《悼亡诗二十首》悼之，凄婉感人。

陈慧殊之诗，构思巧，用语工，意境新，画意浓。清人王廷璋（号奉斋）称赞陈慧殊为从来闺秀第一，曰：“惜不为男，此翰苑才也。”故问安《悼亡》中有“一时胜事湘南北，博得人呼女翰林”。著有《香远斋诗词》一卷、序三篇；《倚楼集》一卷；《寄愁集》一卷，后两集皆为思念问安之作。与问安唱和，有《画阁联吟集》《花间倡和集》，另外还著有《墨香小品》等，均为手稿，藏于家，未刊行，惜今多散佚。《香远斋诗稿》收诗近百首，有清刻本，今存。嘉庆二十一年（1816），张问莱刊行《亥白诗草》时，又将《香远斋稿》附刻于《亥白诗草》卷一之末，共选录陈慧殊诗三十七首。

### 二、张问陶之妻——林颀

林颀，生卒年不详，字韵征，号佩环，清代女诗人，张船山继室，著有《林恭人集》。林佩环祖籍顺天大兴(今北京市大兴区),江苏人。其父林俊,字西厓,乾隆二十五年(1760)举人。次年入川,历署四川安县、威远、乐山、温江、荣县等县知县,补授内江,调任成都兼署华阳知县。乾隆三十八年(1773)出守分巡川南永宁道,驻泸州。勤政爱民,明于听断,颂声载道。后升任通省盐茶道,驻省城成都;乾隆五十八年(1793)任四川按察使;嘉庆二年(1797)任四川布政使。林西厓工诗,著有《西藏归程纪》。

林颀生长于蜀中,幼承父训,勤学工诗,才貌双全。乾隆五十二年(1787)九月,船山入赘林家,与林颀在成都通省盐茶道官署中结婚。婚后夫妇恩爱,船山多次赞美妻子云:"一编尽有诗情味,夫婿才华恐不如";"我有画眉妻,天与生花笔。临稿广寒宫,一枝写馨逸";"学书且喜从吾好,觅句犹堪与妇谋";"袖中已遂襄阳癖,林下尤逢谢女才";"身傲能怜妇有才"。从这些诗句中,可以看出林颀是一位多才多艺、美貌善良的女子,工诗、书、画,有道蕴之才和大家风范。她能诗善画,爱才惜士,婚后夫唱妇和,琴瑟和谐。问陶曾为妻子写照,林颀题诗其上云:"爱君笔底有烟霞,自拔金钗付酒家。修到人间才子妇,不辞清瘦似梅花。"问陶依韵和之:"妻梅许我癖烟霞,仿佛孤山处士家。画意诗情两清绝,夜窗同梦笔生花。"夫妻情笃,传为闺房佳话。

### 三、张问莱之妻——杨继端

杨继端(1773—1817),字明霞,清代女诗人、画家,自号"古雪女史""西川女史"。四川广元县长东路高城堡(今旺苍县普济镇)人,后迁南江县长池坝。生于乾隆三十八年(1773)六月,出身书香门第。其父杨玺,乾隆庚辰科(1760)举人,曾任纳溪县教谕、潼川府(治今四川三台县)教授、江苏省六合县知县,升苏州府水利同知、署松江府知府,爱士恤民。古雪幼时随父于纳溪学署,天资聪颖。她四岁识字,十岁知声律,习诗作文。师夸其有"咏絮"之才,遂赐号"古雪",本谢道韫咏雪意。她十九妙龄与才子张问莱结为伉俪。夫妻恩爱,生活惬意,古雪与亥白、船山兄嫂姊妹常有诗词唱酬。嘉庆三年(1798),古雪偕夫送母、弟(杨继昂,字廷贤,号冠山,拔贡,著有《冠山诗集》)赴江苏六合县家大人官舍。在赴江南途中,她每临胜地,即吟诗抒怀。嘉庆五年春,随夫到浙江赴任后,赋诗填词不止,其诗词清婉,情感丰富。

古雪钻研诗词，兼攻书画，并喜刺绣，尤长花卉、仕女及山水。《益州书画录》云：“古雪有《烟雨楼》画幅传世，极缥渺之至，题亦隽雅。”

嘉庆十四年（1809）春，古雪将其作品刊印成《古雪诗钞》一卷、《古雪词钞》一卷，书前有诗人吴锡麒、学者梁同书、状元石韫玉、名士徐步云所作序言，书后有王慧云女史所作跋语。嘉庆二十一年，古雪离杭州前夕，又将嘉庆十四年至二十年所作之诗词稿，整理刊印，名为《古雪诗词续钞》一卷，分赠亲友留念，该书前有名士徐步云所作序言，书后有其夫张问莱所作跋语。嘉庆二十一年秋，古雪夫妇返回遂宁老家。二十二年（1817）四月，古雪病逝，享年 45 岁。其侄杨世泰（杨廷贤与女诗人高浣花之子，号聋山）将浙本《古雪诗钞》《古雪词钞》和《古雪诗词续钞》三书汇总编成《古雪集》三卷，在旺苍县高城堡九曲坡刊印。《古雪集》收录杨氏嘉庆二年至嘉庆二十年（1797—1815）间的诗词作品，计诗 448 首、词 32 阕，在此前后者，惜已散佚。书成后赠送亲友存阅，该书在今四川旺苍、广元、遂宁、阆中和江苏六合县、浙江杭州等地杨氏亲友以及杨氏后人处均有存本。

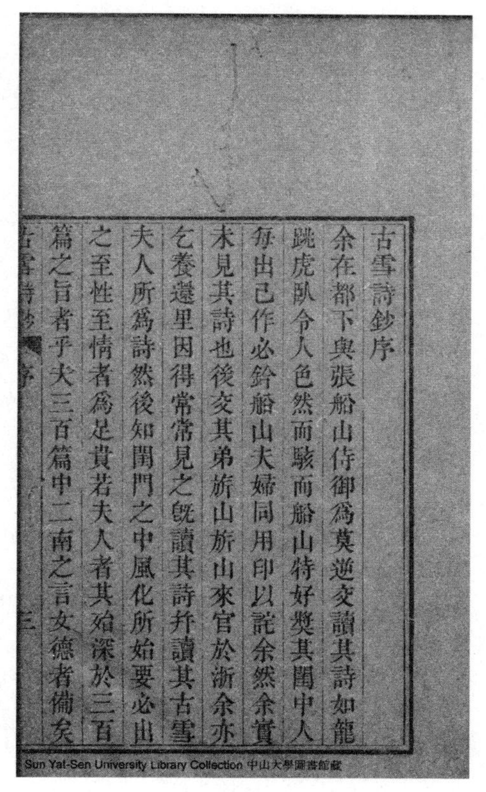
古雪詩鈔序
余在都下與張船山侍御爲莫逆交讀其詩如龍
跳虎臥令人色然而駭而船山特好獎其閨中人
每出已作必鈐船山夫婦同用印以詫余然余實
未見其詩也後交其弟旂山旂山來官於浙余亦
乞養還里因得常常見之既讀其詩并讀其古雪
夫人所爲詩然後知閨門之中風化所始要必出
之至性至情者爲足貴若夫人者其殆深於三百
篇之旨者乎大三百篇中二南之言女德者備矣
古雪詩鈔 序 三


杨继端诗钞序

古雪词风格婉丽，写景佳美，含蕴无尽。况周颐《玉楼述雅·杨古雪词》云：西川杨古雪《蝶恋花》《买陂塘》“两词佳丽，渐能融婉丽入清疏”。

（罗莹　撰写）

## 第六节　中法文化交流的先驱使者敬隐渔

敬隐渔像

敬隐渔(1901—1930),四川遂宁人,为中国和法国文学事业作出突出贡献的作家兼翻译家。由于文学翻译等事宜,敬隐渔作为中国的第一人,与法国的伟大作家、1915年诺贝尔文学奖的得主罗曼·罗兰(1866—1944)有过较长一段时间的交往,并得到罗曼·罗兰的关注,对于中法文化交流起到了不可磨灭的推动作用。

### 一、走向中国文坛崭露头角

敬隐渔,原名敬显达,生于1901年,曾经在四川省遂宁县文星下街一带居住,是家中的次子,父亲是位医生。小的时候随父母皈依天主教,在教会办的广益小学(现在船山区顺城街)读书,由于成绩优异,被遂宁教会的神父选送到南充专门培养神父的修道院学习,后来又被推荐到成都的修道院去读书。敬隐渔自小习学法语,后又曾在北京大学法文系学习,法语娴熟。

敬隐渔一家与曾任四川保路同志会遂宁协会文牍部评议员、县议会会员、县教育会会长冉芸耕常有交往,感情很深厚,敬隐渔的学费大多也是由其资助的。遂宁教会本是把敬隐渔当作神职人员培养,因未能通过神职人员考试,敬隐渔就去了重庆继续求学。敬隐渔临行时与冉芸耕合影,题照云:“使天下惊方不愧奇男子,诚心救国此之为大丈夫。”而后,敬隐渔又在杭州度过一段时间,在那里结识了著名诗人戴望舒和其他懂法文的朋友。1921年敬隐渔来到上海,居住在徐家汇一带,在上海震旦大学继续学业。到上海之后,敬隐渔和文学界的人士交往频繁,特别是与当时创造社的四川籍文人郭沫若、林如稷、毛一波、陈炜谟等交往密切,在文友们的鼓励下,敬隐渔开始文学创作,在文坛渐渐崭露头角。

### 二、首译名著《约翰·克利斯朵夫》

1924年,刚刚23岁的敬隐渔喜欢上了法国作家罗曼·罗兰的名作《约翰·克利斯朵夫》,并有意将其译为中文发表。为获得作者支持,他于 1924 年 6 月 3 日从上海致函罗曼·罗兰,表达了自己将翻译这部巨著的愿望。很快,罗曼·罗兰就予以回信。他对敬隐渔翻译《约翰·克利斯朵夫》表示支持,并对中国表达了他的感受和期望。从此,敬隐渔作为中国翻译界一颗新星冉冉升起。

1925 年 1 月,应敬隐渔的请求,罗曼·罗兰特地为其《约翰·克利斯朵夫》的中文翻译本写下《约翰·克利斯朵夫向中国的弟兄们宣言》:“我不认识欧洲和亚洲。我只知世界有两民族:——一个上升,一个下降。一方面是忍耐、热烈、恒久、勇敢地趋向光明的人们,——一切光明:学问、美、人类的爱、公共的进化。另一方面是压迫的势力:黑暗、愚蒙、懒惰、迷信和野蛮。我是顺附第一派的。无论他们生长在什么地方,都是我的朋友、同盟、弟兄。我的家乡是自由的人类。伟大的民族是他的部属。众人的宝库乃是‘太阳之都’。”这篇短文,表现了罗曼·罗兰一贯的人道立场。在人的认知上,他不是简单以国度去分析,而是从其倾向来判别,并清楚点明作品主人公克利斯朵夫的立场以及作者自己的坚定认识。1925 年敬隐渔又创作发表了四个中文短篇小说,收录在其出版的《玛丽及其他故事》这本书里,引起了中国文坛的关注。

## 三、介绍鲁迅作品到法国

1925 年 8 月,敬隐渔赴法国留学,9 月初到达马赛,入里昂中法大学读书。在这段学习期间他曾多次与罗曼·罗兰通信,还专程到罗曼·罗兰居住的瑞士沃德州的新村去拜望。因罗曼·罗兰的支持,敬隐渔开始将中国一些现代作家的作品译成法文,请罗曼·罗兰过目;为此,敬隐渔还于 1926 年初自里昂驰函向鲁迅先生求教,告知了自己翻译鲁迅作品之事。鲁迅先生很快便回了信,并将自己参与编辑的四本《莽原》杂志寄给了他,将敬隐渔译文介绍给欧洲著名文学杂志《欧罗巴》发表,于是《阿 Q 正传》法译本便于 1926 年 5 月号、6 月号的《欧罗巴》上与法国读者见面了。

敬隐渔在将鲁迅先生名作《阿 Q 正传》译成法文之后,交罗曼·罗兰审阅。罗曼·罗兰对该作品给予很高评价:“《阿 Q 正传》是高超的艺术作品。其证据是在读第二次比第一次更觉得好。这可怜的阿 Q 的惨象遂留在记忆里了。”在上海的鲁迅先生收到该刊物后,认为敬隐渔能够为中国文艺作品宣传到国外做点工作,便按他来信的请求,到书店选购了33种国内作家的小说给敬隐渔寄去。后来敬隐渔又翻译了鲁迅先生的小说《故乡》《孔乙己》,还翻译了一些中国现代小说家的作品,于1929年收入了其法译《中国当代短篇小说家作品选》中。同一时期,他还完成了亨利·巴尔布斯《光明》的中文译本。

### 四、值得怀念的中法文化交流先驱

1928年10月16日,敬隐渔通过了法语水平书面测试,被里昂中法大学正式录取。与此同时,国内著名杂志《小说月报》也开始刊登敬隐渔翻译的《约翰·克利斯朵夫》。但是,该小说译文从1926年1月10日《小说月报》第十七卷第一期连载起,到第三期便停止了,只刊出《约翰·克利斯朵夫》第一卷第二部第五大节为止。从时间看,大约不是杂志没有刊载完,而是敬隐渔因到欧洲留学,没有将该书译完的缘故。今天我们读到的该著作中译全本,是后来由傅雷先生翻译的。

敬隐渔为什么没有继续翻译完罗曼·罗兰的《约翰·克利斯朵夫》?是因为当时他在生活及精神方面遇到麻烦,他在巴黎又感染上了重病。虽然在罗曼·罗兰的资助下进行过治疗,但是病痛却无时无刻不在折磨着他。1930年1月10日他离开法国回到上海,同年2月24日,不堪病痛折磨的他结束了自己年轻的生命。作为与罗曼·罗兰接触最早,时间最久,关系最密切的敬隐渔,通过他的才华和努力给这位大作家和法国社会带去了近现代中国作家优秀作品,为东西方文化交流作出了很大的贡献。而罗曼·罗兰对敬隐渔溢于言表的真切关心,又充分体现了中法人民的深厚友谊,也留下了一段中法文化交流的佳话。

(张　路　撰写)

## 第七节　坚贞不屈的著名黑牢诗人蔡梦慰

蔡梦慰(1924—1949),四川遂宁人,新闻记者、诗人、革命烈士。1948年4月被捕,囚于重庆"中美特种技术合作所"渣滓洞集中营,1949年中华人民共和国成立前牺牲。蔡梦慰在狱中坚持写作,用竹签笔蘸着棉花烧成灰烬调作的墨汁,写出了洋溢爱国主义激情的《黑牢诗篇》。

## 一、从新闻记者到革命斗士

蔡梦慰，曾用名蔡德明、蔡琨，8 岁始上学念书，在遂宁、北碚等地读小学、初中，中途因缴不起学费而停过学。进入成都大同中学念高中后，他喜读进步报刊，关心时事，思考社会问题，主张“多出些进步的、革命的书籍，去改变人心，从而改变社会”，表现出不满黑暗现实，追求真理，向往光明的思想。

1941 年，他在四川大学旁听了一段时期，由于经济困难，无法继续求学，几年间辗转各地，先后在兰州、成都邮政储金汇业局、川陕公路遂宁段、潼南县潼光中学等处任职任教。1945 年返回成都，在“遂宁旅蓉同乡会”任干事。同年春，蔡梦慰在成都接受了民主革命思想，经后来成为民盟四川省委副主委的遂宁人吴汉家介绍，加入了中国民主同盟。1945 年 7 月，蔡梦慰参加遂宁书报供应社，出售、代订《新华日报》等革命报刊，宣传革命思想。接着参加盟员所创办的《遂蓉导报》，担任组稿和发行。他历任《工商导报》川康通讯社外勤记者和成都现代书报社副经理，积极宣传党的各项政治主张，并和四川大学的“昭明”“旭光”等进步团体建立了密切的联系。1947 年 3 月，成都现代书报社被监视。5 月，蔡梦慰被派往重庆，任现代书店的经理。“六一”大逮捕后，许多革命者都曾先后来书店隐蔽。是年冬书店被查封。蔡梦慰又悄悄在重庆和平路胜利大厦附近办起了重庆文城出版社，继续从事革命思想传播工作。

1947 年 10 月，民盟被迫转入地下。在不断的革命活动中，蔡梦慰陆续与一些共产党员发生了联系，并结识了中共重庆市委工运负责人许建业。

## 二、遂宁“饼街”建立革命据点

说起蔡梦慰，遂宁饼街老街坊都记得。20 世纪 80 年代前，在遂宁清平街至复丰街十字路口对面转弯朝南到北有一条“L”形的街道，因为清朝末年有几家做“锅盔”和大饼的人家，遂宁人把它叫作“饼街”。现在的位置就在紫东街幼儿园一带，蔡梦慰就出生在这条不起眼的小街。

“饼街”在不少回忆蔡梦慰的文章中多有提及，当年有不少进步文化活动策划、商讨大都在“饼街”蔡宅进行。蔡梦慰和《成都工商导报》驻遂宁特派记者，他的哥哥蔡国彬都是当年遂宁书报社的发起者，主办人是共产党员李伯达，最初吸收的成员、分社员与社友，大多是遂宁师范的校友。他们多次开会研究都在蔡宅内进行，原因是李伯达、郑宗尧在遂宁无家，其他成员大都是师校教师，住房窄小无法坐下。

20世纪40年代末，“饼街”蔡宅又成了新闻活动中心。重庆《大公报》、成都《西方日报》特约通讯员庄济华、《大公报》遂宁办事处的刘震等也都常到蔡宅去交流新闻信息。那时遂宁有位民间艺人叫杨光斗，社会新闻特多，消息也特灵，大家请他喝酒吃烧腊，他提供了不少的新闻线索。

### 三、因《挺进报》事件而被捕

1948年初，蔡梦慰得知重庆共产党组织决定组织人员去农村搞武装起义，便积极要求回老家遂宁参加武装斗争。但党组织认为文城出版社在重庆有积极作用，且未暴露，便让蔡梦慰仍留渝工作。他除了介绍朋友去农村参加武装斗争外，还和中共地下党员一道秘密散发中共重庆市委机关报《挺进报》，文城出版社也因而成为地下党的一个秘密联络点。3月，敌人在重庆破获了《挺进报》，许多共产党员被捕，川东地下党遭到了大破坏。5月10日上午，特务在西南土产公司抓捕潘星海，蔡梦慰因掩护潘星海而作为人质被捕。不几天，敌人知道蔡梦慰的真实身份和活动情况后，便将他送进中美合作所渣滓洞监狱。

### 四、宁死不屈写下《黑牢诗篇》

在狱中，蔡梦慰积极参加狱中斗争，是狱中“铁窗诗社”成员。他用竹签子当笔，用棉花烧灰当墨，在香烟纸上写下了250行的《黑牢诗篇》以及《献给母亲》《祭》《悼屈原》等著名诗篇。尤其是组诗《黑牢诗篇》，洋洋洒洒共五章，抒发了诗人对敌人的仇恨和对光明的向往，表现了革命者虽身陷囹圄，但仍坚信革命事业必定成功的坚定信念，极大地鼓舞了狱中难友的斗志。1949年11月27日深夜，蔡梦慰还没来得及写完《黑牢诗篇》第五章，就被敌人用刑车载往重庆松林坡。押解途中，他趁机

蔡梦慰像

将自己包扎好的《黑牢诗篇》抛留荒草丛中，后来殉难，牺牲时年仅 25 岁。蔡梦慰手书的《黑牢诗篇》稿件被当地农民拾到，在重庆解放后交给了解放军，这一珍贵的诗篇终于被保存下来，之后得以正式出版，辑入《革命烈士诗抄》，成了遂宁人引以为自豪的不朽的、鼓舞人们奋进的励志诗篇。

（张　路　撰写）

# 艺术篇

## 第一节　名垂青史的宝梵壁画

宝梵寺，位于四川省蓬溪县西15公里的宝梵镇狮子山中麓。始建于北宋，时称“罗汉院”，治平元年（1064）改为今名，义为“佛中之圣，梵宗之宝”。后罹战祸，递传至明代，殿宇草莽芜没，气象不振。明正统二年（1437），高僧海舟率徒到此开山住刹，立誓振兴山寺。景泰元年（1450）培建大雄殿、观音阁，增塑丈六金身三世佛法像。成化二年（1466），僧人清澄偕徒净元再建经楼、山门。徒净煊、净勋、净印等图画十壁《西方境》，塑染罗汉像，至此定格成今日之建筑。2006年，国务院核定公布蓬溪宝梵寺及明代壁画为全国重点文物保护单位。

### 一、寺宇建筑

宝梵寺建于古树参天、群岳拱手的狮子山中麓，邻遂蓬公路，坐北面南，占地5152平方米，建筑面积2625平方米，自正山门起揭殿五重，复四合院三正两横。一为天王殿，二为大雄殿，中延空坝竖历代法师住刹建造碑记及各时期文人题赞碑刻，三为毗卢殿，左右建钟、鼓两楼。楼下分设观音殿、无量殿。大雄殿气宇轩昂，外形精美，为木结构单檐歇山式屋顶，三间四架椽抬梁式结构营造，面阔、进深均为15.3米，呈正方形。通高8.5米，檐下置斗拱18朵，前后施补间铺作2朵，两山墙各1朵。斗拱制作为七铺作单杪双下昂，出昂作枇竹状，昂嘴伸出很长，昂尾直抵下平砖。屋面覆盖碧瓦，龙脊施雕砖，四角飞甍系铁马，古建专家以“设计精细，结构严谨。形式美观，基础牢固”十六字结论此殿建筑科学（引自重庆建筑学院撰《宝梵寺考察报告》）。天王殿、毗卢殿均为单檐歇山式屋顶，三间四架椽抬梁式结构，无斗拱。五重殿宇内所塑法像全部鎏金，四壁均绘有图画，唯大雄殿十壁图画饮誉中外，使宝梵寺身价百倍。

### 二、梵刹文化

宝梵寺因皇帝敕赐，高僧经营，显贵拥戴，文人汇聚而香火鼎盛，佛事生辉。宋开山祖师宗显法师再创该寺，宗显被孝宗皇帝赵昚授“慈慧大师”称号。《蓬溪县志·仙释》称他是“戒律精严”的高僧。他住劄宝梵,开创了梵刹的高层文化。圆寂后,潼川府观察推官陈祖仁为他撰文铭碑,小溪县(今遂宁)进士胥天锡为其碑篆额。明高僧海舟、清澄两法师率徒重建殿宇,增塑菩萨,功成大雄殿十壁《西方境》图画,进一步弘扬了宝梵寺文化。江西道监察御史谭缵为海舟等高僧撰文铭碑。

民国高僧仁慈,原阆中候补知县,俗名周润轩,中年看破红尘,剃度于成都文殊院,不久修持精进,诗书旷达,邑内僧众推为鹫峰、宝梵两寺住持,主讲大乘“四大”经著。

宝梵寺的名人甚众:宋儒林郎陈祖仁来寺礼佛;明兄弟进士谭缵、谭维来寺研《经》读《易》;清永宁教谕书家王以仁、书画家张瑶来寺读画;民国美术理论家俞剑华、书画家丰子恺、黄宾虹,四川名流颜楷、戴赞、刘鸿业、卢子鹤、段文杰、段虚谷、李凡丞、张澜、曾世礼、沈贤修、邬建侯,四川军界李家钰、潘文华,当代名人黄纯尧、谭学楷、蔡振辉、周成、赵蕴玉、冯建吾等来寺研画读画。并有美、英、德、法、日、新加坡、朝鲜、泰国等朋友学者来寺观画。载宝梵名胜的文献有《世界美术集粹》(日本出版)《中国绘画史》《中国美术全集》《中国名胜词典》《中国建筑工艺辞典》《艺苑掇英》《良友画报》《东方杂志》《四川风物志》《旅游天府》等数十种图书。

寺中名家题赞,琳琅满目,异彩纷呈。今择其要者录之:“宝梵仙画,十足当之。”仪陇朱德元帅题。“院之兴,先曰‘罗汉’名,以佛法重也;后得‘宝梵’名,以君赐重也。”宋·陈祖仁题。“仙笔抒妙品,丹青耀禅宗。”清人题。“蜀中明代壁画之代表作。”《中国名胜词典》。“研究我国古代绘画艺术的珍贵资料。”《艺苑掇英》。“所绘人物,形神兼备,栩栩如生。画面线条,颇似唐代著名绘画大师吴道子的笔意,具有很高的艺术造诣,是祖国绘画艺术中的不可多得的宝贵资料。”《重庆市博物馆宝梵寺壁画考察报告》。“千年壁画尚如新,到底东方艺术精。寄语邑人须护惜,敦煌国粹在英伦。”淮南民国黄治安题。

## 三、佛殿图画

图画指大雄殿内的图画,计有“藻井画”“拱眼画”“壁画”三种。壁画又分画壁制作、壁画作色、壁画制作三个方面,分述如下:

1. 藻井概略

大雄殿穹窿,绘有藻井图《西游记》连环故事共 64 幅。每幅面积约 0. 82 平方米,整体面积约 52. 48 平方米。故事取材于《西游记》,但不尽同。画面从“点化石猴”起,至“老妪驱狼”止,中绘内容可辨识者为:“师徒西行”“一窘圣僧”“路阻火焰”“花果称王”“二郎斗法”“猪沙大战”“龙宫索宝”“牛猴约会”“筵上论妖”“智擒红孩”“老子伏牛”“仙女沐浴”“裸腹求偶”“再化心猿”“调芭蕉扇”“大鹏助法”“拜倒雷音”“寿星解厄”“哪吒斗法”等 19 幅,其余 45 幅尚待审酌。其画技与殿内壁画完全不同,专家初评为“清人补绘之作”。敦煌学家段文杰评曰:“藻井绘《西游记》故事六十四幅,其构图之多,想象之丰富,也很少见,同样珍贵。”

2. 拱眼画

拱眼画是主体壁画中上冠的眉画。殿内一周共 12 面主体画壁,主体画壁上端挑枋隔距开 12 面小方壁,这个小画壁,古建著述称此为“拱眼”。拱眼作画,使之引导、衬托主体画面。

12 面画壁面积各异,大卷 4 幅、小卷 4 幅、次小卷 4 幅,拱眼的横长与壁画等同。画师因面积构图,绘二十四佛冠于壁画之上,暗合《梵典》记载的二十四祖。其排比是大拱眼每眼绘三佛,小拱眼每眼绘二佛,次小拱眼每眼绘一佛,刚刚凑足二十四尊佛像。对称呼应,和谐得体。拱眼画总面积为 13. 62 平方米。

3. 画壁制作

大雄殿全部泥壁,历五百余年日照风蚀无损,足见内涵组合奇奥。民国二十五年(1936),有好事者偷截壁角研究,发现是以五层不同药用泥末精细铺展而成。计:草绒泥、麻筋泥、寸发泥、椒末泥、铅丹泥。五层泥末递次匀称,粘连紧密,质地绵软坚实。因纤维拉力协调,适应高低温涨缩,药物杀菌逐秽,故有抗震、抗风蚀和防腐蕴香之功。智慧惊人,百代仰之。

4. 壁画用色

大雄殿壁画用色,专家考证,计有 20 余种色调,以矿物为主。有金箔、银箔、瓷粉、古墨、麻油、飞铅、银朱、红丹、赭石、孔雀石、大青等。色料中还配有麝香、洗片、翠玉、珊瑚、珍珠等。因此壁画生光吐香,厚重久远。

5. 壁画制作

大雄殿壁画，是宝梵寺得享盛誉的主体内容，深受古今中外文化艺术科技界所推崇。大雄殿在建造之日即精工设计出12壁画壁，12方拱眼，专供名师作画。

现存壁画十幅，总面积为90.56平方米。壁画总题称《西方境》，以“佛诞”为故事内容；以西方十六罗汉为壁画造像主，作者以画称寺，应“罗汉院”的古称。法像类称是：十六罗汉、三菩萨、二十四天、一北斗、四雷曹、十四功曹、三十一比丘僧、一侍官、二法僧、三侍妾、一女婢、三蛮奴，共103人，其中女性12名。另有龙、虎、狮、象四灵兽入画卷故事。

现将壁画分卷简介如下：

卷首《雷音缥缈》次小卷，纵3.56米，横2.10米。此图毁于新中国成立前。原作大意是：佛诞之日，灵鹫舞翅，兰若生辉，眩其佛祖的功德无量开篇。拱限画绘第一祖勤舍波提婆卷面，纵0.8米，横1.4米，图虽败而像犹存。

1.《议赴佛会》小卷，纵3.60米，横2.06米。主绘第六罗汉跋陀罗，第十罗汉半托迦，配绘第十天大辨才天，二十天阎摩罗王，第六天西方广目天王。全图荣载《中国美术全集》。拱眼画绘第二、第三两祖，称：阿著达哪陀、桑波伐那陀，卷画纵0.80米，横3.16米。

2.《地藏说法》大卷，纵3.60米，横3.18米。主绘地藏，第十二罗汉伽犀哪、第八罗汉伐阇罗弗多罗，配绘第十六天摩利支天、第七天金刚密迹、第九天散脂大将，荣载《中国美术全集》。拱眼画绘第四、第五、第六三祖，称：阿毗难陀那、苏摩底那陀、巴特摩巴罗波，卷面纵0.80米，横2.50米。

3.《雷音供奉》大卷，纵3.60米，横3.17米。主绘第四罗汉苏频陀、第七罗汉迦哩迦、第二罗汉迦诺迦伐蹉。配绘道家女仙太元圣母、九天玄女、第二天帝释尊天。拱眼画绘第七、第八、第九三祖，称：苏巴尔斯伐那陀、旃陀罗巴罗波、苏毗提那陀。卷面纵0.80米，横2.50米。

4.《达摩朝贡》小卷，纵3.62米，横2.12米。主绘菩提达摩，配绘道家女仙碧霞元君、慧感夫人、第三天北方多闻天王。拱眼画被毁，当是第十、第十一两祖，称：悉达罗那陀、湿勒耶舍那陀。

5.《准提接引》次小卷，纵3.55米，横2.06米。主绘阿弥陀佛，配绘功曹十甲位。拱眼画被毁，当是第十二祖，称：伐苏布羯。

宝梵壁画《议赴佛会》

6.《南天西游》次小卷，纵 3.55 米，横 2.10 米。该图与另九幅风格不同，专家测为清人补绘。主绘北斗星君，配绘雷部四神，即雷公、雷师、雷王、雷星。拱眼画绘第十三祖，称：毗摩罗那陀，卷面纵 0.80 米，横 1.44 米。

7.《长眉问难》小卷，纵 3.61 米，横 2.11 米。长眉为十六罗汉之首，此图绘于东壁，正是以佛殿面向分左右，作画人实以此是第一图。主绘第一罗汉宾度罗跋罗惰者，又称长眉罗汉；第十五罗汉阿氏多，又称桂枝罗汉。配绘第八天扇旒首罗、第十九天裟竭龙王、第五天南方增长天王。拱眼画绘第十四、第十五两祖，称：阿难达那陀，达摩那陀。面纵 0.80 米，横 1.45 米。

8.《罗汉聆经》大卷，纵 3.68 米，横 3.09 米。主绘第九罗汉戍博迦、十三罗汉因揭陀、十一罗汉罗怙罗。配绘第十五天鬼子母神，第十七天日官天子。此图选入《中国绘画史》卷首第八图，位于“五代”之先。拱眼画绘第十六、第十七、第十八三祖，称：商底那陀，贡突那陀，阿罗那陀。卷面纵 0.80 米，横 8.6 米。

9.《罗汉聆经二》大卷，纵 3.62 米，横 3.13 米。主绘第三罗汉迦诺迦跋厘惰者、第十四罗汉伐那婆斯，第五罗汉诺讵罗。配绘第十八天月宫天子，遭家仙女天后，第十二天韦驮天神、道家女仙斗姥（又称斗姆）。拱眼画绘第十九，第二十，第二十一，共三祖，称：摩利那陀，牟尼苏巴罗达，那密那陀。卷面纵 0.80 米，横 2.47 米。

10.《功德圆满》小卷，纵 3.63 米，横 2.10 米。主绘第十六罗汉注茶半托迦，又称大肚罗汉。配绘女麻姑，第十四天菩提树神，第四天东方持国天王。拱眼画绘第二十二，第二十三，共两祖，称：内密那陀，巴湿伐那陀。卷面纵 0.80 米，横

1.44 米。尾卷壁画，缺绘；尾卷拱眼，缺绘，应绘第二十四祖笺驮摩那。

宝梵寺及壁画虽历劫多次，但至今仍保存完好。

（胡传淮　撰写）

## 第二节　词学专著《碧鸡漫志》

王灼(1111—?)，字晦叔，号颐堂，宋遂宁府小溪县(今四川省遂宁市船山区)人。北宋末南宋初文学家、科学家、音乐家兼学者。王灼出身贫寒，青年时代曾到成都求学，后往京师应试，虽学识渊博却举场失意，终未入仕，只得流落江湖，寄人幕下，做舞文弄墨的吏师。晚年闲居成都和遂宁潜心著述。

### 一、王灼的丰富著述

据有关史料记载，王灼的著述涉及诸多领域，在我国文学、音乐、戏曲和科技史上占有一定的地位。其著作现存《颐堂先生文集》和《碧鸡漫志》各五卷，《颐堂词》和《糖霜谱》各一卷。《全宋诗》收其诗 198 首，《全宋词》收其词 21 首。其所撰《糖霜谱》是我国乃至世界上第一部完备的实用的甘蔗生产和制造工艺的科技专著，《文献通考》《四库全书》和《中国机械工程发展史》等都对此专著作了高度评价。

### 二、《碧鸡漫志》的问世

旧方志均归王灼于"隐逸傅"，谓其"隐居山林"。其实王灼非特山林隐士，而是爱国志士、文学家、科学家，取得多方面成就。不仅创作大量文学作品，造诣甚高，而且博学多闻，娴于音律。绍兴十五年(1145)冬，寄居成都碧鸡坊妙胜院，常至友人家饮宴听歌，归则"缘是日歌曲，出所闻见，仍考历世习俗，追思平时论说，信笔以记"。积累既多，于十九年编次成书，分为 5 卷，题为《碧鸡漫志》。该书为王灼晚年之作，论述了上古至唐代歌曲的演变，考证了唐乐曲得名的缘由及其与宋词的关系，品评了北宋词人的风格流派，是从音乐方面研究词调的重要资料。卷一论乐，自歌曲产生至唐宋词兴，述历代声歌的递变。卷二论词，历评唐末五代至南宋初的词，评论北宋词多达 60 余家。卷三至卷五则专论词调。此书的主要价值，在于论词和论调这两部分。有《四库全书》著录一卷本，并收入《唐宋丛书》等。

### 三、《碧鸡漫志》的主要价值

王灼的《碧鸡漫志》，是宋代第一部有明确的理论主张和完整的结构系统的论词专著，在词学史上有很高的理论价值。颜翔林先生《论〈碧鸡漫志〉的词学思想》（载《文学遗产》2003 年 04 期）一文认为：

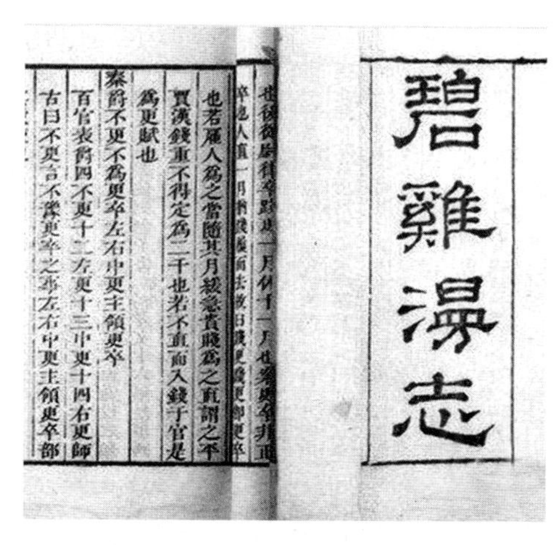


王灼的词学专著《碧鸡漫志》封面

词的起源问题为众多学人所瞩目。王灼从音乐与词的相关性切入，将词界定在“歌曲”文学的概念上，所以更贴近词的本质特征。其次，王灼将词的起源论和词的艺术本体论密切联系起来进行考察，既有助于追溯词的形成源头，也有助于对艺术的根本性问题即艺术本体论的问题作出理论说明，使历史与逻辑达到较完善的统一。王灼站在较高的理论视点上，采用系统综合的方法讨论了词的起源问题，并由此递进，提出有关词的艺术本体论的观点。从而使这两个问题产生密切的逻辑联结，构成具有理论意义的辩证关系。其重要的理论价值在于：一是提出独树一帜的艺术本体论，从主体精神方面寻找艺术的本质存在，呈现了强烈的主体性原则，标志宋代文学对主体性的理论自觉，对其后严羽的文艺理论体系的诞生不无影响。同时，王灼的文艺观和西方古典文艺理论代表人物黑格尔、克罗齐等人的美学观也有微妙的相通之处。更重要的是，它代表了当时对词的理论认识的深化与完善。王灼将词作为在本质上与诗、乐府等文艺样式相一致的精神产品：“古歌变为古乐府，古乐府变为今曲子，其本一也。”所存在的差异在于，其艺术的表现形式与审美形式有所不同。由此可见，王灼对于词的认识达到了一个新的理论境界，标志着南宋词话的初步成熟和理论体系的渐趋建构。

王灼在对词这一文体样式进行历史与逻辑相统一的研究基础上，结合自己丰富的词学经验，在《碧鸡漫志》中对词的审美标准作出几个方面的界定。

第一，认为词属于主观“情性”的产物，“情性”既是词之创造的动因、本源，又是词之欣赏的价值、趣味，也是衡量其艺术价值的审美尺度之一。因此，它为词的本体性构成。从美学的角度看，王灼以“情性论”构成自己词学的核心，并从创作论和词体观两个方面作了互为联系的阐述。王灼从创作论的视角，以历史的具体实例论述了文艺是“情性”产物的观点，认为“情性”为诗词之本，而“文采”为文艺之末，因此他对东汉以来“文采有余，情性不足”的现象表示不满。他又以荆轲为例作了进一步的阐明，高扬了“情性”在词的创造中的首要地位，表明了鲜明的艺术创作的主体性倾向。王灼此论，与当代美国文艺理论家苏珊·朗格的“艺术是人类情感符号的创造”有异曲同工之处，均对文艺的主体性予以高度推崇。

王灼对苏轼的词作评价甚高：“长短句虽至本朝盛，而前人自立与真情衰矣。东坡先生非醉心于音律者，偶尔作歌，指出向上一路，新天下耳目，弄笔者始知自振。”（《碧鸡漫志》卷二《东坡指出向上一路》）。他以肯定苏轼的词作为前导，否定丧失“真情”的词作，指出苏轼虽然不醉心音律，但能于词作中写出真情实感，“新天下耳目”。并以此为品评尺度，对表现真实“情性”的词人词作作出艺术价值的判定。王灼的“情性论”实际上构成了创作论的主要内涵，为其词学的美学核心。

第二，与“情性”标准密切相关，王灼又提出“自然”的艺术概念，作为词话批评的另一个审美标准。王灼在词话领域对“自然”这一审美标准的高扬，既是对传统哲学美学观念的继承，又是在具体的艺术领域对这一概念的深化与丰富，这无疑是对词话理论的重要贡献之一。

第三，王灼在词的音乐美感上作出“中正”的要求，这构成其词的审美标准的第三个内容。王灼提出的“中正”概念，源于传统哲学，但将之具体化为词之创作音乐美感的规定性，在方法论上是从抽象还原到具体，体现了对概念运用的创造性。王灼对词的音乐美感“中正”的提倡，其艺术旨趣是期待词的音律节拍“中正”之气与“中正”之声的和谐，两者协调为统一完美的审美形式，提供给欣赏者以丰富的艺术享受。

第四，与“中正”这一概念紧密联系，王灼又初步提出“雅”的审美标准。首先，他将“雅”定位在音律方面，认为“中正则雅”，可见词的音乐美是建构“雅”的必要条件之一。其次，王灼所心仪的“雅”，则是更多文人气质与书卷学养的词的内蕴，更多体现知识阶层的思想情感与审美趣味。如他对柳永的《乐章集》否定性批评较多，主要是因其偏离“雅”的审美准绳。王灼标举的“雅”，其内涵有了初步的确定，在一定程度上达到了理论的抽象，提出了有关词的审美的标准之一，开启了后来姜夔、张炎的“骚雅”的词学审美理论的先声。

最后，王灼将“韵”提升为一个美学概念。王灼之前的词学理论虽然涉及“韵”，然而仅仅是将它作为修辞的技巧和形式的要求，尚未赋予理论的意义。《碧鸡漫志》则将之作为一个重要的艺术审美标准提出来：“晁无咎、黄鲁直皆学东坡，韵制得七八。”“唐末五代文章之陋极矣，独乐章可喜，虽乏高韵，而一种奇巧，各自立格，不相沿袭。”“贺《六州歌头》《望湘人》《吴音子》诸曲，周《大酺》《兰陵王》诸曲最奇崛，或谓深劲乏韵，此遭柳氏野狐涎吐不出者也。”显然，王灼不是将“韵”看作是词之创作的具体的格式要求，而是视为一个重要的美学境界或艺术标准。也就是说，判断词作是否具有一定的艺术价值，其中一个参照系就是“韵”，而“韵”的高低则决定了其词作审美境界的高低。钱锺书《管锥编》对“韵”的概念作出细微精湛的考证，从它的历史演进清理其美学的内涵，并且从比较文学的角度指出：“古印度说诗，亦有主‘韵’一派，‘韵’者，微示意蕴，诗之‘神’髓，于是乎在。”“吾国首拈‘韵’以通书画诗文者，北宋范温其人也。……因书画之‘韵’推及诗文之‘韵’，洋洋千数百言，匪特为‘神韵说’之弘纲要领，抑且为由画‘韵’而及诗‘韵’之转捩进阶。严羽必曾见之，后人迄无道者。”王灼所论的“韵”可谓是文艺理论上承前启后的逻辑环节，它客观地影响到后世的美学理论。

《碧鸡漫志》重要的理论构成之一是词家论。王灼对北宋以来的词人予以系统而精湛的品评。他采用综合比较的方法，眼界开阔，纵横捭阖，时有真知灼见，开了词话中审美风格论的先河，也树立了词家评点的范例，显示了评论家的大手笔。王灼以简练明快的线条勾勒了北宋词作的发展轮廓，对一些著名词人，如王安石、晏殊、欧阳修、晏几道、苏轼、秦观、黄庭坚、贺铸、柳永、周邦彦、张先、朱敦儒等人所给的评价，不乏深刻洞见，甚至成为后世研究者的绳墨。王灼的词家论，实际上属于审美风格论。他对各词家的论述，尽管寥寥数语，往往切中要害。如王灼论王安石：“王荆公长短句不多，合绳墨处，自雍容奇特。”评苏轼：“长短句虽至本朝盛，而前人自立与真情衰矣。东坡先生非醉心于音律者，偶尔作歌，指出向上一路，新天下耳目，弄笔者始知自振。”论贺铸：“贺方回初在钱塘，作《青玉案》，鲁直喜之，赋绝句云：‘解道江南断肠句，只今惟有贺方回。’贺集中如《青玉案》者甚众。大抵……卓然自立，不肯浪下笔，予故谓语意精新，用心甚苦。”王灼对词家的评论均强调艺术独创性的问题，认为上述词作都体现了自我的审美风格，因此应给予价值肯定。再如他论柳永，即使对其词作持否定态度，说它“浅近卑俗”，但还对其艺术的独创性予以某些肯定，谓其能“自成一体”。

**四、《碧鸡漫志》的影响**

《碧鸡漫志》被认为与其后张炎的《词源》、沈义父的《乐府指迷》，是宋代三部最重要的词话，其理论思维远远超越一般词话的水准。就其批评理念而言，它试图建立相对系统而完善的批评方法，并且在一定程度上达到了理论与实践、主观与客观、历史与逻辑的统一，为词话这一批评形式提供了范例。

《碧鸡漫志》是我国第一部词学专著。王灼与苏轼，一从实践上，一从理论上，打破诗词界限，拓宽表现领域，放松声律束缚，改变单一风格，提高词的社会功用；而且对诗乐源流和数十词调进行翔实考辨，搜罗丰富，持论精核，极具资料价值和学术价值。《碧鸡漫志》对宋词的发展乃至后代的词学理论起到了推动作用，在文学史与文学批评发展史上有重大的意义和深远的影响。

（胡传淮　撰写）

## 第三节　缥缈幻化的洞经仙乐

作为遂宁古老音乐之一的道教音乐，《洞经音乐》始于唐宋，盛于明清，历史悠久，具有浓郁的宗教特色。

**一、古代洞经音乐**

洞经音乐在古代遂宁地区是道教音乐的一种主要的音乐表现形式，它不仅对道教，而且对中国音乐文化都作出了独特的贡献。

在蓬溪县城东二里的宝屏山(今赤城山),曾清溪环绕,山灵水秀,茂林修竹,道观岸然,乃士林羽客栖息修道的洞天福地。晋代张亚子(后世称文昌帝君)在此解注老子《道德经》,后建七曲老人祠以祀,传说唐代寒女谢自然在小仙洞修炼飞升。

南宋孝宗时,蓬溪道人刘安胜在宝屏山玉虚台、中和诚应楼弘法扬道,潜心道学。他假借文昌帝君降笔撰写《玉清无极总真文昌大洞仙经》(简称《文昌大洞仙经》或《大洞仙经》)5 卷并为之谱曲。《文昌大洞仙经》以四字、五字、七字、九字句韵,经曲结合,能诵能吟,易唱易咏,并以二十八星宿配器伴奏。刘安胜亲自弹奏和演唱《文昌大洞仙经》,以弘扬道学,在当地产生了很大影响。刘安胜不仅是撰写文昌经的第一人,而且也是第一个为文昌经谱曲的人,洞经音乐就此诞生,蓬溪县也因此而成为洞经音乐的发祥地。

据史料记载,蓬溪古文庙《大晟乐》乐队常演奏《洞仙歌》《八卦赞》《文昌赞》等洞经音乐,气势恢宏,蔚为壮观。信众目睹之,人围聆,鸟静声、犬俯听,祥和纷纷。

元代,蓬溪道人卫琪在与宝屏山相邻的蓬莱山学道。他精研道学,并为刘安胜所著《文昌大洞仙经》作注,句解字释,自出新意,撰成《文昌大洞仙经注》10 卷。元至大年间,卫琪将《文昌大洞仙经注》进献给元武宗,并用刘安胜原经义、曲牌、调式,按宫、商、角、徵、羽五声配乐,当宫谈演《洞仙歌》云:“云生昊宇,仙乐陵空,环珮响叮咚,瑞霭霭万朵芙蓉,瑞霭霭玉鸾彩凤,登座演玄宗。”虚无缥缈,飘飘欲仙,五岳尽寂,万籁皆幽的洞经天籁钧音,让元武宗皇帝、皇后、朝廷重臣为之动容,赞叹不已,发御诏华夏泛传,为洞经音乐的发展、成熟和广泛传播创造了良好条件,打下了坚实基础,作出了巨大贡献。

## 二、近现代洞经音乐

由于种种原因,蓬溪的洞经音乐到民国时已渐渐衰危,经“文革”几乎灭迹,改革开放后才得以重新传扬。2006 年蓬溪县成立洞经音乐研究会,专门从事挖掘、研究、传承工作,先后建有明月、蓬南、农兴分会,组建了 5 个民间乐队,骨干成员 140 余众,上演洞经音乐 200 余场次,受众 6 万余人。仅蓬南分会乐队的《法曲会歌》和诗赞洞经就在多个市、县、乡镇演出,受到欢迎和好评。

《洞经音乐》表演内容为《大洞仙经》与《洞经音乐》。《大洞仙经》含经、诰、咒，在于劝善戒恶，劝人修身养性，静心寡欲，忠孝为本，诚信做人，做到天人合一，延年益寿。《洞经音乐》含经腔、散曲、套曲，广纳川剧、曲艺、民间小调元素入乐，是这些艺术荟萃而成的一种综合性艺术，因而其品位很高。

洞经音乐三下乡演出场景

遂宁市“涪江之秋”演出剧照

《洞经音乐》法会，用经腔曲调，念、诵、吟经时，领啸和喧，配以钟磬铙钹，木鱼铛钗，二星唢呐。以《文昌香赞》“玉炉初，百合真香”句例：

法会 2/4 · 4/4 经腔唱：5·65 3·5|6 16 5·65|3·2 3ˇ5 6|3 2 1311|……

民间 4/4 散曲唱：6·56 127 6 | 2321 61 2— | · · · · · ·

元卫琪绘制“苍胡颉宝檀炽钧音”图，按二十八星宿配 28 件套古乐器，重在古筝、古琴、笙、箫、阮、埙、大鼓、大锣、大钹、云锣、钟磬、大胡、二胡、木鱼、唢呐等。表演时，着仿唐宋时期绘有阴阳太极图的道家和服，以唐装马甲相配。

目前，《洞经音乐》在遂宁、蓬溪得到专家们挖掘、研究、传承，它是打开研究遂宁传统古典乐曲宝库的金钥匙。《洞经音乐》古朴、典雅，韵律优美绝世，具有很高的艺术欣赏价值。现在，《洞经音乐》已列为国家级非物质文化遗产，进行专项保护，享誉国内外，值得遂宁人民骄傲和珍视。

（杜玉平　撰写）

## 第四节　享誉中外的宋瓷国宝

1991 年 9 月 18 日，家住遂宁市船山区南强镇金鱼村的王世伦在自家菜地里干活时，挖出了一些铜器和瓷器，经市博物馆、市文物管理所抢救性清理，出土了瓷器1197件、铜器97件、石器2件。2003年6月30日，在之前窖藏点以北200米处，一施工队在使用挖掘机开挖排水沟时又发现了一处窖藏遗存，可惜出土文物遭到施工人员和围观群众哄抢，遗迹也遭到破坏，在地方政府的配合下，共清理和追缴回瓷器46件、铜器1件。经研究，两处窖藏的形成年代当在13世纪中后期，这批瓷器极有可能是在宋理宗端平三年（1236）至淳祐三年（1243）的战争期间匆忙掩埋于此的，距今已780年左右。

## 一、叹为观止的国宝宋瓷

遂宁金鱼村出土的窖藏瓷器因数量大、品质优、器型美而受到社会各界的高度广泛关注。

（一）数量大

经专家鉴定，出土瓷器的年代在北宋晚期至南宋中晚期之间，以江西景德镇青白瓷和浙江龙泉窑青瓷为大宗，还有少量的河北定窑、陕西耀州窑、四川磁峰窑、重庆清溪窑等窑口的瓷器。两个窖藏出土的瓷器相当丰富，共计1243件。尤其是1991年发现的窖藏，单个窖藏即出土瓷器1197件，在四川乃至全国范围内都是十分少见的，被誉为“中国最大一宗宋瓷窖藏”。

（二）品位高

这批瓷器不仅数量多，而且大部分都保存得相当完整，品质优良、制作精美，经专家认定，仅国家一级文物就有29件。特色器物有荷叶盖罐、带盖梅瓶、琮式瓶、鬲式炉、棱形炉、鼎式炉、龙耳簋式炉、三足蟾形水盂、竹节瓶、贯耳瓶、五管瓶等。尤其是其中的青釉荷叶形盖罐，罐高31.3厘米，宽23.8厘米，腹径将近1米；罐身圆润、短颈、圆肩、鼓腹，盖子独特，盖沿弯曲呈荷叶状，给人流动的韵律感，非常漂亮；胎质洁白细腻，外施梅子青釉，釉色柔和淡雅，碧绿如翡翠，温润如春水；整个荷叶盖罐器型大，色泽明亮，是目前中国现存最大、最完整的南宋龙泉窑荷叶盖罐，是难得一见的稀世珍宝。

（三）品类多

这宗窖藏瓷器的种类十分丰富，除常见的碗、盘、杯、碟、盏等饮食器具外，还有簋、炉、尊、瓶等陈设器具和砚滴、水注等文房用具等。在饮食器具中，景德镇窑生产的青白瓷碗、盘、碟就超过600件，这些器具虽然造型简单朴素，但细节之处则令人惊叹，装饰技法有印花、划花、剔花等，装饰纹饰有婴戏纹、双鱼纹、雁纹等，富有浓郁的民间生活气息。陈设用具中有作为礼器的琮式瓶、鬲式炉、鼎式炉、龙耳簋式炉等，还有作为花瓶的海棠式瓶、小贯耳瓶、五管瓶等。文房用具则有笔洗、笔墨插、砚滴、水盂、水注等，尤其是其中的三足蟾形水盂采用了堆贴、捏塑、刻画、模印、锥刺、粘接及褐釉点睛等多种装饰手法，装饰繁复，细部刻画富有神韵，全系手工随意雕琢捏塑成形，是一件匠心独具、刻意求工的瓷塑佳作。

## 二、扑朔迷离的神秘面纱

遂宁窖藏一次性出土宋瓷上千件，那么，这批窖藏瓷器的主人究竟是谁，这批瓷器是用作商业用途还是家庭日用呢？因缺乏必要的文献记载，现已无从考证，成为千古之谜。对此，专家们的推测是：

（一）瓷器属于商人，是待售商品

有学者从镌刻于铜钟上的“凤翔楼钱鑫”五字及一件青白瓷碗底墨书一“元”字，推断这批窖藏应与“凤翔楼钱鑫”（即钱庄）的主人有关。将窖藏藏品作具体分析，可以认定这批窖藏应为商业用瓷。其理由如下：一是这批瓷器釉层鲜亮，纹饰清晰，成色很新，看上去似有新出窑瓷器的“火刺”。器物上全然没有使用过的瓷器固有的酥光、划痕、磕伤、油渍等特征。二是这批窖藏重复器式数量很大，部分碗、杯、碟同一样式的都有数十件，其中一种菊瓣碟更是达131件，而作为文房用品的青瓷洗竟达67件之多。从这些明显的特征看很难想象是某个家庭用器。据此可以推断：“凤翔楼钱鑫”主人既开钱庄又经营瓷器。

（二）瓷器属于寺院，是皇室赐予

在这些宋瓷中，有不少器物上面装饰了皇室独有的龙、凤图案和众多皇室专有的各种礼器。有学者据此推测，出土的宋瓷与宋代皇室颇有渊源。据说，宋徽宗认为自己能当上皇帝，与遂宁的观音菩萨道场广德寺有关，徽宗感念观音的庇佑，不时将最珍贵的宝物赐予遂宁广德寺。后来，这作为一种皇家惯例被以后的宋代皇帝所继承，到了南宋的宋孝宗即位，曾赐封广德寺的开山祖师克幽禅师为“圆觉慧应慈感大师”，并烧制一批精美瓷品赐予遂宁广德寺。南宋末年，战乱连年，这批瓷器连同诸多祭祀用的铜器一起被埋入地下。

（三）瓷器属于官府，是祭祀礼器

金鱼村出土的宋瓷精品中，有许多祭祀和礼仪用的陈设用瓷，如簋式炉、鬲式炉、鼎式炉、琮式瓶等。北宋后期，朝廷倡导理学，崇古之风盛行，在文人学士群体及上流社会中，兴起了一股雅好古玩之风。为顺应这种时代潮流，龙泉窑创烧出许多仿古铜器和玉器式样的瓷器。这些仿古造型的陈设用瓷釉色纯正，古朴敦厚，凝重端方，是龙泉青瓷中的代表作品。它们既贵重精致，又有祭祀和礼仪之用的特殊功能，因此不是寻常百姓、富商大贾能够使用的，加之出土瓷器成色很新、釉层鲜亮、纹饰精晰，没有经常使用的痕迹。有学者推测这是官府用瓷，平时珍藏府库之中，只在春秋大祭或者重大节庆的时候，才由官府作礼器使用。

历史的真相已经随着时间的流逝而变得有些模糊，究竟谁是它们的主人，仁者见仁，智者见智。不管怎样，这是一批因为战争而匆忙埋藏下来的宝藏，是古人为我们留下的珍贵财富。

## 三、价值非凡的宝贵财富

遂宁金鱼村出土的宋代瓷器因其重要、巨大的历史、文化、艺术和社会经济价值受到社会各界的广泛关注，为遂宁带来了良好、巨大的社会效益。

（一）展示独具匠心的审美文化，折射繁荣发达的社会经济

宋代是我国陶瓷发展的鼎盛时期，烧制了丰富多彩的生活器皿，满足了各阶层人们物质文化生活的需要。金鱼村出土的瓷器中有大量的饮食、祭祀、陈列和文房用具，基本涵盖了宋人生活中的各主要方面。其中的黑釉茶盏揭示了宋代的斗茶习俗；梅瓶等酒具反映了宋代的饮酒文化；各类花瓶也体现出宋代的赏花习俗；文房用品体现了宋代科举制度的兴盛。这些宋瓷珍品的成型工艺、装饰纹样、胎釉特征既代表着先进的制瓷科技，又蕴藏着丰富的文化内涵。从仿青铜器烧制的祭祀用具可以看出宋代流行的复古的文化思潮；青釉、青白釉的釉色，体现出宋瓷崇尚自然、含蓄、朴素、典雅的审美观；而斗茶用的黑色茶盏和简约的造型又体现出宋瓷经世致用的美学追求。显然，这一切成就都与宋代社会经济繁荣和以文治国的理念密不可分。

(二)商品经济特定标识,两宋社会繁荣特征

金鱼村窖藏所在的遂宁市,从唐末、五代开始便是遂州的州治所在,到宋徽宗政和五年(1115),升遂州为遂宁府,领小溪、蓬溪、长江、青石、遂宁五县。在两宋时期遂宁的农业、丝织业和盐业的生产有了快速的发展,此外,遂宁在两宋时期还有印刷业、矿冶业、制糖业和造船业等,而且,遂宁还是成都平原重要的水陆路交通连接点,这些都使遂宁在两宋时期成了川峡四路一个新兴的商业城市,大量的商品在此集中、流通。金鱼村窖藏宋瓷的发现证实了遂宁在两宋时期商品经济的繁荣。

(三)铸就遂宁文化亮丽名片,洞开国际交往大门

南宋龙泉窑青釉荷叶形盖罐

国宝宋瓷是我市一张重要的城市文化名片,而依托这批瓷器新建的四川宋瓷博物馆则是外地莅遂考察团、旅行团、采风团的必到之地。自金鱼村窖藏瓷器发现以来,这批瓷器已经先后赴日本、新加坡、北京、上海、杭州、深圳、宁波等国家和城市展出,每一次展出的不仅仅是这些精美绝伦的瓷器,遂宁的历史文化、地理位置、城市风貌等都得到了良好的展示,对于提高遂宁的知名度、美誉度和影响力具有重要的推动作用。

(何瀛中　梅　波　撰写)

## 第五节　诗书画三绝的吕半隐

吕潜(1621—1706),字孔昭、石山,号半隐、耘叟,乃南明宰相吕大器之长子,生于明天启元年(1621),二十一岁中举,二十二岁中进士,官行人,授太常博士。

一年后李自成攻陷北京，遂奉母南逃至浙江湖州府吴兴县桑苧村，后迁往扬州海陵。二十年后，其父吕大器病逝云南都匀，继遭母丧。因蜀道险远，又逢滇黔之乱，父母皆无法归葬，往来湖州、扬州之间凡四十余年。康熙二十四年(1685 年)，六十四岁的吕潜才扶父母灵柩归蜀。其后二十一年间，闲居家乡，从事稼圃，置“课耕楼”，在清贫中以诗书画自娱，造诣颇高，时称“诗书画三绝。”

吕潜《枯山秋水图》

守閒堂詩 甲寅移居海陵以後作

遂甯吕 潛半隱著 歐陽紹仲武校刊

邗上送李吉津同年歸當化

念此三十年聚散如風雨相逢淮海間白髮森如許

昔時看花人落落誰堪數吾子足憂患不復戀圭組

清代刊刻出版的《吕半隐诗集》封面

## 一、堪比杜甫、王维的诗作

吕潜前半生漂泊，晚年闲隐；足迹九州，学问渊博，其诗作造诣颇深，在明末清初占有重要的地位。其诗集今存《怀归草堂诗集》《守闲堂诗集》《课耕楼诗集》共收录其诗作四百余首。其诗歌取得成就的原因，之一是家学渊源。其父吕大器不仅是卓越的政治家、军事家，而且是一位诗文大家，著有《东川诗草》《东川文集》等，王士祯说他“诗多横槊之气，时露粗服，然秀拔坚深，终是唐人格调，不取宋元以下蹊径。”吕潜作为吕大器长子,得其熏陶是必然的。之二是吕潜足迹半个中国,交游极广。四川各地更不待言,江苏、浙江、河北、河南、湖北、贵州等省的许多地方都留下了他的足迹。祖国的山水,到处是产生诗歌的源泉。其三是吕潜和当时的诗人、名士多有唱和,和龚贤、费密、毛奇龄等数十位文人雅士酬唱甚多。清初诗人费密有诗《吕太常潜自归安移家海陵》、毛奇龄《毛西河文集》中有《题罗坤所藏吕潜山水册子》等。其四是穷困、流离的生活体悟。试想,如杜甫无颠沛流离,穷困潦倒,目睹穷苦百姓生活的经历,哪里会成为诗圣。苏轼若不贬谪至海南,哪会成为名垂青史的诗书画大家。清代诗人陆廷抡在吕潜的《怀归草堂诗集序》中说道:“语云‘诗必穷而后工’顾世人之穷,只在一身,若先生之穷,则在于世道变迁,君父死生存殁之大。故其穷有百倍于世人者,故其诗之工,亦百倍于世人。今读《怀归》《守闲》两集,一若少陵(杜甫)浣花之篇,摩诘(王维)辋川之什,杂陈于前而不能辨其孰优孰劣也。”将吕潜诗与少陵、摹诘诗相提并论也并未夸张。吕潜诗《江望》中云“横江阁外数帆樯,立尽西风两鬓霜。只有乡心不东去,早随烟月上瞿塘”这令人心碎的思乡之情,无不使游子动容。王士祯尝采其《江望》一首入《诗话》中。清末进士范溶在论《蜀诗绝句》中评吕半隐云“桂水漓江满目愁,瞿塘烟月几行舟,西风立尽乡心冷,自写乡累万古愁。”其诗虽逊吕半隐一筹,却也言中要害。其五是清闲的隐居生活也是写好诗的条件。晚年吕潜隐居于遂宁时已是康熙二十四年,战乱基本平息,人民生活也较为稳定。遂宁亦川中重镇,虽家贫,但可购小楼三楹,也还非一般贫穷之家。加之遂宁的山水,如徜徉其间,也够闲适。《课耕楼诗集》凡八十首,皆为访送酬答及描写田园风光之作。如其《课耕楼杂咏》其三云“新开花满架,紫翠遍山窗。支杖人行独,窥帘燕语双。地偏时过虎,楼迥静闻泷,老圃馀生足,纷华此日降”。既是在自我遣怀,也是对当年遂宁的真实写照。

**二、俊秀潇洒的书法**

吕潜既为书香世家,又有丰富的阅历,其书法亦自成一体。其作品不少,但大多散落。胡传淮、陈名扬主编的《诗书画大家吕潜》中收其书作 19 幅,已足以彰显其书法水平。吕潜的书法植根传统,直追魏晋,在临写二王上下了很大功夫,尤其对小王深有所悟。同时对宋人也有效法,书中常见米芾痕迹。在明清之际,全国上下推崇赵孟頫、董其昌，吕潜亦深受赵董的影响，尤其是董其昌。康熙年间，全国上下莫不习董。盖因董书俊雅清新，疏宕秀逸，康熙盛世，社会相对平静，人们心理也较为安宁，加之康熙爱董书成癖，致使士子执管，莫不习董。吕潜又大多在江南生活，回川后遂宁也地属浅丘，闲逸的心理也对董书产生共鸣，走董其昌的路子也在情理之中。纵观吕潜书迹，其构图多属疏影式，其行距较大，字间也拉开一定的间隔。竖看成行，横不成列，错落清新有如晴朗夜空中点缀的星星，是以白计黑的典范。句法上属于贯珠式。其字大大小小，方长圆扁。倾斜敧侧各有体态，多采用形连，用行辕带子，祖父携孙来形容也不为过。而其结字形体多数偏长，但又极具变化。其书体行草间杂，自然糅合，早年书作清劲秀雅，落笔时有露锋，而晚年之作则多了许多颜书用笔味道，其逆入平出，落笔肯定，行笔中锋健硕，更增加了不少沧桑之感。他八十三岁时所书《行书七言立轴》"芙蓉花发满高岸，还如杜老蜀江边。田夫野客频来看，白酒黄鸡不用钱。"（现藏四川宋瓷博物馆），其诗作的意境，落墨的厚重，行笔的老辣，结字的稳健，章法的自然，令人叹仰，列入书法史图录也不为过。无怪乎冯东曙为吕潜七十八岁行书《乐志论》跋曰"想其人品高绝，胸怀旷如，而书法之劲秀，近三百年来墨迹犹新，可贵也！"

### 三、天下二半的山水画

祖国的名山大川是山水画家的极佳蓝本，吕潜穷历半个中国，既是诗人又是书法家，又有国仇家恨在身，对祖国山水的爱，方能排遣对异族统治者的恨。隐逸生活使其有充足的时间从事绘画活动。画出了大量的山水画杰作。享有天下二半之誉，这二半一指吕潜（半隐），另一指龚贤（半千）。《益州书画录》评吕潜"工诗善画，山水尤长，用笔放纵而不越矩矱"。王士祯则说吕潜之作魄力雄浑，最难在空处多，其作气势磅礴，画石多皴而少擦，画树多老干而少枝叶。故宫博物院、四川省博物馆、四川宋瓷博物馆均藏有吕潜山水画作，《海山藏中国历代名画》《国宝大典》《金陵诸家绘画》《中国绘画史图录》《中国传世名画全集》对吕潜画作均有收录且评价极高。吕潜画作融诗书画为一体，如四川博物馆所藏吕潜《高树板桥图》，乃平远法构图。近处的山石上，立着几棵劲挺的枯树，中间一小山，远处则横卧一片浅山，气象荒凉萧疏，空无一人，画作左上端，作者自题七绝"水树迷离白露飘，风萧萧处雨萧萧，田家酒熟村沽少，尽日无人渡板桥。"这似乎就是当年的遂宁某处吧。全幅萧散简远,墨法清雅娴熟。黄宾虹跋文中说“先生文章气节彪炳宇宙,顾不独以诗画名,而得其寸缣零楮者,已不啻璜璧。”

(高远树　撰写)

## 第六节　声名鹊起的书画之乡

遂宁为川中重镇,位于涪江中游,古时从蓉城东行,绵、梓南下,必经此地。而今道路四通八达,为川内第二大枢纽。在艺术交流和发展方面具有得天独厚的条件。新中国成立以来,尤其是改革开放后,遂宁的书画事业蓬勃发展,而今已享有“中国书画之乡”的美誉。

### 一、古代翰墨为遂宁人厚植了书画基因

遂宁是四川腹地,自古以来相对繁荣,在其境内有金华山的杜甫诗碑,古通泉县衙壁上的薛稷十二鹤。石佛沟、龙潭寺、金马寺等地的唐代摩崖造像,倒佛垭的宋代摩崖,宝梵寺的明代壁画造像。广德寺、灵泉寺、金华山等地的历代牌匾,散落在城乡的历代碑刻,这些宝贵财富使人们受到了书画艺术的熏陶。并造就了明代吕大器、吕潜父子,清代张问陶、张问安兄弟等,还有为慈禧画佛像的杨重岳,书写金华山读书台对联的清末举人马天衢,清末秀才曾绍父,善书的奉四承、刘子骥等人。这些人既是古文化孕育出的书画大家,同时也为后世的书画发展起到了引领作用。

### 二、新中国让书画艺术繁荣发展

(一)文化人铺垫了书画艺术的厚实基础

新中国成立后,文化事业得到了空前发展,从旧社会走过来的知识分子获得了新生,只要有初中文化的人,甚至小学毕业生都受到了重用,当时钢笔才从西方引进,大多数人还是以毛笔为书写工具,大家都以书法作为文化人的面子,能写工整毛笔字,书画双修的人到处可见,也大有用武之地,他们为书画艺术的兴盛奠定了坚实基础。

（二）特定时代孕育出草根书画新星

新中国成立后的政治运动较多，尤其是1957年的“反右派”、1966年爆发的“文化大革命”，虽然其他行业萧条了，但书画艺术却歪打正着的有了一些发展，反右斗争中的漫画、大字报四处可见。1958年的“大跃进”，广告画、大标语遍及城乡。特别是1966年史无前例的“文化大革命”爆发，领袖像、漫画、宣传画、雕塑随处可见，大标语、大字报，铺天盖地。大家除了比文章的辛辣，还要比书写绘画的艺术水平。因此书画艺术也有一定的提升，并涌现了一批火线成才的画家和写手。

（三）学校教育为书画艺术厚植沃土

新中国成立以后，学校虽无专职的书法教师，但语文教师及其他学科中的部分教师的书法水平都不错，学校中一般都配备有美术教师，特别是各地师范学校的美术教师都有较高的艺术造诣。有的书法水平也相当不错，成立于1914年的遂宁师校，学校老牌，教师中大腕也不少，王好美、李乃实、蒋璨等书画双佳。吴安和国画肖像名扬全川，赖征堡花鸟尤美。50年代组建的蓬溪师校的钱五元善花鸟果蔬，射洪师校的孙竹篱，诗书画融为一体。还有蓬溪中学的段虚谷（后为四川美院教授）、遂宁一中黄剑虹、蓬溪民中欧至元、金华中学张扬学……四川职业技术学院也于1989年开始培训美术教师，1995年成立了艺术系，开设了美术教育和工艺美术等专业。由书画双栖的张达煜教授、理论和书艺双修的高远树教授担纲，培养了一批书画人才。由于各类学校培养引领，开创了新中国成立以来遂宁绘画与书法的新局面。

（四）新时期让书画艺术空前繁荣

1977年恢复了高考制度，美术院校与中师的美术专业相继招生，各级各类学校的美术课，部分学校的书法课程正常开设，甚至出现了升学考试中特长生加分的规定，书画取得了合法的地位。20世纪80年代初，射洪、蓬溪、遂宁三县相继成立了书画家协会。后分成了单独的书法家协会和美术家协会。1985年遂宁建市，遂宁市美术家协会和遂宁市书法家协会也相继组建。

改革开放后，遂宁的美术、书法工作者（及爱好者）大致可以分为四类。一类是专职书画人员，包括各级各类学校中的书法、美术教师，各级文化馆中的美术书法干部，他们承担书画的组织、教育和创作。另一类是业余人员，主要是公职人员中的美术、书法爱好者，他们除工作外，大多沉浸在书画学习与创作之中。第三类是以书画作品谋生，或以书、画培训获得收益。第四类是退休人员中的书画爱好者，他们大多是为了自娱自乐，健身养心。从事书画工作的专职人员有精力，有时间，也有物质条件进行研究创作；业余爱好者由于爱好，也有工资收入支撑，对书画也很执着；自谋职业者由于生存的需要也被逼上梁山，不得不视书法、美术为生命；老年书画爱好者虽然较为松散，但他们这种老有所学和对艺术的孜孜不倦追求的精神也给年轻人做出了榜样。目前，遂宁有中书协会员 21 名，中美协会员 3 名，省书协会员 50 余名，省美协会员 80 余名。市书协会员 420 多名，市美协会员 200 余名。近年来，还成立了市老年书画研究会、市硬笔书法协会、市女子书法协会。为了满足各自爱好和发展的需求，一些书画院也应运而生，如遂宁市书画院、遂宁市政协诗书画院、船山书画院、蓝天书画院、射洪子昂书画院……四川省遂宁市文联还得到了市政府的支持，在市体育中心划出了数百平方米，开辟了艺术家活动中心。

（五）中国书法文化之乡——蓬溪

20 世纪 70 年代末期，军旅书家曾来德在蓬溪三凤乡创建了全国第一个乡镇级书法协会。20 世纪 80 年代蓬溪一些中青年书法爱好者，其中有退伍军人，有学校教师，也有社会青年，相继成立了蓬莱乡镇书法社和蓬溪青年书画社。1999 年 10 月四川省第三届书法篆刻展，蓬溪群体入选作品 9 件，列全省前茅；1999 年 12 月全国第七届书法篆刻展，蓬溪群体入展 5 人，入选 2 人，并有 2 人获三等奖；2002 年 8 月，中国书坛最高赛事首届中国书法兰亭奖，蓬溪入选入展作品竟达 5 件。近年来蓬溪书法群体计获各种奖励 100 多项，在全国报纸杂志发表作品 500 多件，论文 20 余篇，作品收入 80 多种刊物和典籍；有 30 多件作品在碑林刊

**蓬溪县“中国书法之乡”刻石照**

刻和文博馆陈列，有200余件作品作为对外交流的文化礼品。目前蓬溪街道牌匾也已书法化，二十余座牌坊已完工。2008年蓬溪已被文化部授予“中国书画之乡”，投资数亿元打造的赤城湖书画产业基地已具雏形。

蓬溪(含大英)书法群体的引领，射洪竹篱画风的滋养，安居黄峨文化的风采，城区深厚的书画底蕴，使遂宁的书画美名正逐步扩大，蔡振辉、夏齐树、吴安和等老一辈画家健在，张达煜、余承先、丁世谦、段七丁、刘云泉等画风犹盛；赖柱石、吴攀、吴晓东、林云峰等青壮年在画界已崭露头角。书法家中柏波、蒋含光宝刀不老，曾来德、何开鑫、聂兆科、陈宗林、欧阳福、文永生、陈刚、陈硕、刘炎琦、杨昦等功力较深，年轻一代如覃白壁、王茂、柯小伟、杨庆等，紧追直上，呈现出百花争妍、蓬勃向上的气势。

近年来，遂宁旅游风景区的建设也引进了重要的书画元素，楹联、牌匾、浮雕等遂宁书画家创作的作品广受游客青睐。遂宁作为川中文化重镇，书画之乡的美名已在川内外流传，成为文化遂宁的重要组成部分。

(高远树　撰写)

## 第七节　漂洋过海的清音杂技

曲艺是各种说唱艺术的总称。遂宁地区的曲艺历史悠久，其源头可追溯到东汉时期，最具说服力的是1971年在遂宁市城郊船山乡万金山东汉岩墓中出土的打鼓说书俑及舞俑、乐俑。在近两千年的历史进程中，先后孕育了金钱板、荷叶、善书、评书、方言相声、相书、清音、扬琴、车灯、莲厢、花鼓、竹琴、盘子、琵琶弹唱、快板等16种曲艺品种，长期在市内广泛流行。其中，清音、杂技已漂洋过海，到国外多次演出，蜚声海内外。2012年7月，遂宁被中国文联、中国曲艺家协会联合命名为“中国曲艺之乡”。

## 一、美妙的四川清音

### (一)四川清音的历史渊源

四川清音是四川省的传统曲艺中最具代表性的一种演唱形式,历史渊源可以上溯至宋元明年间,源自塞北江南的杂曲、调腔和小曲、戏腔,与本土的巴渝蜀川的徒歌俚调交融衍生,因此有了清音早期词句及曲调的基本形态。

清乾隆年间,清音由民歌小调发展而成。清晚期,重庆开埠,自长江中下游入渝进川的商船歌伎,演唱小曲时调。文商官家等人打词编曲,唱小曲、唱月琴的曲艺形式渐次成熟。在20世纪三四十年代,四川清音几乎是当时“最流行的歌曲”。就是在五六十年代的时候,每次重庆举行文艺演出,清音都是主打曲目,半年演出高达500多场。

四川清音,早期称“唱小曲”“唱小调”,又因演唱时艺人自弹月琴或琵琶,被称为“唱月琴”或“唱琵琶”,是四川省的传统戏曲剧种之一。它渊源于明、清时的俗曲。研究多年重庆清音的艺术家谭伯树表示,“四川清音”这个称呼来源于重庆,而第一个站着唱清音的人也是重庆人,“成都不少老师辈的人物都是在清末时期,从重庆合川、江津等地到成都去的。”20世纪30年代在成都、重庆相继成立清音歌曲演唱会或称改进会,以后遂以清音命名。它在清乾隆、嘉庆年间盛行,以泸州、叙府(今宜宾)为中心,遍及城镇和乡村,拥有大量的听众。

20世纪50年代以后才定名为“四川清音”。它用四川方言演唱,流行于以成都为中心的城市与农村,以及长江沿岸的水陆码头。四川清音是由明、清的时调小曲及四川民歌发展而成。音乐十分丰富,计有100多支曲牌。音乐唱腔结构分曲牌和板腔两类。板腔类又有“汉调”和“反西皮”两种。传统的演唱方式为坐唱,即摆上一或两张八仙桌,演唱者面对听客正面而坐,主唱者居中(多数为女艺人),琴师坐在主唱者的左右两边,月琴、琵琶或三弦在左面,碗碗琴、二胡或小胡琴在右面。这种方式主要是在茶楼、书馆里演唱,另外还有沿街卖唱或到旅店客栈卖唱的。清代中期以后,四川清音卖唱的艺人很多,出现了“大街小巷唱月琴,茶楼旅店客盈门”的景象。清代吴好山在其《成都竹枝词》中写道:“名都真个极繁华,不仅炊烟廿万家。四百余条街整饬,吹弹夜夜乱如麻。”四川清音就是在这样一种繁盛的境况中,造就出了一代代著名的艺术人才。

新中国成立以后，四川清音在重庆和成都两地发展逐渐出现分流。成都依然是以小调为主，而重庆以大调为主。重庆清音艺人演唱的《江竹[illegible]》就是采用大调这种形式。

2008 年 6 月 7 日，四川省成都艺术剧院申报的“四川清音”经国务院批准列入第二批国家级非物质文化遗产名录。

（二）四川清音艺术品类

四川清音演唱形式最初多由女演员一人在茶馆书场表演，伴奏乐器为琵琶、二胡、竹鼓、檀板等。其中竹鼓是四川清音特具的伴奏乐器。表演时由女演员一人独唱，右手击竹鼓，左手击檀板，自击自唱。中华人民共和国成立后，四川清音进入剧场舞台，改坐唱为站唱，并有对唱、合唱或独唱加伴等形式。表演时演员左手打檀板，右手用筷子敲击竹鼓以控制节奏及演唱速度，伴奏乐器有檀板、竹节鼓、琵琶、月琴、二胡、高胡等。近年来又开唱长篇曲目如《白莲女杰》，在唱演中嵌入表白，韵文、散文交错演唱。四川清音分为上河派、下河派。四川清音的演唱形式过去都以女演员为主，男演员为辅，坐唱而不表演，演唱者自己弹奏乐器，一般是三至五人。

（三）四川清音音乐曲调

清音的音乐曲调，分大调、曲牌、小调 3 类。大调有 8 个，即“勾调”“马头调”“寄生调”“荡调”“背工调”“月调”“反西皮调”“滩簧调”。曲牌有“半边月”“平板”“夺子”“叠断桥”“罗江怨”等；小调有“鲜花调”“玉娥郎”“四季调”等。音乐结构有曲牌联套体、板式变化体和单曲体 3 种。成都的“省调”为上河派，其唱腔轻盈，细腻圆润，在运腔中有一种风格独具、跳跃式的连续顿音唱法“哈哈腔”。著名清音演唱艺术家李月秋的“哈哈腔”造诣较深，音色甜美，行腔轻柔婉转，早在 20 世纪 40 年代即有“成都周璇”誉称。她曾参加世界青年联欢节演唱清音，获金质奖章。

（四）四川清音代表曲目

四川清音的传统曲目丰富，传统曲目有 600 多个，著名的作品有：根据小说、戏曲改编的《尼姑下山》《小乔哭夫》《断桥》《思凡》等；歌颂历史人物的《花木兰》《昭君出塞》等；吸收各地民歌创作的《放风筝》《小丈夫》《金梅花》等；反映现实生活及革命历史题材的新曲目《黄继光》《丁佑君》《江姐上华蓥》《送公粮》《小会计》《赶花会》《昭君出塞》《尼姑下山》《断桥》《黛玉焚稿》《放风筝》等。现代曲目有《布谷鸟儿咕咕叫》《六月六》《秋江》《绣荷色》《赶花会》等。

（五）遂宁对四川清音的传承创新

遂宁清音“圣水莲花”剧照

杨淑骅等参加第十届中国群星奖曲艺类比赛场景

2008年，在四川清音列入第二批国家级非物质文化遗产名录之后，遂宁曲艺界在市委市府的领导下，大胆改革创新，在卢国珍、周光宁、杨兴国等一大批专家的共同努力下，创作出了一大批新的、优秀的清音作品：有“清音皇后”之称的卢国珍作曲、陈小铃作词的《妈妈的孩子回来了》获得曲艺调演省级一等奖；卢国珍创作的，高利红、杜爽等演唱的《杨柳新枝》获得第二届“岳池杯”中国曲艺之乡曲艺大赛银奖，该作品还在第七届巴黎中国曲艺节中荣获铜奖；卢国珍创作的、高利红演唱的《莲花开》获得了第三届“岳池杯”中国曲艺大赛金奖；周光宁、杨水平等创作编排的《风华绝代》，于2011年获遂宁市第九届“涪江之秋”特等奖；《天天都听“村村响”》于2011年获四川省广电系统第三届艺术节一等奖；《植树谣》于2011年获全国第五届少儿曲艺大赛四川赛区一等奖；《春风暖、移动情》于2012年获四川省移动公司艺术节一等奖；《东风浩荡贯长江》于2012年获国家广电总局监测中心文艺汇演一等奖。随着四川清音的普及，还涌现出了一批年轻表演人才和优秀作品。2012年，遂宁“圣水莲花”清音组合入围央视《星光大道》周冠军赛，把遂宁市的清音艺术表演推上了一个新的台阶。杨兴国创作、杨淑骅演唱的清音情景剧《又听布谷鸟儿叫》，在文化部举办的第十届中国艺术节群星奖曲艺类比赛中荣获优秀奖，部分优秀作品还应邀到泰国等地演出。四川清音通过遂宁曲艺家们的艰苦努力、薪火相传，作品丰富，新人辈出，蜚声海内外。

## 二、高超的遂宁杂技

遂宁市杂技的传播及专业团体是在当代形成的，影响最大的是“中国四川遂宁市杂技团”和“遂宁春苗杂技团”。

中国四川遂宁市杂技团原系市中区农民童守军于1974年组建的民间杂技班。组团20多年来，他们在努力继承中华传统杂技艺术的基础上广收博采姊妹艺术之所长，创作、排演了三十余个民族特色浓郁、充满时代神韵、形式多样、技精艺美的杂技节目。其中《顶碗》《蹬圈》《顶技爬梯》等节目多次在国内外表演和大赛中获奖。特别是他们编排并表演的杂技《青花瓷》，2015年在中央电视台春晚闪亮演出，更是家喻户晓，把中国元素和遂宁宋瓷文化融入其中，将遂宁杂技推广到了崭新的高度。他们还多次先后应邀赴法国、日本、新加坡等国家演出，深受友人赞赏。

**《青花瓷》2015年央视春晚演出剧照**

遂宁市春苗杂技团前身为射洪县潼射镇农民文化专业户李明柏父子在1985年创办的射洪县“农家杂技团”。团长李仕奉演导兼长，现为中国杂技家协会四川分会会员。该团以潼射镇当地农民为主，建团后在射洪及附近县巡回演出，节目数量不断增多，演出质量不断提高。该团两度应上海大千世界娱乐中心邀请，在沪为国内外观众献艺，并先后赴省内外近200多个城市巡回演出，先后赴美国、阿根廷、泰国等国演出，受到了国外观众和同行的赞赏。其事迹先后在全国、省、市以上近二十家报刊电台刊播，为遂宁赢得了良好社会声誉。

（杜玉平　撰写）

## 第八节　巧夺天工的民间工艺

遂宁市民间工艺以徐氏泥彩塑、观音绣、石洞竹编、胡氏剪纸、蓬溪石雕等为代表。

### 一、徐氏泥彩塑

遂宁大英的"徐氏泥彩塑"，是以徐得亲、徐兴国父子为主要代表的传统美术类非物质文化遗产代表性项目。

徐氏泥彩塑传承人徐兴国正在创作

"徐氏泥彩塑"具有工艺独到，泥塑作品上百年不变形，五十年不变色的传统美术工艺特点，2008 年 6 月被公布为第一批国家级非物质文化遗产扩展项目名录。

徐氏泥彩塑是一种家族传承的民间工艺。其作品用黄泥、黏土就地取材，先绘图设计（包括白描、效果图和施工图），再扎架、砌粗坯、上细泥等白坯完成待干，修补后，刮灰打磨，作立彩花纹，上彩贴金，开相完成。

"徐氏泥彩塑"采用传统人物造型，服饰彩画、贴金，绘画工笔重彩，透出古风雅韵，其作品主要集中于旅游景点及宗教寺庙中，代表作有重庆市丰都县新鬼城泥塑等。

"徐氏泥彩塑"为适应时代发展，积极开展生产性保护。在保持"徐氏泥彩塑”传统技艺基础上，建立“徐氏泥彩塑技艺传习所”。传习所集技艺传承、工艺展示、工艺品开发销售、参观体验为一体，为“徐氏泥彩塑”传承培养人才，宣传推广徐氏泥彩塑都发挥了积极的作用，也为本地群众和外地游客增添了一处新的观赏点。

国家级代表性传承人徐兴国，自幼随父徐得亲学雕塑、绘画、书法艺术，其父徐得亲是清末民初川中塑像名师杨子园（射洪洋溪人）、罗体成（蓬莱镇草西街人）关门弟子，时民间有“杨塑罗画，盖过天下”的美誉。“徐氏泥彩塑”作品流传于四川、重庆、湖南、江西、海南、台湾等地，在旅游景点及宗教寺庙极受欢迎。

## 二、安居观音绣

遂宁安居观音绣源于安居区玉丰、横山镇。当地技人以蜀绣为基础，同时吸纳其他名绣精髓并融入遂宁独具特色的观音文化元素，绣制各种观音、莲花、荷包、蒲团、佛枕、方巾等寄托爱情、平安、福寿康年等美好寓意。观音绣法有晕针、木针、铺针、滚针、截针、掺针、沙针、盖针等，其特点绒片平滑、绣品细腻、浑厚圆润、灵动美观。观音绣“织文锦绣，穷工技巧”，是民间艺术和观音文化的完美结合，因而在国内外深受以观音信众为主体的广大民众的推崇和喜爱。

### （一）观音绣的由来

观音绣是中国四大名绣——蜀绣中的一种，以绣制观音、莲花等图案为主，故名“观音绣”。

### （二）观音绣的产品

产品以画像为主，图案涉及花草树木及山水园林景观、动物（鸟、虫、鱼、猫、狗）、自然风景和瓷器等。其中观音主体系列有杨柳观音、送子观音、紫衣观音和水月观音等。

### （三）观音绣的制作

观音绣生产基地位于安居区玉丰镇、市城区天上宫，产品畅销省内外，远销到马来西亚、澳大利亚等国家。

观音绣的生产可分为集中式和分散式，即绣娘可以在艺术坊内集中制作，也可以在自己家中制作。目前以分散式制作为主。

（四）观音绣的社会影响

2007 年，观音绣产品荣获四川省首届大学生特色旅游商品设计大赛金奖；2008 年，观音绣产品获得四川省特色旅游商品设计大赛金奖。不仅在民间，在省内外旅游市场也很受欢迎，而且在东南亚国家，有着良好广泛的社会影响，成了遂宁的特色旅游产品之一。

## 三、遂宁竹编

遂宁竹编主产地在安居区的石洞镇。石洞镇物产丰富，环境优美，白安河穿镇而过，石洞桥跨河而立。石洞桥原名"十洞桥"，全桥均由石料建成，因桥有十拱而得名，是遂宁至成都古驿道必经之要地，新中国成立后更名为石洞桥，石洞镇也因此而得名。享誉国内外的石洞竹编得益于白安河的滋养，石洞的土地肥沃细腻、松软湿润，极宜慈竹生长，竹源十分丰富。因此，石洞人家家户户善织竹器，工艺世代相传，被誉为"竹编之乡"。源于石洞的灵广竹编，是其中最具特色的代表。灵广竹编是安居区蜚声全球的特色旅游商品，以优质慈竹为原材料，经过去青、排版、分层、拉丝、防霉、防蛀、上色等数十道工序，制成细如发丝、薄如蝉翼、晶莹剔透、不腐不蛀、永不褪色的竹丝，再采用挑、压、破、拼等编织绝技，通过虚实和明暗的变化，与各种书画作品巧妙结合而成。其竹编字画清秀淡雅、神形酷肖、栩栩如生、立体感强，精细效果和艺术神韵完全可以媲美丝绸刺绣，既保持了书画艺术的神韵，又充分体现了传统竹编的艺术风格，件件独具匠心，美妙绝伦，堪称孤品。

## 四、胡氏剪纸

剪纸起源于汉朝至南北朝时期，是一种镂空的艺术，是由创作者手工制作而成，常用的工具是剪刀和刻刀。胡氏剪纸以刻为主，剪为辅，阴刻与阳刻相结合，内容主要以遂宁本土的观音文化和吉祥文化等为主。

胡氏剪纸在保留传统艺术的基础上，加入创新元素，采用以立体剪纸为主，吸收版画、油画、中国画等艺术表现手法，彩纸可叠加到 9 层，工艺过程分为画、订、浸、刻、包等 5 道。注重造型，讲究构图，刻出的人物肖像生动传神，画面充满立体感和浓郁的川中风格。在展演现场，红色的展棚下映衬着鲜红的剪纸，形成一片红彤彤的霞光。从窗花到人物像，从单层的镂空艺术到多层的组合艺术，这些剪纸全部都出自胡氏剪纸传承人胡宁之手。

胡宁是船山区天宫庙小学的一名美术老师,受父辈影响从小就学习剪纸。为了更好地把剪纸艺术传承下去,他借鉴了油画以及版画中的一些表现形式和方法,突破传统的剪纸样式,创作了一系列名人画像和“人间遂宁”等具有遂宁本土特色的剪纸作品。

胡氏剪纸可追溯到解放初期。当时,剪纸在乡间广为流行。胡家的剪纸技艺在当地颇有名气,邻里老少都慕名前来欣赏,有的还从胡家购来剪纸装扮院落。胡宁从小受到爷爷奶奶喜爱剪纸的影响,对剪纸艺术有深厚的兴趣,对剪纸技巧更是心领神会,祖辈也将绝活倾囊以授。

近年来,胡宁以遂宁本土文化为主,创作了大量关于遂宁观音文化以及标志性建筑的剪纸。《观音与宋瓷》《灵泉寺》《人间遂宁》《观音故里》《龙凤古镇》等系列剪纸作品,惟妙惟肖地展示了遂宁的本土文化。

### 五、蓬溪石雕

蓬溪石雕发源于东晋,赤城镇附西虾子嘴洗芝园摩崖石刻,即为东晋镂刻作品。经过唐朝以来世代工匠们的不断创新,蓬溪石雕形成了精雕细刻、纤巧灵动的地方风格,并融入建筑中,与建筑艺术交相辉映,成为石雕艺术中的一朵奇葩。因历史艺术积淀丰厚,石雕工艺亦遍布蓬山溪水间。蓬溪县 10 余个乡镇均有摩崖造像及石刻。

(一)唐代石刻

这在蓬溪主要有:唐代摩崖《金刚经图》,在县西 90 里;唐代垂拱三年(687)碑,在县西承天寺;旌忠乡新开村寺有 4 窟 4 龛 48 尊仙佛造像,系唐贞元元年(785)的艺术作品;唐代大中十四年(860)石刻,在县西给孤寺。

(二)宋代石刻

蓬溪的宋代石刻主要集中在以下三处:

一是大石镇大佛寺净戒院碑。宋宣和五年(1123)刻,中散大夫、知遂宁军府事李孝端撰,资州州学教授冯耘书,大佛寺,县西偏南 40 里,乾宁年间(894—896)建,有大佛与五百阿罗汉,宋改为净戒寺,宋李孝端有《遂宁府蓬溪县净戒院记》。

二是县西给孤寺石刻。南宋隆兴元年(1163)立。

三是县西宝梵院碑刻。南宋淳熙十一年(1184)立,潼川府观察推官陈祖仁撰,蓬溪县进士胥天锡篆额,书法家王鋐书碑。

(三)元代石刻

在蓬溪,元代石刻主要有:

1. 金仙寺石刻。县北12里(今附西)有金仙寺,元时建,约在天历元年(1328)以前。寺内有飞轮八角亭,高三寻(约八米),周长八十围,分上下两层。上层环列诸佛像,下层为莲台。内设香龛,其外有台有柱,沿柱可于亭台上站立二十余人。力大者于亭外推柱,可左右旋转。此亭为天历二年僧德性所捐制,历四载始完成,俗呼为星辰车,有至正四年(1344)建立的"金仙寺飞轮宝藏碑"记其事。

2. 高成山寺石刻。县西45里(今常乐),寺内有飞轮宝盖,铁铸,圆径三尺,形如笠,周边起六锐角,重百余斤。上有"敕赐广寿院建飞轮宝盖"等字,并署有"遂宁府蓬溪县讲德乡",与金仙寺飞轮八角亭建造时间大体相同。

3. 崇因寺石刻。县西150里,初名崇因院,至正年间(1341—1368)建,黄若榛有《重修崇因寺记》详述之。

4. 石像寺石刻,县东南100里(今黄泥乡),建于元代,明季圮,康熙六十一年重修,吕大成有《石像寺碑记》。

(四)明代石刻

1. 县西立马堵"钱氏为陶记碑"。明代进士谭缵撰。谭缵,蓬溪县人,历官行人司行人(正八品)、江西道监察御史(正七品)、侍经筵官(侍从讲读之官,不置官属)、巡按直隶。监察御史官小而权大,谭缵任监察御史时,因引议大礼,引起武宗大怒,杖于庭。后又先后参劾贵戚与大臣,铁面无私,几致奇祸。嘉靖十一年(1532),出任河南信阳道兵备副使(正四品)。

2. 弟兄进士坊。明代蓬溪县谭缵、谭訚、谭维为一门弟兄三进士,时人立石坊扬名。清道光《蓬溪县志·古迹志》载:"弟兄进士坊,县北门外学宫左,为明邑进士谭缵及弟维建。"

3. 李建中建坊、碑。万历七年,李建中在县城丰泽庙建"一泓清可"坊,署款为"知蓬溪县事楚蕲龙源李建中。"又于长滩寺为野庭山人罗瑶撰并亲书的七律《秋夜长谭寺次韵》建立诗碑,署款为"蓬溪县知县李建中刊。"(见道光本《蓬溪县志》中《古迹志》与《金石志》)。

4. 贾岛祠碑。县西贾岛祠有“长江明月碑”“风流可师碑”，明代蓬溪知县张养性书。明代蓬溪县的第一位清官，要推张养性，他是明代第四十一任蓬溪知县，万历三十八年任。清道光《蓬溪县志·政绩志》记载：“张养性，号还初，江北汝阴（今安徽合肥）进士。知蓬溪县，洞民疾苦。斥游惰以励风俗，劝农桑以厚民生。善良抚之以仁，奸邪烛之以智。苏困厄，泽枯骨，善政不可枚举。未几，调他邑。蓬民留之不得，祠于泮宫之东（于文庙的东侧为他建祠），书其爵里、姓氏，祀之。”道光《蓬溪县志·古迹志》还记载了张养性在明月山贾岛祠题写的“长江明月”“风流可师”两座石刻碑。

5. 其他坊。明时建坊盛行，除前述“一泓清可坊”“弟兄进士坊”外，尚有以下几处：

（1）学坊。在文庙前，万历三十一年（1603）知县赵端益建。坊正面横书“梓东邹鲁”四字，背面横书“金声玉振”四字，均为南充人翰林院侍读、太史黄辉书。黄辉并撰有《新修学坊并置学田记》。

（2）攀龙坊。学署（原财政局）左，成化十三年（1477）建。横书“攀龙”二字，款六行，首行为“文林郎蓬溪县知县番阳胡旭”，末行为“乡贡进士陈大本立”。

（3）奉政大夫坊。北门内，嘉靖三十三年（1554）建。坊横书“奉政大夫”四字，下一行字较小，横书“永宁府同知谭冠”。款十行，右五行首行“钦差巡抚四川副都御史李香”，次行“钦差巡抚四川省副都御史张□”，三行“巡抚监察御史俞时”，四行“分守川北道参议项廷吉”，五行“分巡川北道佥事徐惟贤”。左五行首行“蓬溪知县陈扆”。

（4）一门三节坊。北门外，万历十五年（1587）建，横书“一门三节”四字。落款有“督工朝天驿驿丞王邦辅”十字。

6. 其他碑。建坊以外，就是在名胜古迹处建碑题字。除前述李建中建罗瑶诗碑外，清道光《蓬溪县志·金石志》记载还有以下几处。

（1）玉垒山人诗碑。在县西120里长滩寺，碑文草书，题目为“游云台观”四字，内容为七律一首，落款为“万历丁丑夏五月玉垒山人书”十四字。最后标出正书，蓬溪典史新升射洪县主簿蔡一元刊，督工僧林浩。

（2）张居峡诗碑。在县西120里长滩寺。碑文草书，题目为“游云道中偶成书留长滩寺”十二字，内容为七律一首，落款为“万历戊子夏日铜梁山人张居峡书”十四字。最后标出行书“知蓬溪县事后学楚沅周台刻,督工僧林浩”。万历戊子为1588年。

(3)余凤翔诗碑。在县南30里翔凤山静悟寺。余凤翔,湖广举人,正德十八年蓬溪知县。清道光《蓬溪县志·寺观志》记载,初为知县,即往静悟寺瞻仰佛像。解任后,低徊不能去,以诗留别云:“静悟院前风景多,一山当面势婆娑。奇花发处添文采,明月来时挂薜萝。人号映天天映化,山名翔凤凤翔过。朝餐刚了肩舆去,院主还知应我么。”时人建有诗碑。

**蓬溪石刻照**

(五)清代石刻

1. 县西北新胜佛子寺《寂光禅师塔铭》及《佛子寺石刻》。寂光禅师,清僧,南充杨氏。年三十投法雨落发,一日过鸣鸦寺,见案上佛典,随手揭开,偈曰:“求佛在己,弥陀在心,要行三歧路,便问去来人。”疑情大发,参破山海明有省,住蓬溪龙印山佛子寺,有《寂光豁禅师语录》六卷,见《五灯全书》七〇卷、《锦江禅灯》一〇卷。

2. 县西明月山有《浪仙诗痕》。清代探花、书法家蒋超书。蒋超(1624—1673),字虎臣,号绥庵、华阳山人,江苏金坛朱林镇人,官至顺天提督学政,后出家为僧,著有《绥庵诗稿》《绥庵集》《池此偶祭》《蒋境》二卷、《峨眉山志》十八卷。

3. 县城石鱼山梓潼宫有《桂府》《蓬莱香界》石刻。清代蓬溪知县刘有仪书。刘有仪,江西奉新人,监生,工书、画,尤善画芭蕉,载《益州书画录续编》。石鱼山位于蓬溪城东里许,明正德年间山半建祠凿石得化石鱼,鳞甲宛然与活鱼无异,山以此得名,有清泉从石隙中溢出,清冽异常,长年不涸。山顶建有梓潼宫,清道光十一年(1831)蓬溪知县刘有仪,从新都移植丹桂266株,环山遍植,取名“桂府”。

每当清秋,飘香四野,浓郁袭人,游人如织,题咏甚多,满怀诗意满身香。正如清代文人江维藩《梓潼宫桂府》所云:“崔嵬桂府傍蓬莱,尽是刘郎(指刘有仪)手自栽。怪得香风携满袖,石鱼山上看花回。”

4. 清代家族古墓群雕饰。蓬溪县文物普查队在第三次全国文物普查时,在一偏僻山村发现了3座雕饰精美的清代家族墓群。目前,蓬溪县已将该处墓群列为文物保护点,并落实了专人负责看守保护。该墓群墓主姓陈,分布在长30米、宽10米的半山腰上,共3座,均为土冢墓,保存完好。从光绪十四年(公元1888年)到现在,虽然经历了一百多年的风雨,但还能清晰地看到墓碑形制。该古墓群精湛的雕饰,别具匠心的构图,是研究清代时期雕刻艺术不可多得的石雕艺术珍品,极大丰富了川中石刻艺术内涵。

此外,上游、西华、大石桥、胜利、金桥、东新、吉星、附北等乡镇有20余处石刻,反映了唐、宋、元、明、清各个时代的石刻艺术风格和水平。县城文庙、上河街、下河街茶店子的花牌坊(节孝牌坊)和武庙的砖雕,工艺精美。

蓬溪石雕代表性传承人是赵德阳,他拥有一手石雕绝技,将蓬溪的石雕艺术演绎得纯熟完美。他认为石雕技艺是艺术思维创作的完美结合和体现,石材加工的技艺要求和难度远远高于其他手工技艺,没有现成的样品比照,只有通过雕刻艺人的思维创作,再经手工雕刻慢慢成形。

2009年,蓬溪石雕被列为四川省非物质文化遗产保护名录,与安居观音绣、徐氏泥彩塑、胡氏剪纸、遂宁竹编一道,以其巧夺天工的技艺和不菲的历史文化、经济社会价值,成了川中、四川、巴蜀民间工艺的优秀代表,为遂宁文化、文化遂宁、神奇遂宁平添了一道亮丽的风景线,为遂宁的经济社会发展注入新的活力。

(杜玉平　撰写)

# 科学篇

## 第一节　“钻井之父”与“第五大发明”卓筒井

卓筒井是一种小口径钻井技术，始创于11世纪中叶北宋庆历（1041—1048）年间，比西方早近800年，英国科学史专家李约瑟在其巨著《中国科学技术史》中称其为中国古代的“第五大发明”，《中国井盐科学史》和《中国钻探技术史》也称其为“世界近代石油钻井之父”“中国古代第五大发明”。卓筒井这项技术，不仅开创了西方绳式顿钻钻井技术的先河，而且为开采深埋地下的盐卤和油气宝贝找到了捷径。卓筒井技术的发明，为近代人类能源革命拉开了序幕。

现存卓筒井主要分布在大英县境内，最高峰期间量达1711口，现保存41口。1991年被四川省人民政府命名为省级文物保护单位；2006年6月，卓筒井井盐深钻汲制技艺项目被列入第一批国家级非物质文化遗产名录；2013年5月，卓筒井被列为第七批全国重点文物保护单位。大英县卓筒井是目前世界上唯一仅存的古代小口井盐文化遗产。

### 一、卓筒井的历史沿革

我国盐的生产，大约有5000—6000年的历史，最早源于海盐。五帝时代，又有池盐的生产。战国末期，井盐开始出现。

中国凿井技术源远流长。据史籍记载：“黄帝穿井”“伯益作井”“舜穿井”。早在殷商之前，中原古代先民就知晓凿井而饮。井盐凿井技术源于古代水井。战国末年，大约在公元前255—公元前251年，李冰穿广都盐井，揭开了井盐生产的序幕。从此时直到公元1040年（北宋康定元年）是中国井盐凿井技术发展的第一阶段，史称大口径浅井时期，历时1200多年。11世纪中叶的北宋庆历（1041—1048）年间，在四川发明了先进的小口径卓筒井凿井技术。从此，中国井盐技术进入了第二阶段，即卓筒井技术（小口深井）发展的历史时期。明代嘉靖中期至万历初年（1537—1573）井盐钻井工艺取得突破，清代四川井盐钻井技术进一步发展，加快了对地下深处浓卤、天然气、矿业宝藏的开发，总结出一整套修治井技术。这是中国井盐技术的第三阶段，即井盐钻井工艺不断突破，日臻成熟的时期。中国发明卓筒井凿井技术,比西方早七八百年。直到今天,在四川大英县卓筒井镇还保留着早期小口径卓筒井的凿井技术特征,以及采用竹子套管和凿井工具等设施,从中可以窥见卓筒井早期的历史风貌。

元明之后,卓筒井又称为"竹筒井"。它的出现,在中国盐业史和钻探科技发展史上具有划时代的意义。四川大英县卓筒井镇现存的卓筒井是宋代卓筒井的仅有遗存,堪称蜀中一绝,因其独有的价值而备受盐业、钻井、文物界专家学者的关注。

关于卓筒井的出现年代、主要工艺特点和生产规模等,北宋文学家文同(1018—1079)在亲自调查后做出这样的记述:"盖自庆历(1041—1048)以来,始因土人凿地植竹,为者甚众。……访闻豪者一家至有一二十井,其次亦不减七八,……每一家须役工匠四五十人至三二十人者。"

关于卓筒井的开凿方法及生产情况,苏轼在《蜀盐说》中有如下记载:用圜刃凿,如碗大,深者数十丈;以巨竹去节,牝牡相衔为井,以隔横入淡水,则咸泉自上;又以竹之差小者,出入井中为桶,无底而窍其上,悬熟皮数寸,出入水中,气自呼吸而启闭之。一筒致水数斗。凡筒井皆用机械,利之所在,人无不知。

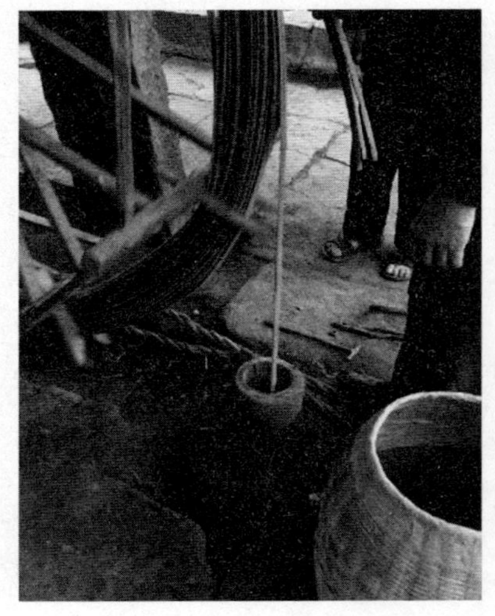

北宋庆历年间出现的卓筒井,是一种全新的有别于大口井的新型盐井。它具有技术先进、开凿时间短、占地面积小、易于开凿、便于掩藏以逃避苛税等优点,故一经问世,就迅速推广开来。至熙宁年间(1068—1077),陵州、嘉州、荣州境内都有很多小口径卓筒井,相距都不远,绵延二三十里。元祐四年(1089)朝廷正式承认了卓筒井的合法地位。

何为卓筒井呢?"凿地植竹,为之卓筒井"。"卓",为直立之貌,作卓然、卓立解;"筒",是竹筒之粗大者。卓筒井即是直立粗大竹筒的盐井。从狭义来说,指凿出井孔,采用竹筒为套管下入井中的井身结构;从广义来说,泛指小口径盐井的凿井工艺技术,指凿井方法而言。始于北宋的卓筒井这一名称和人类最早出现的绳式冲击式钻井方法联系在一起，也是世界上最早创造的绳式冲击式钻井方法的同义语。

## 二、大英县卓筒井

大英县于1997年12月28日经国务院批准正式建立，全县辖11个乡镇，辖区面积108平方公里，人口53万。达成铁路、成南高速公路贯穿全境。大英县凭借突出的区位、资源、经济、文化优势和全县53万人的勤劳实干，迅速在川中大地崛起，闪烁出令人瞩目的光辉，成为屹立在川中地区的一朵奇葩。

大英县现存的卓筒井遗址

大英县的矿产资源非常丰富，其中盐卤资源最为丰富，盐卤资源分为浅层盐卤和深层盐卤。

20世纪60年代后，大英县卓筒井镇小井灶制盐业受到了现代化制盐业的冲击，由于成本高、劳动强度大、无利可图，大量的盐灶被淘汰。到80年代尚存条件较好的9灶41眼井年产3000余吨。这9灶41眼井分布在大英县卓筒井镇内的关昌、青木、快活岭、三兴、吴家桥、青和等6个自然村方圆6公里范围内。国家因经营盐灶无多大价值，遂将其交给地方政府经营。1985年后，为保护好这一珍贵历史文物，成立了“大英乡制盐厂”，1991年更名为“四川省蓬溪县大英卓筒井制盐厂”，以灶为单位，一个灶一般有卓筒井10个左右，规模大的20个左右，一口井每天产卤500—3000斤。一个盐灶有固定资产3万—5万元，工人8—15人，年产盐30—60吨，个别规模大的可产100—150吨。

1991年后，根据四川省盐务局和县政府(蓬溪)的“选择一处井点”重点保护的原则，今天只剩“大顺灶”及3眼卓筒井，其余的8灶38眼井已不复存在。“大顺灶”以保护为主、生产为辅，采用限量生产，全部免税，生产自保，盐价补贴的办法。

制盐工艺流程为:(1)钻井;(2)取卤;(3)晒卤;(4)制盐。此法自北宋至今,虽在细微处有一定改进,但主体运作却一点没有改变。

**三、卓筒井的价值**

卓筒小井是北宋庆历年间的发明,已有近千年的历史。它是古代劳动人民勤劳和智慧的结晶,有着极高的历史价值。目前,以"凿地植竹"为特点的卓筒井仅在四川省大英县卓筒井镇得以保留和沿袭,成为研究宋代卓筒钻井技术的唯一实物资料。

(一)卓筒井的历史价值

大英卓筒井是我们伟大祖国光辉盐业历史的伟大遗存,正如《中国井盐科技史》导论中所指出的那样:"中国古代凿井技术的发明,堪与四大发明并列生辉,应作为中国的第五大发明。这一精湛的、巧夺天工的凿井技术,开创了西方近代绳式顿钻钻井的先河,无愧于近代'石油钻井之父'的称誉,理应载诸史册,传之后世。"

(二)卓筒井的科学价值

1. 卓筒井技术的主要成就

一是首创冲击式钻井方法,与近代西方绳式顿钻钻井原理相同,但比西方早750多年。

二是首创套管隔水法,与近代石油钻井中多层结构的套管原理相同,但比西方早400多年。

三是首创世界钻井史中的第一只钻头,即"圜刃"钻头,其结构与近代石油旋转钻井中采用的鱼尾钻头结构相似,但比西方创造的第一只钻头早750年。

四是首创钻井技术关键工具——转槽子,其工作原理和功用,与近代西方钻井的重要工具活环相似,但比西方制造出的活环早700多年。

五是首创提捞法采卤,其工艺技术比西方早400多年。

2. 卓筒井凿井技术的意义和作用

(1)人类第一次创造了凿井方法,取代了人工挖掘方法,揭开了人类开发储存于地下深处的矿产资源的历史序幕。

(2)卓筒井的凿井技术,开西方近代绳式顿钻钻井方法的先河,开启了20世纪西方近代石油旋转钻井方法的发明,使中国凿井技术成为了近代"石油钻井之父"。

(3)卓筒井的出现促进了四川盐业的发展

宋代卓筒井的出现,促进了盐卤资源的开发和四川井盐生产的发展,为改善人类生活,提高社会生产力,促进社会的进步,经济的繁荣与发展作出了杰出贡献。

(4)对人类文明的巨大贡献

中国卓筒井的钻井技术比西方早750多年,与火药、造纸、印刷术、指南针一样对人类作出了不可估量的贡献,其"中国古代第五大发明"的历史地位当之无愧,是中华文明、民族文明、历史文明、文明古国的又一铁证,是遂宁人民、更是中华民族的骄傲和自豪!

(三)卓筒井的社会价值

卓筒井不仅集中代表了宋代井盐的先进生产工具和技术,而且也代表了井盐生产的国际先进技术和水平,代表了具有国际水平的先进生产力。

卓筒井技术对世界钻井技术的启示、推进和提升,对世界石油工业、能源生产具有开创性、奠基性的推动促进作用,对整个全球的工业革命和经济技术发展功不可没、意义重大而深远,怎样估计也不为过。被称为"世界钻井技术之父""中国古代第五大发明"。

综上所述不难看出,卓筒井这一历史遗存有着很高的历史价值、科学价值和独特的经济社会价值,对推动人类文明、促进社会进步所作出的巨大贡献世所公认,彪炳千秋、永载史册。

(夏金兰　撰写)

## 第二节　侏罗纪宝藏硅化木国家地质公园

四川射洪硅化木国家地质公园位于射洪县明星镇境内东南4公里处的龙洞河两岸,园区面积约12平方公里。交通条件、地理位置得天独厚。园区为川中典型丘陵地貌，气候温和，雨量充沛，四季分明，平均降水量931mm，平均气温17℃，植被以柏、松、水杉、银杏等为主，森林覆盖率42%。园区以低山丘陵地貌龙洞河“U”形峡谷（龙凤峡风景区）为主线，组成了山水相连、生态优良、风景秀丽的地质遗迹和生态环境相结合的国家级4A级中华侏罗纪探秘旅游景区。

园区内，硅化木化石群遗迹资源十分丰富。其中，硅化木、恐龙化石、湖泊沉积波痕等地质遗迹处在同一层面中实属罕见，这些罕见的地质奇观为研究侏罗纪植物、恐龙生活环境、生活习性及四川盆地的古地理、古气候、古生物演变等重大地质事件提供了重要证据。迄今为止，公园内已发现硅化木遗址20余处、硅化木510余根；同时被发现的还有3处恐龙化石遗址，8处地质地貌景观，5处水体景观和6处人文景观。这些古生物、古气候、侏罗纪地质特征、人文景观都有很高的科考价值，也被古生物及地质研究的专家誉为“古生物研究者的朝圣之地”。该园区既是国家级地质公园，又是全国科普教育基地。其遗迹资源主要在以下四方面：

（一）硅化木化石群

园区主要以硅化木为主，其主要分布在明星镇的王家沟、田家沟、曾家沟、龙龟寺、龙洞子电站一带及大英县回马镇李家沟，蓬莱镇下段的长石砂岩中，现已发现硅化木512根。硅化木的现状复杂多样，以平卧为主，少量斜交或直立，主要是因它在形成过程中可能经历了盆地升降、地震、火山爆发、洪水、泥石流等一系列地质作用；形态各异，两端参差不齐；断面形状多样，呈椭圆形、圆形、半圆状、板状等，直径0.1—1.0m，长0.01—8.00m，多为树干；其外表颜色多呈褐黑色、灰白色；纹理清晰，质地坚硬，木质“结构”年轮清晰可见。

（二）恐龙化石群

园区内恐龙骨骼化石零星分布于王家沟、李家沟、蔡家坝等地区，恐龙化石与硅化木产于同一地层的石砂岩与泥岩中，所见骨骼化石直径约0.1—0.3m、长度0.15—0.5m，恐龙体长超过20m，为食植物的蜥脚类恐龙。

（三）湖相沉积波痕群

在龙洞河峡谷的砂岩层面上发现了波痕群，波痕大小不一，形态各异，沿着龙洞河峡谷右岸从龙龟寺延伸到田家沟的陡岩，长约100m，波痕形成于侏罗系上统蓬莱镇组砂岩层面上。

（四）峡谷地貌

龙凤峡是川中丘陵地区唯一一条宽度小、深度大、延伸长、两侧陡直的峡谷。峡谷地貌位于龙洞河拱圈堰至头嘴，长约2公里，呈“U”形，谷宽30—50m，海拔296—392m，相对高差100m左右。峡谷两岸相对称，林荫蔽日，流水淙淙。峡谷流水沿天然砂岩石级曲折下泄，形成多级瀑布，其景曾被文人游客以“一帘瀑布五道拐，水入池中明如镜”称颂。峡谷怪石嶙峋，如公鸡鸣唱、犀牛望月、蛤蟆吞食。该峡谷地貌集山、林、瀑、潭等风光于一体，古朴原始，自然天成，秀丽迷人，极具观赏价值。

硅化木化石群是目前全国规模最大、保存最完整的化石群，是四川省的典型代表。据树种的初步切片和显微观察，硅化木属保存次生木质部的松柏类植物，主要产于原生层位，它保留了古代树木的某些特征，记录了中生代以来的地质历史演变过程中大量自然环境旋回变化和信息，对研究川中及四川地区中生代地质历史演化和古地理环境、古气候条件、古树木发育状况等具有非常重要的科学意义，使来者都能充分体验自然科学情趣与山野风韵。

硅化木往往保留着十分清晰的不同色泽的木纹，树木弯杈、节瘤、蛀洞等遗存，自然、古朴、厚实、凝重，别具风韵。因此，它被人们称为“立体的酒”“无言的诗”。此类材料既可以制作首饰、把玩物件，又可供陈设观赏，具有较高的观赏价值和审美价值。

龙凤峡峡谷沟河蜿蜒，山谷奇怪，形态各异，洞穴幽邃，山水相连，林深叶茂，鸟鸣阵阵，突显了地质公园另一番审美情趣，也是天然的地质科学教科书。

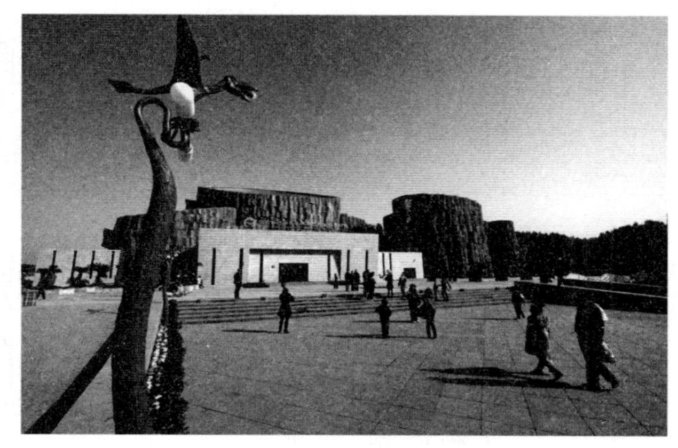

中华侏罗纪探秘旅游区

由硅化木石群、恐龙化石群、湖相沉积 - 波痕、河沟峡谷地貌组成的射洪龙凤峡硅化木国家地质公园，以其丰富独特的地质资源和古地理、古气候、古生物学、史学、地质学、考古学、旅游学等研究资源的特殊魅力在国内国际地质界引起了巨大震撼和高度重视。2010 年 8 月 9 日，第八届国际侏罗系大会在四川射洪召开，来自全球 33 个国家的近 300 名专家学者围绕侏罗纪岩石地层学、生物地层学等方面开展了学术研讨。此次会议是国际侏罗系大会自 1984 年创办以来，首次在亚洲举办。它是全球地质科学界最高规格的会议，被誉为全球侏罗系地球科学界的“奥林匹克大会”。射洪中华侏罗纪硅化木国家地质公园因此而诞生并享誉学术界，蜚声海内外，成了镶嵌在神奇遂宁这顶皇冠上的又一颗辉耀寰宇的闪亮明珠，成了遂宁走向世界的又一张亮丽名片。

（杜春海　撰写）

## 第三节　冰糖鼻祖邹和尚与王灼专著《糖霜谱》

著名历史学家范文澜先生在其所主编的《中国通史》第三卷中记载：“唐代盛产糖霜（冰糖），遂宁产最有名，相传为邹和尚所创。”

### 一、遂宁物产催生冰糖工艺

邹和尚，唐代大历年间遂宁僧人，生卒不详。平生性喜游历，足迹遍及海内。学识渊博，精于制糖工艺。代宗大历年间（766—779），邹和尚回故里遂宁，行至城北约三十里的伞山（后名通泉山、伞峰山），蓦见山下蔗田万顷，碧浪翻卷，煞是喜人，终不忍去，便于山上结庐而居，终日潜心钻研制糖技术，以至废寝忘食。

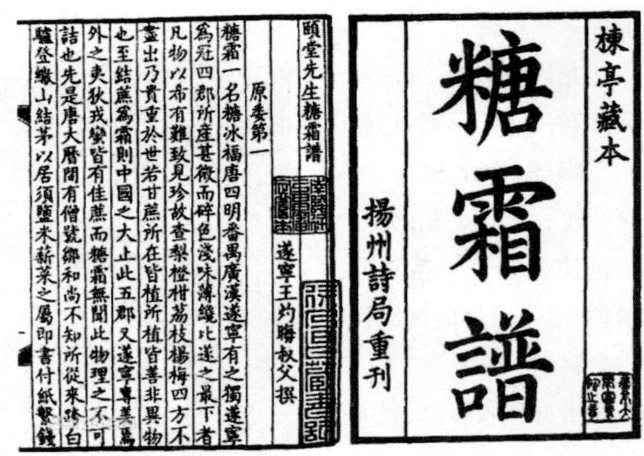
楝亭藏本

糖霜譜

揚州詩局重刊

頤堂先生糖霜譜

遂寧王灼晦叔父撰

原委第一

糖霜一名糖冰福唐四明番禺廣漢遂寧有之獨遂寧為冠四郡所產甚微而碎色淺味薄纔比遂之最下者凡物以希有難致見珍故查梨橙柑荔枝楊梅四方不盡出乃貴重於世若甘蔗所在皆植所植皆善非異物也至結蔗為霜則中國之大止此五郡又遂寧專美焉外之夷狄戎蠻皆有佳蔗而糖霜無聞此物理之不可詰也先是唐大曆間有僧號鄒和尚不知所從來跨白驢登繖山結茅以居須鹽米薪菜之屬即書付紙繫錢

王灼的专著《糖霜谱》封面

当时，遂宁盛产蔗糖，俗称红糖。同时也从红糖中提取砂糖（今称白糖）。但是工艺原始落后，只能靠曝晒提取石蜜（质劣砂糖）。邹和尚在总结外地制糖经验的基础上，悉心研究，大胆实践，反复验证，终于首创了窨制糖霜（冰糖）的技术，即甑蒸、釜熬、煎蒸、灌瓮、取霜五步相连的一整套制霜之法，生产出了色、香、味俱佳的糖霜，令世人称奇不已。

从此，糖霜之法始自遂宁，流传民间，广布华夏，遂宁也由此成为全国的制霜名郡。遂宁所产糖霜，洁白无瑕、晶莹剔透、甘美沁心，列为朝廷贡品，堪与当年杨贵妃钟情的“岭南荔枝”齐名。

**二、遂宁冰糖的经济社会效应**

由于糖霜状似冰块，故后人通称冰糖。北宋著名诗人苏东坡在品尝过遂宁糖霜之后，于次年做客江苏镇江金山寺，邂逅遂宁广德寺僧人圆宝法师，感慨万端。恰遇主人呈上糖霜一盘酬宾，苏东坡观糖霜之形，品糖霜之味，大感神奇，禁不住诗兴大发，即刻赋诗一首：

涪江与中泠，
共此一味水。
冰盘荐琥珀，
何似糖霜美。

北宋文学家、书法家黄庭坚，也对糖霜情有独钟。他在一首名叫《颂答梓州雍熙光长老寄糖霜》的诗中写道：

远寄蔗霜知有味，
胜于崔浩水晶盐。
正宗扫地从谁说，
我舌犹能及鼻尖。

冰糖的问世，极大地促进了遂宁制糖业的发展，同时也刺激了其原材料的生产。当时伞山一带，有十分之四的农户种植甘蔗，制糖作坊遍布乡间，涪江两岸逐渐发展成为茫茫蔗田，蔚为壮观。

邹和尚制糖之术成功后，就踏上云游之路，走到哪里，就把这制糖技术传到那里，种蔗人再也不为生活发愁了。在民间，老百姓纷纷相传，说是邹和尚因福荫万众,成一代高僧,后参悟成佛,被玉皇大帝封为“糖神”。

## 三、《糖霜谱》的价值意义

邹和尚发明的糖霜技术,只是口耳相传于业内人士,却没有文字记载传承下来。到了宋代,遂宁的制糖业已居全国五大产糖中心之冠,一部关于糖霜制作工艺流程的科技专著《糖霜谱》应运而生。

南宋绍兴十五年,遂宁有一个学子名叫王灼,自幼勤奋好学,诗词歌赋样样精通,著有诗文集《颐堂词》和从音乐方面研究词学的艺术论著《碧鸡漫志》,备受历代学者珍视。王灼不但在艺术上造诣颇深,对当时的科学技术也颇有研究。

此时的南宋,制糖业已十分发达。王灼无意功名,专心治学,他沿着同乡故人邹和尚的足迹,不断考证,对制糖原理及工艺流程进行详细研究,写下了大量研究笔记,在成都碧鸡坊潜心写下了以邹和尚制糖术为原始依据的《糖霜谱》七卷。这是中国第一本涉及制糖业的学术专著,它详细、系统、准确地总结了种蔗与制糖的全套流程和技术,记述了遂宁生产糖霜及其相应的机器设备制作,制糖专业户的情况。

王灼在《糖霜谱》中有如是记载:“糖霜,一名糖冰。福唐、四明、番禺、广汉、遂宁有之,独遂宁为冠。四郡所产甚微而碎,色浅味薄,才比遂(宁)之最下者。”

从上段文字可见,当时遂宁已成为全国五大糖都之首。唐宋时期遂宁制糖业的繁荣,深刻地影响了当时的饮食文化,也催生了中国的民间糖人、糖画手工艺。当今遂宁的糖人、糖画民间手工艺无论从规模和艺术品位来看,依然居于巴蜀前列。

日本国家图书馆现存的古代典籍《学津讨源》中,收藏了《糖霜谱》的宋代本原著,称这是一部“稀有的、完备的、实用的农业兼机械科学技术的专著”,为人类的进步和发展作出了卓越的贡献。《文献通考》《四库全书》《中国机械工程发展史》对王灼的历史地位和《糖霜谱》的科学价值都给予了充分的肯定和高度的评价。

(周光宁　撰写)

## 第四节　创建斗城奇迹的文武全才夏鲁奇

夏鲁奇像

遂宁城，别名“斗城”，为后唐武信军节度使夏鲁奇所创建。

夏鲁奇(882—931)，字邦杰，唐僖宗中和二年(882)生，青州(山东)人。夏鲁奇少年有志，熟谙兵法，精通武艺，骁勇善战。二十岁投军朱温属部，官至宣武军校。唐天佑四年(907)，朱温篡唐，建立后梁政权，鲁奇恨朱温暴戾，乃弃后梁投晋王李克用部。是年，李克用建后唐政权。鲁奇随军征战，屡建奇功，先后担任卫护指挥使、磁州(今河北磁县)刺史、郑州(今河南郑州)防御使、河阳(今河南孟县)节度使、忠武(今河南许昌)节度使。天成四年(929)，东川节度使董璋与西川节度使孟知祥勾结谋反，鲁奇奉明宗命率本部人马五千，衔武信军节度使镇守武信，治所遂州(今遂宁)，辖遂(今遂宁)、昌(今大足)、合(今合川)、渝(今重庆)、泸(今泸州)、普(今安岳)六州，几乎管辖今半个四川。

### 一、阻叛筑城，斗城初定格局

夏鲁奇在遂州为政清廉，奖励农耕，发展生产，兴办学校，爱护百姓，练兵习武，深受军民拥戴。但后唐时局不稳，军阀纷纷割据，抢城夺地，而当时又正值东川节度使董璋与西川节度使孟知祥勾结谋反，遂州城在混乱局面中很可能旦夕不保。

遂州城于仓皇之中紧急备战。夏鲁奇召集群僚商议，应该造一座什么样的城池以防御来犯之敌。

大家议论纷纷，莫衷一是。夏鲁奇环视山川，根据遂州地势特点，制定了“规方为城”的筑城方案。取外壕土筑城墙，城周十里；取土后留下的壕沟，就引进涪江上游之水作为外环城河；四门均有月城，供观察瞭望。四门分别为：东门“望鹤”，西门“登龙”，南门“金马”，北门“玉堂”。在每座门楼外，均辟有供阅兵、演武之用的校场坝——东校场(现小东街社区居委会处),南校场(现军分区处),西校场(即为现高升街小学后操场),北校场(即为现盐市街小学校)。除南校场外,其余3个校场均保持原貌到20世纪60年代末。四门有桥出入,房屋建筑排列有序,从此奠定了遂州城市的基础格局。(这种格局一直延续到20世纪30年代——李家钰驻防遂宁时期,今日之玉堂街口,便是当年的北城门"玉堂门"所在地。)

当时遂州城雄伟壮观,在落日夕照下,"有城如斗,有壁如金","城中街衢依北斗七星布局",加之地处水陆要冲,交通便利,成为商贾云集的物质集散地,人们便附会"金玉满斗"之意,遂州城又被称为"斗城"。

**二、以身殉城,英雄千古流芳**

不出夏鲁奇所料,长兴元年(930)十月,孟知祥和董璋起兵叛唐,派精兵三万围攻遂州,名载史册的遂州保卫战正式打响。战斗异常艰苦,全城青壮年全部登上城楼参战。

第二年(931)正月,援兵不到,城中断粮,但夏鲁奇绝无降意,仍指挥守军顽强抗敌。敌军久攻不下,伤亡惨重。于是从城外开挖地道,直通城内。正月底,坚守了四个月之久的斗城,不幸破陷。

夏鲁奇眼见大势已去,深知敌军恨他入骨,被俘后必受其辱。因此于城破之日,忍痛先将妻儿沉于衙署后井,然后再投入井中,自刎殉城,时年49岁。为斗城添上了一抹"血染的风采"。

夏鲁奇本为中华名将(解放军出版社《中华名将录》),又死得英勇壮烈,所以历代帝王对他多有表彰。宋代赐"忠节""旌忠""显节",元代赐"显忠昭惠英烈仁济王"谥号,以表彰他的忠烈。

老百姓也感念夏鲁奇为保护斗城百姓英勇抗敌,而后又以坚贞不屈之气节全家人以身殉城,于是为他建了一座神庙,叫"旌忠庙"(现裕丰街小学处),庙中塑造了他的巨型雕像;又在他家人殉难的井旁边刻立石碑,培植花草树木,成为斗城人民凭吊缅怀英雄的一处著名景观。

相传在元代的时候,每到天晴,这口井旁便霞光缭绕,终日不散,大家很是奇怪,认为是仙迹。所以,又在井旁刻下了"仙井晴霞"的巨型石碑以示纪念。这便成了后来斗城的12风景之一(老县政府内,现中央商务区北端)。

斗城名流、清代名臣张鹏翮为此专门写了一首诗，叫《题仙井晴霞》，诗中写道：

精灵长傍落星池，散着霞光映日时。
节长英名垂国史，魂应胜地享崇祠。
松风夜静闻嘶马，仙井年深见古碑。
若使当年身怕死，世界何处有男儿？

（周光宁　撰写）

## 第五节　享誉中外的伟大水利专家张鹏翮

张鹏翮，字运清，号宽宇，出生于四川遂宁，祖籍湖北麻城孝感乡。清康熙三十九年（1700）任河道总督主持治理黄河10年，治清口，塞六坝，筑归仁堤，采用逢弯取直、助黄刷沙的办法整治黄河。雍正元年（1723）拜相，任文华殿大学士。时黄河决口，再往治理。雍正三年（1725），于相位上病逝，谥“文端”，葬于故乡。雍正帝亲为其撰写碑文。

张鹏翮像

### 一、胸怀天下，临危受命

张鹏翮幼年在遂宁河沙镇赤崖山二龙庙跟随名儒彭王桓学习四书五经。少年时即立志报国，他鸡鸣即起，孜孜不倦，读书论学，潜道修身，以圣自期。因而学识精进，在县州道试皆获第一。康熙八年（1669），张鹏翮考中进士，选为庶吉士。时张鹏翮年仅21岁，在翰林院中年纪最小。他既不奔走权门，也不追逐浮华，终日与人讲学不倦。他好学而严谨的作风在追名逐利的官场中卓尔不群，也助他之后的仕途之路平顺坦荡。

张鹏翮从政有方，既是一位杰出的政治家、外交家，又是历史上著名的水利专家。

清朝前期,每年都要通过大运河从富庶的江南调运数百万石粮米至北京,供朝廷开支,谓之为“漕运”。当时的黄河,由开封附近的黄陵岗折向东南,至清口(今江苏省淮安市)与淮河北合而东流入海。开封以下,地势平坦,土质松软,所以经常改道。由于黄河河床高于地面,于是整个豫东、皖北、鲁南、苏北常遭水灾。清口是黄河、淮河与大运河相汇的交叉口。黄强淮弱,造成淮河水倒灌,黄淮二水一起涌入运河,使得泥沙积淀,堤坝崩塌,漕运中断。所以,治理黄淮两河,成为当时朝廷的头号大事。康熙三十九年(1700),时任两江总督张鹏翮临危受命,调任河道总督,开始了他长达十年的治河生涯。

## 二、励精图治,多方治河

张鹏翮治河,初始经验并不多,但他体察民情,勤于巡视思考,善于借鉴前人经验。康熙对张鹏翮辛勤治河很是认可,对其他大臣说:“鹏翮自到河工,日日乘马巡视堤岸,不惮劳苦。居官如鹏翮,还有什么可说的?”

十年治河期间,张鹏翮博考舆图,仔细勘察,认为治河须明了水性。他认为河之形态虽有古今之异,然水性则古今无别。明了河水而利导之,即能除去水害。若违背了水性,必深受其害。经过周密考虑,张鹏翮采用了四个措施治理黄河。一是疏浚黄河下游,拓辟海口。黄河下游云梯关附近有拦黄坝“巍然如山,中间一线,涓涓细流”,造成海口淤塞,河水旁泄入海,下流不通,上流溃决。张鹏翮实地勘察后,组织拆除拦黄坝,开阔加深河道,使河水畅流入海。二是浚通清口。鉴于清口已日久淤塞,张鹏翮就在张福口开凿引河,使淮河水有出路。又引淮水入运河及黄河,筑坝设闸调节水位,使“淮水大半入黄,少半入运,一水两分,若有神助”。三是全面治理黄河下游。开王家营减水坝,疏浚王家营引河,以泄黄河漫溢之水;堵塞睢宁县黄河南岸王家堂等处缺口;修筑归仁堤及武家墩至小黄庄一带临湖石工,以防河水倒灌入湖;修筑从清口起上至徐州下达海口各段黄河险工,并将两岸堤工加高培厚。四是修治运河。改造中运河,使旧中河上段与新中河下段合为一河,并培筑两岸堤工;修筑骆马湖口对岸竹络坝,同时将高宝运河西岸土石堤工一律增高培厚,从而漕运畅通,商民便利。

## 三、治河有功，名垂青史

康熙四十三年(1704)正月，康熙第四次南巡视察河工。他见到张鹏翮将河道裁弯取直，洪湖水势，畅出清口，高兴地对随行大臣说："向来黄水高于淮水数尺，淮不能敌黄，常患淤垫，今将六坝堵闭，洪泽湖水升高，力能敌黄，运河不致有倒灌之患，此河工之所以能告成也。"为了表彰张鹏翮治河功绩，康熙题诗一首："使清引浊须勤慎，分势开疏在不荒。虽奏安澜宽旰食，诚前善后奠金汤！"

康熙四十七年(1708)十月，张鹏翮离开河工，先后任刑部、户部、吏部尚书，两次任会试正考官。康熙六十一年(1722)十二月，被加太子太傅。雍正元年(1723)二月，授文华殿大学士，享受宰相级别，赐御书"嘉谟伟量"匾额。雍正三年(1725)，张鹏翮病逝，时年76岁。雍正皇帝赞誉他："志行修洁，风度端凝。流芬竹帛，卓然一代之完人！"

张鹏翮在相对落后的科技条件下，创造性地提出"筑堤束水，借水攻沙"的治河理念，科学地布置和实施了各项水利工程，令所有坝堤、引河从属于统一的目标，使之充分发挥其功能，促使"借黄济运，借淮刷黄"的设想成为现实，使得黄淮大治，漕运通达，下河连年大熟，人民安居乐业。张鹏翮还将多年治河经验写成《治河全书》10卷，书中记载了运河、黄河、淮河三大水域的源流支派、地理位置及历年对其治理情况等，其中对各河道的形成、流向、堤坝修筑、防汛等事宜所记尤为详细。书中还附有彩色绘图，工细精致，精确地反映了三大河流及各支流的全貌。该书内容翔实，史料性强，是研究清代治河工程的重要历史资料，对当代的治河工程仍有重要的参考价值。近代学者郑肇经所著《中国水利史》列专章介绍，高度评价张鹏翮的治水工程："这不仅于国计民生贡献巨大，而且就其科学水平，也居当时世界水利工程最先进行列。"2014年8月，江苏省二河闸管理所为纪念张鹏翮治理黄河留下的丰功伟绩，为"二河始挖者"张鹏翮制作了全身坐姿塑像，将伟大的水利专家张鹏翮的身影永远定格在他曾经倾注了大量心血的地方。

（张路　撰写）

## 第六节　全国排名第十的数学大家尹文霖

尹文霖(1928—1985),遂宁人,1928 年出生在遂宁县大南街,长期从事数学教育和科学研究工作。1985 年 3 月 26 日,因病去世。1978 年,在全国科技大会期间,尹文霖被列为中国十个著名数学家之一,和其他九位数学家的照片陈列于中国科学院数学研究所。

### 一、刻苦学习,投身革命

尹文霖早年在遂宁县中、成都西北中学和树德中学读书。1945 年 10 月考入昆明西南联合大学电机系,曾经参加著名的"一二·一"反内战运动。1946 年转入清华大学电机系和数学系读书,他不畏白色恐怖,参加学生运动,担任过纠察员、联络员、宣传员。1948 年 3 月,尹文霖经唐山、冀东去到解放区后,曾经在冀察辽工矿管理局、辽西文教厅、承德师专等处从事研究和教学工作。

### 二、潜心学习,钻研数学

尹文霖于 1950 年 1 月加入新民主主义青年团。1953 年 8 月返北京大学数学系学习,1957 年 3 月考取北京大学数学系闵嗣鹤教授研究生。

20 世纪 50 年代初,中国科学院数学研究所成立了数论研究组,由华罗庚先生担任组长,组织并领导了"哥德巴赫猜想讨论班"。他选择哥德巴赫猜想作为学习与研究对象,考虑到哥德巴赫猜想与解析数论最重要的理论与方法都有密切关系,特别是圆法、三角和估计、密率论筛法、L——函数与素数分布等,通过讨论班的学习,可以使参加者相当全面地掌握解析数论的诸多重要方面,达到既出成果又出人才的良好效果。后来实践证明,"哥德巴赫猜想讨论班"是非常成功的,以"哥德巴赫猜想讨论班"为核心,组成了中国数学的一个特殊学派,一个数学王国的优秀群体。以"哥德巴赫猜想讨论班"为核心,集聚了我国解析数论的优秀人才,有尹文霖、越民义、丁夏畦、吴方、邵品棕、任建华、潘承彪、谢盛刚、楼世拓、姚琦、于秀沅、陆洪文、陆鸣皋、冯克勤、于坤瑞等,都对我国解析数论作出过一定贡献。1956年尹文霖证明了 $c\leqslant18$,对于推动哥德巴赫猜想研究作出了重大贡献,被《人民日报》《中国青年报》誉为中国青年数学家之一。

1961年,尹文霖被分配到四川大学数学系从事数学教育和科学研究工作,在解析数论方面有较深造诣。他所研究的哥德巴赫问题,列于《哥德巴赫猜想》中,受到华罗庚教授高度赞誉。

**三、严谨治学,成果丰硕**

尹文霖在工作

20世纪60年代前后,尹文霖在国内外刊物上发表多篇数学学术论文。其中,《表充分大的整数为素数和》《三维除数问题》等专论,当时在国际上处于领先地位,深受著名数学家华罗庚、闵嗣鹤等好评。尹文霖及其科研成果被收入日本《岩波数学大辞典》《德国数学百科全书》《数论方法评论》等世界权威经典著作中。因长年勤奋工作,积劳成疾,尹文霖1985年去世时才57年。中国科学院数学研究所、北京大学数学系、中国科技大学数学系等单位和华罗庚、闵嗣鹤夫人等著名专家学者都发唁电致哀并盛赞其杰出贡献和品质精神。

(张路　撰写)

## 第七节　学部委员著名有机化学家蒋明谦

蒋明谦(1910—1995),有机化学家,1910年11月10日生于遂宁市蓬溪县。1935年毕业于北京大学化学系,1944年获美国伊利诺伊大学博士学位,1949年起历任中国科学院化学研究所研究员、部室主任、学术委员会主任,《化学》《化学学报》副主编,中国化学学会常务理事等职。1980 年被选为中国科学院学部委员。从事有机化学、药物化学研究,重视科学现象的个体性与整体性关系。20 世纪 50 年代开始有机化合物结构与性能定量关系的研究,他所提出的“诱导效应指数”被用于非共轭体系有机物性能的预测;提出的“同系线性规律”,适用于定量计算和预测所有有机同系物系列的性能与结构关系,均得到了学界的广泛认可与高度评价。

蒋明谦像

## 一、勤奋学习,投身“科学救国”

蒋明谦学生时代十分勤奋,课余时间他除了查阅参考书、写笔记外,就是读诗、写诗、阅读自然科学读物。为了多买一本书,宁愿少吃一顿饭。他把寒暑假期作为写文章、读书的好时机,写过不少通俗性文章。他对科学研究有极大兴趣,大学后期就在著名学者曾昭抡教授指导下研究有机合成、有机元素分析,并探索元素周期性如何用定量形式表征,与合作者在国内外化学和物理杂志先后发表了《元素周期性》《元素原子量交递现象》等论文。因成绩优异,1935 年于北京大学毕业后留校任教。1937 年“七七”事变后,由于日本侵略,北京大学、清华大学、南开大学等校南迁,在昆明成立西南联合大学。蒋明谦对国土沦丧非常悲愤,与友人游安宁笔架山,曾在山上搬石垒成“还我河山”四字,并写诗一首,其末后两句为“乐游未减河山恨,垒字山头矢不忘”。他将悲愤化为力量,立志“科学救国”,一面指导学生做实验,一面继续做有机合成和有机分析的研究。蒋明谦对工作一丝不苟,写作、论述条理严谨,实验井井有条,非常爱惜仪器,注意节约试剂。他严谨的工作作风,不仅受到教授们的赞许,也为学生树立了很好的榜样。

## 二、留学美国,首创“诱导效应指数”

1940 年,蒋明谦考取清华大学公费留学美国,1941 年底到美国马里兰大学药学院随药物化学家哈同教授学习。哈同教授认为学习药物化学应该以药物的结构与药理作用关系为中心，这对蒋明谦颇有启发。1943 年，蒋明谦获硕士学位后又到伊利诺伊大学化学系攻读博士学位，在亚当斯教授指导下学习有机化学。亚当斯被誉为美国化学界的泰斗，主张把化学作为一个整体来看待。蒋明谦读了亚当斯《有机合成》《有机反应》等著述，深切认识感悟到有机化学既要重视基团的共性，又要重视基团的特殊性；既强调共同的规律性，又要考虑例外；应将各种不同的分子和基团联系起来看待，有机分子之间是互有联系的整体，而不是一个个孤立的个体。这就需要设法来表达化合物的共性，也需要有一定的手段来区别化合物的特性。因此他利用原子电负性作为计量的指数，大胆提出了用原子电负性来表达基团电负性的设想，并首创具有重大意义的“诱导效应指数”。1944 年蒋明谦取得博士学位，被授予美国自然科学会员称号，应美国礼来公司药物研究所的邀请担任研究员，从事药物合成方法的研究。1947 年 4 月，蒋明谦回国任北平研究院化学研究所研究员。1948 年被选为美国科学促进协会会员。

### 三、献身科教，桃李满园硕果丰

中华人民共和国建立后，蒋明谦被聘为北京大学化学系、北京医学院药学系教授，讲授《理论有机化学》和《高等药物化学》，把全部时间和精力都倾注在培育人才和发展科学事业上。

1950 年至 1956 年，他在北京大学化学系培育了不少本科生和两批研究生，在北京医学院药学系教授了十个班级学生。他在总结大量文献的基础上，创造性地把药物的分子结构同药理作用结合起来，从有机结构理论的高度向学生传授设计和选择药物的原理，这在当时的药物化学教学中是别开生面、独具一格的。

蒋明谦在教学和科研工作中，一直以结构性能定量关系为主要方向。1976 年，他的关于结构性能定量关系的研究被中国科学院定为重点研究课题，化学所为他专门成立了研究室，招收了研究生。他已年近古稀，但仍满怀壮志，赋诗云“脑清如水思潮涌，老马临风欲奋飞”。

蒋明谦学术成果相当丰硕，他还发现了反向端基、端外基团、分岔基团、侧联基团和折并基团等结合效应，并以实验表明了共轭极化效应，使准确地判别复合分子中的基干与支链、端基与分岔、定量计算出各类基团对性能的影响成为现实。

为了阐明上述规律的由来，蒋明谦提出了重要的“共轭环节”的概念。蒋明谦一生先后发表研究论文 100 余篇，出版专著 15 种，这些著作为国内外广泛引用，并获高度评价。

蒋明谦取得的成就绝不是偶然的。早在学生时代，他就养成了独立思考的习惯，培养了善于分析研究和解决问题的能力及刻苦严谨、开拓进取的工作作风。他以惊人的毅力、顽强的拼搏创造性地取得了许多重大成果。他执教多年，虽桃李满园，功成名就，却谦逊诚实，严谨育人，经常向学生坦诚讲述自己的挫折和失误，讲述其新观念新成就的孕育和形成过程，使他们深受启示、教益和感染熏陶，不少学生如今已是各自领域中的知名专家和学术技术带头人。在学术领域和教育界，他不仅是一位善于开拓创新、勇于夺魁的精英，也是一位善于教书育人的名师。为此，《光明日报》曾以《是选手又是教练》（1963 年 5 月 8 日），《扑不灭的灯火》（1978 年 3 月 18 日）先后报道他教书育人和培养中青年教师以及从事科学研究的优秀先进事迹，使他成了享誉国内外、让人崇敬的著名专家学者。

蒋明谦 1995 年病逝，他将毕生精力奉献给了祖国的科学与高等教育事业，为民族、为人类作出了巨大贡献，是我们的骄傲和楷模。

（张路　撰写）

## 第八节　名扬京城的传奇御用名医陈寿庵

2003 年，电视连续剧《神医喜来乐》在全国热播引起很大反响，这部由李保田饰演的以悬壶济世的民间郎中喜来乐的跌宕人生为主线，以戊戌变法的历史、红颜知己的恋情和同行冤家的相煎为支脉，描绘了在清末社会大背景下的小人物命运。殊不知，在遂宁，也曾经有一位喜来乐式的医界名人，他就是曾经为光绪帝和慈禧太后治过病的御用名医陈寿庵。

陈寿庵像

陈寿庵（1863—1933），生于清同治二年

(1863),名顺明,号振远,遂宁市大英县金元乡人。医术高明,以中医内科、外科、正骨术闻名于蜀中。清光绪十八年(1892)应诏为光绪帝治病,留太医院。后在津、粤、沪、渝等地行医,1933 年去世。著有《本草药性》《灵鸭经方》。

## 一、金元乡走出的救世郎中

陈寿庵自幼颖悟敏捷,喜读经书,研究医典,学习骑射。他在四川参加乡试后,初中文举,后中武举,又向当地乡贤苏福应学医。由于勤奋好学,常不远千里广为访谒以精技艺,青年时医术已为乡人赞许,以中医内科、外科、正骨术名噪川中。陈寿庵常年骑马奔走于遂宁、蓬溪、潼南、顺庆诸县之间,求医者每每听到他的马铃声便心中宽慰,感觉病情仿佛就好了许多。故在川中就流传着“一听过山铃,病情好几分”的佳话。这过山铃,实际上就是陈寿庵的广告铃,走乡串户,听见铃声,患者就知道名医来了,可见其影响之大,名望之高。陈寿庵医者仁心,凡找他看病的患者,他不畏路遥夜黑,不分贫贱富贵,均前往家中病榻治疗。对待患者,他嘘寒问暖,一视同仁,甚至对穷人患者还赠送医药,救济贫穷者,因而深受百姓赞誉。

## 二、名震京城的御用名医

清光绪十八年(1892),陈寿庵行医至北京。在京城,陈寿庵屡屡以偏方怪招儿疗治好病人的疑难杂症,赢得神医的美誉。不一日,恰遇光绪皇帝患疮痍,御医久治不愈,朝廷悬诏招医。经朝廷命官、遂宁同乡甘大璋引荐,陈寿庵应诏为光绪帝治病,治疗月余,光绪皇帝病情大有好转,于是传诏赐官阶,留陈寿庵在太医院当御医。在朝廷里,慈禧太后多次召见陈寿庵把脉问诊,官府妇婢及文武官患者求医甚众,一时扬名京城。在京城皇宫为皇帝看病,尽管待遇优厚,但是伴君如伴虎,一不留神就会遭遇飞来横祸。加之陈寿庵性格刚直,不会阿谀奉承,便以“家远、妻弱、子缺”为理由请求辞职,上疏多次后获准。

## 三、忧国忧民的医学大家

从宫廷辞职后的陈寿庵到了天津、广东行医。陈寿庵博学多能,除精通医学外,凡辞章、书画、金石、古玩、星相无所不究,受到广东道台沈寄缘赏识器重,将女儿沈媚川嫁给他，招为女婿。陈寿庵后来又到上海丽水坊设馆行医。面对帝国主义鸦片侵略，他颇具爱国热忱，深切痛恨由此招致的国弱民穷。结合中国医学，他精心研制出“百补精神戒烟丸”，消除民众鸦片毒瘾，畅销京津沪等地。陈寿庵长处名城闹市，望重业兴，心系黎民苍生，本着一颗爱国之心，将自己多年的积蓄投入到京沪铁路董事会修建铁路和培养乡贤后学，希冀国家富强。

## 四、荣归乡梓的坐堂医师

陈寿庵很重视家教家风建设，他将最喜爱的林则徐的一副对联——“子孙若如我，留钱做什么？贤而多财，则损其志；子孙不如我，留钱做什么？愚而多财，益增其过”悬挂于家中，并因此立定传承了“留钱财于后毁后人，留艺德于后兴后人”的家训。

陈寿庵健身有术，养成了起居有节，晨练拳品茶，午适量饮酒，晚博览报刊的良好习性，长期悬壶济世于外，乐此不疲，年近古稀才在独子陈官升多次劝说下从上海返回遂宁，在遂宁县城的顺城街设馆行医。开业那天，当地军政要员、各界人士赠送了“青年入院曾医国，皓首还乡再活人”的贺联以及“海上神医”“橘井泉香”“仙手复兴”等锦旗与牌匾，使之誉满城乡，求医问药者络绎不绝。

1933 年，陈寿庵老年丧子，因白发人送黑发人而忧郁成疾，瘫痪在床半年，同年冬过世，享年 71 岁。他从上海返乡时，运回医书、药物、手抄稿本、名人书画、金石玉器及家用衣物甚多，其长孙陈清平遵祖父遗嘱，费 20 余年光阴辛勤不倦，结合祖传经验，以三言、七言诗体撰有《本草药性》《灵鸭经方》10 余册，但未能刻印，后在“文化大革命”中散遗。陈寿庵的医书、字画，被当成了“四旧”文物，在“文化大革命”中毁于一炬，唯有光绪皇帝钦授的象牙朝芴犹存，让人深感遗憾。

（张路　撰写）

# 民俗篇

## 第一节 盛况空前的观音庙会

随着“中国观音文化之乡”的命名，挖掘、整理、保护、传承、弘扬“观音文化”，打造独特的观音文化名城，提升遂宁这个历史文化名城的品质品位，促进经济社会的更好更快发展已成为历史赋予遂宁的新使命和遂宁“十二五”“十三五”发展建设的重大举措之一。

### 一、具有民俗特色的遂宁观音文化

“观音菩萨三姐妹，同锅吃饭各修行，大姐修到灵泉寺，二姐修到广德寺，只有三姐修得远，修到南海普陀山。”这是在遂宁地区广泛流传的民谣。遂宁观音民俗文化源远流长，它不仅是巴蜀文明的重要组成部分，更是中国传统文化、佛教文化、民族文化的灿烂篇章。

遂宁广德寺，中国皇家禅林，位于四川省遂宁市城西三里许的卧龙山。始建于唐(公元618年前后)，原名石佛寺。因受唐、宋、明朝十一次敕封，广德寺声名大振，明代极盛，僧人千余，曾主领川、黔、滇三百余山，被尊为“西来第一禅林”，成为远近向往的川中名胜及闻名西南的佛教圣地。每年二月、六月、九月观音香会节期间，香客、游人如云。

灵泉寺，是民间信众认定的中国最早的观音道场。灵泉寺始建于隋朝开皇初年，距今已有1400多年的历史，是川中佛教活动中心和旅游胜地。每年农历二月十九、六月十九、九月十九分别是观音菩萨的出生日、出家日和得道日，届时四方信徒云集庆贺，顶礼膜拜，热闹非凡。

作为中国观音文化之乡，遂宁的观音民俗文化有其独特性、唯一性和相应的价值意义，并主要体现在广德寺、灵泉寺每年举办的三次观音香会节(又叫观音庙会)中，历久不衰，日益兴盛，影响深远。

### 二、盛况空前的观音庙会

遂宁观音文化既存在于广大民众的信奉朝拜中，又存在于观音道场的众多盛大佛事中,更存在于观音庙会丰富多彩的文经活动中。

广德寺、灵泉寺每年要为观音菩萨举办三次香会节,分别在观音的出生日(二月十九日)、出家日(六月十九日)、得道日(九月十九日)。会期一年长达三个月,来自川、滇、黔,尤以重庆、内江、南充、绵阳和遂宁本地为主体的香客、游人多达百万之众,古今如此,真可谓游人如织,盛况空前。

(一)清代观音香会节之盛况

清乾隆五十二年(公元1787年),遂宁知县李培峘颂"香会节"盛况,诗云:

二月和风被应律,击鼓吹竽市填溢。
已见邻封迎驾来,还看士女倾城出。
……
幡幢缨络路不绝,万口喃罗同一声。
发始灵泉终广德,大众微尘动瑶阙。
蜡泪堆成五色云,佛心自映千潭月。
……

由此可见当时灵泉寺、广德寺的"香会节"是何等兴盛,同时也说明自隋、唐以来观音在民众中的影响是何等广泛,何等深入人心。

(二)民国观音香会节之盛况

广德寺观音庙会盛况

到了1940年农历二月,因来自省内各地的朝山信众如潮水般涌向广德寺、灵泉寺,对遂宁本地治安造成了巨大压力,县长杨晴舫不得不向省政府紧急请示,要求调部队增援。遂宁市档案馆保存有这样一份《为遂宁香会期间转瞬即届,请转省府通令各县一律禁止,并请速调保安二大队或正规军二营驻遂宁,以资震慑由》的当年文件,文曰:

窃查，职县附郊广德灵泉两寺，历年春季香会，全川各县赴会民众不下百万……城区武力薄弱……瞻前顾后，险象环生。仰恳钧座，俯念情形特殊，酌调保安队二大队，或转请正规军二营驻遂协防……

借此可窥全豹。

（三）当今观音庙会——“遂宁观音文化旅游节”

从2008—2016年，遂宁已连续9年举办了观音文化旅游节。以市场为经，以文化为纬，且一年一个鲜明主题，不断丰富内容形式，不断推陈出新，再现了最民间、最有遂宁特色的“观音祭祀”盛况。

2011年4月，第四届中国（遂宁）观音文化旅游节以“自在田园、观音故里”为主题，推出了中国（遂宁）首届糖人糖画艺术大赛，首次将冰糖发源地遂宁的民间制糖文化融入观音文化旅游节，成了本届旅游节的文化亮点。

2012年4月，第五届中国（遂宁）观音文化旅游节更是汇集了巴蜀经典“非遗”项目，绵阳的威风龙狮舞与大英的川中大乐、蓬溪的洞经音乐精彩荟萃，原汁原味的巴蜀民间文化次第亮相。曾经消失在观众视野中的民间技艺“泥塑”“评书”“桃子龙”“四川清音”等，一个个鲜活地呈现在观音文化旅游节的大舞台上，可谓广场内桃子龙上下飞舞，引来了观音湖畔“圣水莲花”的悄然绽放和异彩纷呈。

2013年，在第六届遂宁观音文化旅游节上，天遂文旅集团创新性地将舍利文化、圣水文化、玉印文化与观音文化融为一体，以城市为背景，以寺庙为平台，以市民、游客、信众、僧侣为演员，以“观音圣地、传递吉祥”为主题，创作了一台极富地方特色的大型观音民俗文化实景表演，很好地打造了“静静的遂宁，让心灵度假”的城市旅游品牌，大大提升了自在遂宁、生态遂宁、休闲遂宁、神奇遂宁的知名度和美誉度。

2016年，第9届观音文化旅游节的主题为“绿色遂宁，观音故里”，举办了包括山水实景音乐会、“成遂渝旅游黄金走廊区域合作遂宁峰会”“观音故里民间艺术展演”等十五项精彩纷呈的系列重大活动，为来自五湖四海的宾朋呈现了一场大气、亮丽、让人美不胜收，展示生态遂宁、绿色遂宁、中国观音文化之乡的文化旅游盛典。

中国（遂宁）观音文化旅游节不仅是中国佛教文化的一个载体和平台，也在佛教祭祀活动中融合汇集了地方歌谣、传说、民间谚语、戏曲等文艺形式，成了集中展示和弘扬光大地方民俗文化的盛典，不仅很好地保护传承了地方非物质文化遗产，而且赋予了观音文化更多、更大、更强的生命力。

### 三、践行社会主义核心价值观的载体平台

历久不衰、盛况空前、不断发展壮大、开拓创新的观音庙会传承的观音文化虽然有着佛教文化的基本属性，但其慈善爱美的丰富内涵和向真向善向美的价值取向是中国几千年积淀下来的中华传统文化之精髓，她之所以能传播千年而经久不衰，在今天还有着十分旺盛的生命力和强大感召力，其根本也就在于她有着深深植根于社会、植根于广大人民群众，植根于中华民族优秀传统文化的深厚沃土并得到社会历史检验、被社会历史证明、广大人民群众认可赞同的完美内核和向真向善向美的正确鲜明价值取向，而这一切又与社会主义核心价值观在国家层面的文明和谐、社会层面的平等正义、个人层面的诚信友善是一脉相承的。因此，传承观音文化的观音庙会也已并将继续成为广大民众践行社会主义核心价值观的喜闻乐见的重要平台、载体、途径、方式和手段，其价值意义将更加非同凡响。

（谢明镜　撰写）

## 第二节　穿越古今的劳动号子

自东汉末年设德阳县以来，人文荟萃、出产丰沛的川中遂宁，以其得天独厚的区位优势，畅达迅捷的水陆交通，逐渐成为川中重要的人员物资集散地，被盛誉为“东川巨邑”“川中重镇”。

### 一、遂宁旧时的劳动号子

劳动号子本属于民歌的一种，其实就是劳动歌声。它产生于体力劳动过程中，与劳动节奏紧密配合，可以消解疲劳、协调步调，使所从事的劳动富有节律和效率。劳动号子由于劳动方式的不同而形成多种类型，如船夫号子、车水号子、采石号子、打夯号子，其演唱方式多为一人领唱，众人唱和。

遂宁旧时的劳动号子,给人印象最深刻的是一种“打夯歌”。这在旧时的屋基、晒场、水坝夯筑、20 世纪五六十年代兴修水利中较为多见,但最为普遍的还是“文化大革命”那个特定的时期。

20 世纪 70 年代中期,正值全国“农业学大寨”、兴修水利的高峰期,遂宁各县在战天斗地,改田改土,新建、改扩建诸如麻子滩、跑马滩、黑龙凼、凤凰山等大中型水库的过程中,由于机械化程度极低,机械作业少,筑实大坝主要靠人力拉石滚或打夯等原始办法来进行。所用的“夯”为上窄下宽的四方体石料,上部捆绑有木把,便于拿捏掌控,一般由四人举落筑压。单个的夯力度有限,大坝上自然使用很多夯,有多人劳作,甚至组建有打夯队。为协调统一动作步调和节奏,形成合力,也为着避免简单重复劳作所带来的必然倦怠和营造良好的集体劳作的声势气氛,爽心悦目动听的“打夯号子”便油然而生。号子不都是现成的,需结合生活实际或劳动场景“就地取材”、即兴发挥。领喊号子的人虽然常常是动口不动手,却是大家公认的才子。由于正处在经济困难时期,财政对每个上工者每天补助 2 – 3 角钱,而且往往难以按时发放,遇领导们到工地检查时,领喊者便会不失时机地唱出这样的情绪和心声:

领:哎嗨呀哈嘛佐嗬勒!

和:哎呀嘛佐嗬力!

领:修水库那个大动员!

和:哎呀嘛佐嗬力!

领:有补助那个冇(湖广人念“冒”,四川人念作“莫”,没有)现钱!

和:做起嘛没(或作“冇”)得力!

领:领导们嘛也看得见!

和:咱们得加把力!

领:哎嗨呀哈佐嗬勒!

和:哎呀嘛佐嗬力!

就这样一唱一和,见啥喊啥,配合默契,既协调统一了动作,又营造活跃了气氛,还调节了情绪与呼吸;既反映了愿望要求,又统一了意志做法,消除了疲惫烦恼;既避免了使哑力伤内脏,有益于身心健康,又提高了劳动效率。可以说是一举多得,因而往往会引起工友和现场群众或高或低的会心嬉笑。而且,这类号子往往是一语双关、话丑理端、诙谐幽默，一石多鸟、坦诚真切、不带恶意；对所提出的问题不抱太高期望，完全即兴编排、借题发挥，是说了就了，最多也就是发发牢骚解解闷，调侃调侃而已。领导人听了既不好发作批评，也不会无动于衷，往往是心领神会，与大家形成某种默契。因而它很受喜爱和欢迎。虽在群众中喜闻乐见，却也并非简单易为，还是要讲究默契配合，心领神会，心有灵犀，就地即兴取材、反应灵敏、编排迅速、言简意赅、适当押韵、朗朗上口，有一定意蕴主旨，因而它是带有一定艺术性的民间文学形式。

说到工程建设，就免不了提到其中的一大主力——石工。许多人听到他们那锤子击打錾子的“叮叮当当”声和錾子凿石的“打点打点”声，特别是多人一起劳作时，都感到是一种享受，而为之陶醉；看到被他们一锤子一锤子錾出来的细密均匀的石纹和整齐码放的石块，多会由衷地赞叹他们的劳动技艺和成果。但在用錾子敲击石料的打点声中，也有好事者听出了门道，他们伴随着錾石的节奏，一板一眼地唱道：“打点吃点，不打吃卵（川中嘻骂土话，也叫‘吃个球’，意即要劳动才有吃的，不劳动就啥子都吃不成）；打点吃点，不打吃卵。”初期人们觉得这唱词有些挖苦和粗鲁，但慢慢一想，这打趣的粗话却恰好是石工们的现实生活写照，而且传达了“不劳动者不得食”的生存原理：因为打出的石头可以卖钱，与生活息息相关，正常情况是打得越多收益越高，吃得越好。久之，石工们自己也认同了这一“号子”，认为它“话粗理不粗”，当心情烦闷时念唱一下，可以起到活跃气氛、振作精神、调节情绪的特定效用。

## 二、遂宁独具特色的“涪江船工号子”

“涪江船工号子”是船工在漫长的水运劳动中，产生发展并流传下来的劳动号子。生动地反映了船工们的生活状况、劳动场景和内心世界，表现了船工们运输途中的艰辛和劳累。

涪江水运环境复杂艰险，担负着川西北和川中人员物资交流的船舶多为重船、大船，故其单船用工数量往往是川内其他江河的几倍，船工最多可达数百余人，黑压压的纤夫被川人俗称为“涪江老鸦纤”！涪江上的坐堂号子工为全脱产，常头戴礼帽身着绸衫，打着伞摇着扇，穿着炮花草鞋出现在船头或纤夫之间，这是有别于其他江域号子工的独有标志之一。

由于涪江船工号子工全系脱产专职化，这使得他们有更多的时间和精力专门研究号子，不断扩充曲目，增强号子的感染力，逐渐形成了涪江号子独具特色和魅力的曲目体系。

涪江纤夫劳动情景

（一）曲目题材广泛，多为“无词歌”

传承至今的近30支涪江船工号子中，出（下）水航行专用曲目有悠扬甜美的《三转弯》《边桡》《打艄号子》等7支；逆水航行专用曲目有如高亢激越的《咋咋号子》《数板号子》等14首；出水、逆水共用的曲目有热烈欢闹的《斑鸠夹橹》《龙船号子》《背船号子》等6支；还有非航行劳作用的曲目《立桅号子》《扯仓号子》等。

遂宁涪江船工号子多数曲目为“无词歌”，均是在不同的水运环境下、不同的劳动紧张度中和不同的劳动心态时，所激发出的各种歌唱化了的劳动呼号声，偶尔夹有单句、短语。

尽管这些号子并未通过语言来传递信息，然而它们所表达的情绪和形象却无比真切、鲜活、生动感人。有的悠扬婉转，令人陶醉其中；有的欢快热烈，让人喜形于色；有的诙谐风趣，使人乐在其中；有的痛楚凄凉，令人闻之欲泣；更有在恶水险滩间的拼搏呐喊，闻者仿佛身临其境，置身惊涛骇浪之中。

少数曲目为“有词歌”，内容十分丰富，题材极为广泛。有戏说历史故事的，有责斥昏庸统治的，有诉说船工苦难的，也有航行中触景生情、即兴编唱出来取乐逗笑的。

（二）多声部大型套曲，以领腔与应腔形成的二声部为主

在同类江河号子中，涪江号子是极为少见的多声部大型套曲。涪江号子以领腔与应腔形成的二声部为主，当两个号子头交替领腔而出现的后起音与前尾音相叠置时，抑或众船工同时或不同时出现两种不同的应腔时，这时又形成了三个声部，这在川江各类号子中独具一格。

由于涪江流域航运量猛增，船工需要日益增加，遂宁航运公司大胆冲破水运无女性的千年禁区，挑选近百名女性组建了川江第一支“三八女子船工队”——这是迄今为止全川乃至全国唯一的一支女子船工队，1951 年开始下河拉纤的王德秀，成了第一个女号子领腔。饱含女性嗓音特殊魅力的优美唱腔，成了涪江岸边一道令人遐想的奇妙风景。

“涪江号子”形式多样，其中有一种叫“催纤号子”，这种号子主要是大船上滩投水时用，因为江滩一般水浅流急，船行若慢了，就会搁浅，所以要一口气拉过去，绝不能有一丝松懈，因此这种号子调子节律较急促紧凑。“（领）吆唉吆唉嗬，（应）哟嗬。（领）吆唉吆唉嗬拿下来，（应）吔嗨吔嗨。（领）哟哦哟哦吔哦嗬，（应）吔嗨吔嗨。（领）吆唉吆唉嗬拿下来，（应）吔嗨吔嗨。（领）哟诶扱一下哦，（应）哦噫嗬嗬。（领）吆唉吆嗬一起拶哟，（应）嗨咗嗨咗。（领）挨到挨到噻倒右呢哟哦，（应）哦也嗬嗬，一起拶哦。（领）姑姑欸，别个不怕你不怕，莫非你那肚内有娃娃哟，（应）吔嗨吔嗨。（合）哦吔嗬嗬。”

涪江号子就其特色而言基本上是含蓄性与浅易性相统一；文雅与粗俗相结合；统一性与自由性相融合；丰富与灵活相兼容；大众化和个体性并举，适应性很强。

现在，遂宁“涪江船工号子”已被批准列入省级非物质文化遗产名录，值得珍视和发掘。

（谢明镜　撰写）

## 第三节　震撼巴蜀的民俗大观

遂宁是一个历史文化悠久而深厚的地区，在漫长的历史长河中形成了具有自身特色的民俗民风，承载着自身特有的地域文化。特别是在舞蹈、器乐、曲艺方面承载的民间民俗文化，其影响可谓震撼巴蜀。

### 一、丰富多样的民间舞蹈

遂宁的民间舞蹈历史悠久，在群众文化生活中占有重要位置。元宵、节庆常有摆马舞(即马马灯)、鹬蚌灯、采莲船、矮人舞、踩坛子、龙灯舞、桃子龙、车车灯、花棍舞等舞蹈表演,形式多样,各具特色。秧歌舞、腰鼓舞在新中国成立前曾风行县内。此外,庆祝活动、节日游行常有花圈舞、迎春舞、接龙舞、马边舞等表演。

以上这些舞蹈,有的可一人表演,也可集体表演。如“花棍舞”,表现的是欢快喜庆气氛,特别浓烈。再如“腰鼓舞”,伴有舞蹈动作,鼓点多种,节奏鲜明,舞姿优美,健康活泼。至今仍为一些节日、集会时群众表演的民间舞蹈。还有最平民化的“秧歌舞”,表演者化装成农民,男性头缠北方农民习用的白头巾,女性穿着彩服,男女都腰系彩绫两端载歌载舞,做薅秧状,表现歌唱共产党领导人民获得解放,劳动人民当家做主人,勤劳致富的新生活的欢乐心情。曲调欢快响亮,舞姿轻盈活泼,健康优美。

## 二、气势恢宏的川中大乐

由于历史原因,遂宁蓬溪县大乐几乎失传。经紧急抢救、挖掘、整理,传统大乐被重新搬上舞台,名为《川中大乐》或《蓬莱大乐》,成为打击乐一大力作。近年来,《川中大乐》先后参加了数十次国际国内重大演出,产生了极大影响。2007年,《川中大乐》和《蓬莱大乐》双双被四川省人民政府列入省级非物质文化遗产名录。

中国的民间打击音乐,大致可分为清锣鼓打击乐和丝竹锣鼓打击乐两大类。《川中大乐》完全由纯打击乐器组成,属清锣鼓打击乐。

《川中大乐》每件乐器的演奏技法都有明确的要求,要求演奏人员不仅要将每件乐器打响打亮,而且要求打出气魄和规范。鼓手手风要求举棰于额、收棰于心、挥棰比画、线条分明;鼓手形体要求亮开山相、起霸王鞭、竖卧蚕眉、开八字步、收虎跨裆;钹手手风要求举钹过头、亮夹托掌,上仰为“翻天印”、立钹如“日月图”、翻钹像“雁辟翅”、收钹似“风折柳”;钹手形体要求虎势马步而立、鹤行缓辔而行。

《川中大乐》制器独特,乐器品类甚多,大小二十余种,均属节奏性乐器。这些乐器都有强烈的音响,且发音短促,色彩相对单调。为了能打出丰富的复合音响效果,历代大乐艺人在打法上也颇有研究。鼓要打出“冬、董、洞、东、笃”五声,与字韵的“阴、阳、上、去、入”五声相合,与“轻、重、中、弱、边”五种打法相一致。钹亦要叩出“丑、抽、凑、仇、扑”五声,扣合“轻、重、弹、跳、闭”五种打法。由于乐器种类很多,编制上就自然形成一个丰富的打击乐群,而这个乐群的灵魂就是大脚盆鼓。古人云:“鼓为群音之长,八音之领袖。”在《川中大乐》中大脚盆鼓被尊为指挥乐器,统领全部,当地乐员习惯称打大脚盆鼓的乐师为“中心司鼓”。中心司鼓者须由手风特佳,演奏技巧特高,能驾驭全局的德高望重乐师担纲。“中心司鼓”者通过运用不同的“起眼”“转眼”“收眼”挥棰手势,把握各类曲牌的速度、力度、情绪和整体演奏的“启、承、转、合”。“中心司鼓”者还要通过自己精湛的打鼓技艺、准确潇洒的指挥架势、热情饱满的演奏情绪,激发、感染、调动全体乐员的全部演奏能量,才能将一个气势磅礴、气氛炽热、场面恢宏、情绪激昂的“蓬溪大乐”精彩呈现。

《川中大乐》在四川省庆祝“建国五十周年”中的演出场景

《川中大乐》气势恢宏,表演谐趣,风格上融北方锣鼓的阳刚与巴蜀音乐的柔美为一体,高亢时如金戈铁马,低回处似儿女呢喃,电闪雷鸣中谐以和风细雨,充分体现出中国民间打击乐体系结构,完整构铸成华夏民族打击乐审美核心,富于浓郁的巴蜀地域特征和极高的艺术观赏价值。

《川中大乐》是四川民间打击乐与外来移民民间打击乐互相渗透、发展衍化的产物,它是川中地区乃至巴蜀地区宝贵的文化遗产,是研究古巴蜀移民文化和巴蜀民间音乐文化的活化石,是中国民间音乐文化的重要组成元素。

此外,遂宁可考的其他民间乐器主要有弦乐、吹打乐、锣鼓乐等,也为遂宁市广大民众喜爱,并代有传人。弦乐以胡琴较为普遍,吹打乐以唢呐为主,锣鼓乐以川剧锣鼓乐、川中大乐、花锣鼓、小锣鼓为代表。

### 三、惊险奇美的铁水花火龙

作为遂宁市级非物质文化遗产,铁水花火龙是射洪县青堤乡的一大民间特技。首先是熬制好铁水。其次是扎龙灯。几十道工序全部是手工完成,用料、做工都很考究。慈竹因其韧性好而成为扎龙灯的首选,从腊月初一开始,整个腊月,工匠们都忙活扎龙灯这一件事,只为在元宵节让火龙舞起来,为乡亲们带来新一年的好光景。在舞动的过程中,舞龙师用生铁、稀有金属通过特殊的工艺制成上千度高温的铁水溶液,打向空中形成缤纷的钢花。火龙在钢花中飞舞,形成“惊、险、奇、美”的视觉震撼,动人心魄。人们观看完了五彩缤纷的铁水焰火和个个只穿一条“火腰裤儿”的汉子们表演的火龙舞后,再买上一把称心如意的青堤菜刀带回家,预示着新的一年美好生活的开始,千百年来,已成为不变的习俗,影响广大久远。

(谢明镜　杜玉平　撰写)

# 英杰篇

## 第一节　命名遂宁的东晋大将桓温

众所周知，“遂宁”之所以得名，是因为1660年前，东晋宰相桓温途经川中，勒马慨叹，有感而发的缘故。

桓温像

### 一、传奇人生

桓温(312—373)，生于公元312年，字子元，东晋谯郡东亢(安徽省怀远县龙亢镇)人，是历史上叱咤风云的大将军，也是东晋有名的宰相。

桓温是五胡十六国时代，寥寥可数的可上马击狂胡、信手擒虏酋的一代将才；也是东晋中期叱咤风云，权倾朝野，立帝废君，任意肆为的权臣；更是东破南燕、南平卢循、西定西蜀、北灭后秦的一代枭雄。他的儿子桓玄后来篡晋建楚，追谥桓温为宣武皇帝。桓温出生不到一岁时，太原的名士温峤见到他，便对时任宣城太守的桓温父亲桓彝说：“这个小孩骨骼清奇，可以试着让他哭一下。”听到了他的哭声，温峤惊异地说：“真英雄人物呀。”由于温峤的欣赏，桓彝便给儿子取名为“温”。

桓温15岁时，其父被泾县县令江播所害。桓温枕戈泣血，志在复仇。3年后，18岁的桓温原准备杀江播为父报仇，不料江播患疾暴死。桓温便扮成吊丧宾客，杀死了江播3个儿子复仇。由此，桓温至孝刚烈的名声传遍天下。

桓温身材高大，性格豪爽，史料中描述他“眼如紫石棱，须作猬毛磔”，用现代话来说便是目如闪光，须若钢针。加之又是世家出身，所以深得晋明帝好感。初任琅琊太守，晋明帝把长女南康公主嫁给他，升为驸马都尉，后迁任徐州刺史。永和元年(345)桓温改任荆州刺史，封安西将军，统管荆梁四州军事。

### 二、西征巴蜀

桓温戎马征战一生，挥戈横扫大江南北。一次西征，三次北伐，使得桓温威震天下，勋动朝野，并留下了“既不能流芳百世，亦不足复遗臭万载耶”的千古名句。

在桓温将军的传奇生涯中，最为精彩的当数以弱胜强的西征巴蜀之役。

还在西晋末年时，四川流民李雄就率众起义，建立了成汉国政权。成汉国统治者内部因争权夺位而相互倾轧，战乱不息。

桓温有志于在西蜀立下功勋，他看到成汉的国力衰微，而且大失民心。于是在永和二年(346)，率兵西征，直捣成汉国。当部队到彭模时，他命令参军周楚、孙盛守卫辎重，自领兵直接扑向成都。

李雄的遗部李势，派他的叔父李福及兄李权等攻打彭模，周楚等进行防御，李福退却，桓温又进攻李权等。蜀军久未经战阵，看到晋军阵势整齐，甲仗鲜明，初经交锋，晋军三战三捷，蜀军大败，溃退成都。

李势闻报各路军败，亲自出战，传令不退敌便亡国，临阵逃脱者立斩。晋军一路进攻，没遇激烈抵抗，未把蜀兵放在眼里，哪知李势亲自督战，蜀兵又不愿亡国，拼死猛战。由于晋军掉以轻心，抵挡不住蜀军猛攻，纷纷后退，桓温见势不妙，勒住退兵，挥军向前。蜀军见晋军主帅阵前指挥，万箭齐射，险些将桓温射下马来。

桓温吓一身冷汗，下令击鼓退兵。哪知掌管击鼓的军官未能听清，误以为要阻住退兵，击响了震天进军鼓。后退晋军听见鼓声，又拼命向前冲去。

蜀军正在追击晋军，没料到晋军全部返回拼杀，乱了阵脚，兵败如山倒，溃不成军，逃回成都。弄巧成拙，晋军糊里糊涂反败为胜。

公元347年5月，李势见大势已去，派人送降书给桓温。至此，桓温正式宣告大败李雄遗部李势，灭成汉国，收复蜀地，结束了四川长达50多年的混战。

## 三、赐名“遂宁”

当桓温凯旋，途经涪江中游的川中大地时，但见山清水秀，牧歌田园，风和日丽，歌舞升平，好一派和平安宁的景象。将军不禁来了兴致，勒住马缰，问随队参军(古代军事首长幕僚)：这里是什么地方？参军告诉他，这里属广汉郡的德阳县，原系成汉国所辖。

“德阳县？”桓温若有所思。参军马上又补充道：“即是‘德政如阳’之意。”

“德政——如阳？哈哈哈……”桓温一阵大笑，说：“此地五十年战乱不息，百姓于水深火热中未见天日，安敢妄称‘德政如阳’？如今战乱平息，海晏河清，天下归于一统，百姓方才得到安宁。这虚妄的‘德政’是靠不住的，百姓盼的就是息乱安宁。”

桓温放眼四野，正是夕照落霞、苍山横黛之时，掩映在婆娑竹林中的青瓦农舍一片恬静：袅袅炊烟在望，鸡犬之声相闻。这位长年征战沙场的将军不禁感慨万端，一种厌恶战乱、渴望太平的情愫顿时荡然于胸，禁不住慨然一声长叹：“此地当曰遂宁矣！”

正所谓千年一叹，川中重镇——遂宁郡由此应运而生！“遂宁”二字，表示“战乱平息，已得安宁”的意思。从此，川中丘陵中的这片红土地，便有了一个吉祥的名字——遂宁。

（周光宁　撰写）

## 第二节　执掌礼部的尚书少傅席书

席书（1461—1527），字文同，号元山，明四川潼川州遂宁县吉祥乡（今遂宁市蓬溪县吉祥镇）人。明代学者、官员。明弘治三年（1490）中进士。席书任地方官时能够安抚一方百姓，政绩卓著；在贵州曾与王阳明有一段交往，并以促进阳明“心学”传播、引荐贤能为己任。任京官时能够仗义直言、直陈政弊。因明嘉靖初年大议礼进言而执掌礼部，参与新礼制定，名垂青史。

### 一、早年登科，政绩卓著

席书弘治二年（1489）28 岁时参加四川乡试，考中第二名举人。弘治三年（1490）29 岁举进士（三甲第 122 名），授郯城（今山东郯城县）知县。30 岁以前考中进士，这在当时是很少见的，因此史称其“名早登乎贤科”并不为过。明代陈讲等纂修《潼川志》载：“席书，字文同，举第二名，联登弘治三年进士；尹郊城，刚明仁恕，有两汉循吏之风，去后民立祠祀。”其中既称赞席书早年登科的学识，又点明其在地方治理方面表现出稳健的政风，受到百姓的认可。

席书在任郯城知县期间，兴修水利、促民垦荒；后升任工部都水司主事，在清江浦（今江苏淮安，是明清时期运河漕粮重要的储存、中转之地，又称“天下粮仓”）督办漕船。清衍庆堂本《席氏家谱》卷五“遗事二则”之《白下纪闻》中提道：

“公自为工部主事，治漕船，管清江志，具综理之才，兼变通之术，已著名当世。”可见席书在督办漕运方面难得的才干，而后所作的《漕河志》所展现出的古今漕运与国家治理的命脉关系，值得后人借鉴。

嘉靖元年(1522)，席书升任南京兵部右侍郎。当时长江南北面临饥荒，他奉命赈济江北，上书条陈赈济的良策，使数十万灾民渡过难关。为民请命、福泽一方，不仅是他政绩的彰显，也是他济苍生的大愿。

席书像

席书为官清廉，体恤民情，仗义执言，勇于变革。他临终时言道：“自检入仕以来，清慎为国一念，可质鬼神。”又言：“上若问遗言，惟愿亲君子，远小人，审于用舍而已。”

## 二、弘扬学风，引荐贤能

正德四年(1509)，席书49岁，任贵州提学副使。在任期间，为了改变贵州文教的落后面貌，邀请当时谪居龙场驿的驿丞王守仁(别号阳明)到贵阳文明书院讲学，特选拔各府、州、县优秀生员来院学习，学风一时兴起。每当公务之暇，席书常去文明书院看望王阳明，两人“论学或至夜分，诸生环而观听者以百数。自是贵州人士始知有心性之学。”《阳明年谱》记载：“是年，先生(王阳明)始论知行合一。始席元山书提督学政，问朱陆同异之辨。先生不语朱陆之学，而告之以其所悟。书怀疑而去。明日复来，举知行本体证之《五经》诸子，渐有省。往复数四，豁然大悟，谓‘圣人之学复睹于今日；朱陆异同，各有所失，无事辩诘，求之吾性本自明也。’遂与毛宪副修葺书院，身率贵阳诸生，以所事师礼事之。”

席书请王阳明在贵州讲学，一方面促进当地教育的发展和文化的进步，另一方面也促进王阳明心学的发展与传播。这样，不仅使贵州学子受到“心性之学”的熏陶，亦使王阳明的学术思想成为明代贵州学术的主流。那些承蒙王阳明教诲的学子，不少人后来成为王阳明哲学思想的中坚力量，他们对黔中文化发展及王学在全国的传播，均产生了积极影响。很多人知道王阳明龙场悟道，却不知道贵州提学副使席书曾支持他,为他提供学员。

嘉靖六年(1527),席书加武英殿大学士,入阁为辅臣,建议重用王守仁、杨一清。后来,席书得重病不能视事,举荐罗钦顺代替自己。

**三、直言政失,勇议大礼**

弘治十六年(1503),席书43岁,任山东员外郎。时云南发生地震,朝廷命侍郎樊莹巡视实情,樊莹却上奏要罢黜当地监司以下三百余人。席书上书指出问题的主要原因在朝廷吏治腐败、不能选贤任能,而不在于地方的问题,认为朝廷那样的决策是“舍本而治末”,希望朝廷从根本上进行改革,革除弊政。但他的谏言并没有得到采用。从云南地震引出政治腐败问题,直陈变革的必要性,一方面看出席书对时局分析的真知灼见,另一方面表现出他坚持正义、忠贞直谏的无畏精神。

正德十六年(1521),席书升任都察院右都御史,巡抚湖广。中官李镇、张旸假借进贡和御监的名义敛财十余万,席书就上书揭发了他们。展现了席书坚持正义、忠贞直谏的精神。

席书在“大礼议”中的表现是其人生的最大亮点。明武宗朱厚照于而立之年暴亡,因其绝嗣且无预立嗣子,最后由其母张太后与阁臣、太监联合推举其堂弟、藩王朱厚熜即位,是为世宗。在世宗登基后,杨廷和等朝中旧臣强迫世宗改称伯父即武宗之父孝宗为父,伯母即武宗之母慈寿皇太后为母,变其生身父亲兴献王为叔父,生母为叔母。对于这一不近人情且无法律依据的主张,14岁的世宗予以严词拒绝,并以退位来表示自己的决心。席书和一些中下级官员如张璁、桂萼等人不顾杨廷和集团的恐吓甚至暗杀的威胁,旗帜鲜明地支持世宗的合理主张,这样便出现了“大礼议”。争论的结果是以杨廷和等旧臣的彻底失败而告终,世宗趁势清除旧臣势力,确立了与席书和张璁、桂萼等“大礼新贵”的政治互信,重建了嘉靖政坛新的人事格局。嘉靖前期,伴随“大礼议”而来的明代历史上一次全面的改革活动,席书与张璁等人协助世宗进行了一系列改革。嘉靖革新以更新观念、整顿吏治、替换人事为主线,最大限度地扫除了百余年来的明代积弊,激发了明朝统治阶层的活力,遏制并扭转了国势日衰的趋势。

嘉靖三年(1524),朝中大礼议起,席书进《大礼集议》,草疏以宋英宗入继大统为例,建议尊皇父兴献王为皇考献帝,受到嘉靖帝宠幸,倚为亲臣重臣,授礼部尚书，加太子少保。入朝议礼，可以说是席书政治生涯的亮点，也可以说是高潮。

在议礼期间，席书也多受朝臣毁谤，然而在议礼结束后出现了不少冤案，席书急忙进言："议礼之家，名为聚讼。两议相持，必有一是。陛下择其是者，而非者不必深较。乞宥其愆失，俾获自新。"他认为两派相争会有一方是有道理的，对于观点错误的一方不必太多追究其罪过，应该更多宽恕他们的过错，让他们改过自新，可以避免不必要的冤案。然而这一建议并没有得到采纳。

后来，席书谏阻迁移献帝的陵墓，又上陈了"新政十二事"，受到皇帝的褒奖。在大同发生军变的时候，主张讨伐叛逆。席书认为当时执政的费宏、石珤、贾咏等不堪重任，强力推荐杨一清、王守仁入阁，并说："今诸大臣皆中材，无足与计天下事，定乱济时，非守仁不可。"但这并未被皇帝采纳，王守仁也未得到重用。

嘉靖四年(1525)，席书进言反对光禄寺丞何渊的"请建世室祀献皇帝于太庙"，最终在太庙建世室的建议被废止了。嘉靖五年(1526)秋，章圣太后将谒世庙，礼官认为不合礼制，席书却上书认为这正是"天子之大孝"，被倚为亲臣。

**四、学术纯正，才识优长**

嘉靖六年(1527)十月，席书因病逝世，归葬于家乡的走马窑(今四川省遂宁市大英县回马镇文武村金井坝)。他被追授光禄大夫、少保兼太子太保、礼部尚书、武英殿大学士，赠太傅，谥文襄，入祀理学名臣祠，崇祀乡贤祠。他撰有《漕船志》二卷、《鸣冤录》《救荒策》《大礼奏议》一卷、《春秋论》一卷、《元山文选》五卷，刊行于世。

嘉靖帝颁诏《赠席书制》云："故少保兼太子太保、礼部尚书、武英殿大学士席书，学术纯正，才识优长……鞠躬尽瘁，惟卿德之。"王守仁撰《祭元山席尚书文》，霍韬、方献夫、仲弟席春、女婿陈讲等人，均有诗挽席书。内阁首辅杨一清撰墓志铭，哲学家李贽撰《太傅席文襄公》。

陈讲《哭席文襄公》云："佳城金碧画图张，御墨淋漓感帝皇。珉水派分伊洛远，横冈支接草庐长。才多自昔称三仲，学富而今随五杨。絮酒坟头滴春草，门墙恩义泪沾裳。"

《明史》卷197《列传》第85卷为《席书传》。明清时期，朝廷曾在遂宁城区建立"柱国坊""文襄祠""黄阁辅臣坊""忠孝廉节坊""存问坊"等，用以纪念席书。

席书与弟席春(吏部侍郎)、席象(户科给事中),合称“三凤”。明代在遂宁大东街曾建“三凤坊”以纪念之。席书《大佛寺送弟象谪判夷陵》云:“两岸风吹芦荻花,水边杨柳鹡鸰沙。江声不尽东流意,目断南鸿送落霞。”大佛寺,即今重庆市潼南区大佛寺,位于涪江边。明正德十四年(1519),席象贬谪为夷陵(今湖北宜昌市)判官。十五年(1520),席象赴夷陵;席书、席春送之至潼南大佛寺,作此诗纪别。

席书宦迹显达,文学高标,不止蜀中独步,天下也盛传其名。王守仁赞席书:“真可谓豪杰之士,社稷之臣。”李贽称席书:“公之才识,已足盖当世矣。”

(胡传淮　孙蛟龙　撰写)

## 第三节　笔老情深的军政大家吕大器

吕大器(1598—1650),字俨若,号东川,谥“文肃”,四川遂宁县北坝(今遂宁市船山区北固乡)人。明末著名政治家、军事家、诗人。

吕大器书法石刻

吕大器为明崇祯元年(1628)进士,历任吏部稽勋主事、考功主事、文选主事,陕西关南道参议,固原副使,都察院右佥都御史巡抚甘肃,兵部添注右侍郎,保定、山东、河北总督,江西、湖广、应天、安庆总督,南京兵部右侍郎兼礼部事,吏部左侍郎,兵部尚书兼东阁大学士,文渊阁大学士兼少傅。官至永历朝兵部尚书、武英殿大学士。人称“东川相国”“南明宰相”。

### 一、保卫遂宁城

崇祯十年(1637),吕大器告假居家,见遂宁城低矮且有毁损,倡议修筑,刚竣工,张献忠分兵袭攻遂宁。吕大器帮助遂宁知县任宾臣抵御,自捐金钱,募兵四百,又逢甘肃道旷昭护家眷归,有边兵2000名参与,协同城内士民一意扼守,城未破,受到崇祯奖赏。

## 二、平定西疆叛乱

崇祯十四年(1641),吕大器巡抚甘肃。吕大器揭发总兵柴时华不法行为,柴时华被撤职,派副将王世宠代柴时华。柴时华竟向西部及吐鲁番乞兵叛乱,吕大器令王世宠征讨,柴时华战败自焚死。此时,塞外尔迭尼、黄台吉等拥兵以乞赏为名,企图进犯肃州,吕大器借犒赏名义,投毒于饮马泉,杀其部卒无数;又遣总兵攻讨塞外为首作乱者,斩七百余人,抚二十八族,击败其余党。至此,西部边地基本平定。

## 三、征战南北

崇祯十五年(1642 年)六月,吕大器升任兵部右侍郎,他极力推辞,至次年三月才就任。诏令吕大器以本官兼右佥都御史,总督保定、山东、河北军务。这期间,李自成农民军已开始了大规模歼灭明军的战斗,明王朝岌岌可危。当时,北京附近尚属戒严地区,吕大器及诸将驰援扼守顺义牛栏山。总督赵光忭集合诸镇军队大战于螺山,大败,只有吕大器所部无失。

崇祯十六年(1643)五月,保定地区解除戒严后,于江西、湖广、应天(南京)、安庆特设总督,总督署驻九江,吕大器任总督。此时,湖北地失,武昌城陷,左良玉驻军九江称病不进,怀疑吕大器有兼并自己的意图,而与吕大器不和。吕大器觉知后,亲自到左良玉床前慰劳,使其疑心消解。这时,杀人狂张献忠进兵湖南,攻陷袁州、吉安,吕大器遣部将与左良玉军破张献忠于樟树镇,复占峡江、永新二郡。

崇祯十七年(1644),李自成攻破北京,崇祯死,南京大臣议立国君。吕大器与钱谦益等主张拥立潞王朱常涝,议未定,而马士英、刘泽清拥福王朱由崧至,是为弘光帝。弘光帝立,迁吕大器吏部左侍郎。吕大器受排挤益急,上表揭发马士英弄权误国的行迹,弘光帝以"和衷体国"答之。不久,刘泽清入朝,马士英阴令其劾奏吕大器心怀异图,迫使吕大器乞休离位。吕大器乃写就监国告庙文书送交内阁,以表明自己毫无他图的心迹,马士英怀忿不已,又阴令太常卿李沾攻击吕大器。弘光帝怒,遂撤吕大器一切职务,又命令法司逮办,当时因蜀地尽失而未执行。

## 四、总督西南诸军

南明隆武二年(1646)十月十四日,吕大器自柳州至端州,与瞿式耜、丁魁楚等拥立永明王朱由榔于广东肇庆就任监国。吕大器以兵部尚书兼东阁大学士掌兵部。十一月十六日，永明王于肇庆即皇帝位，改元永历，以明年为永历元年，颁诏中外。吕大器与瞿式耜拥立永历帝，乃是他为大明江山作出的最重要决定。永历立，明祚又得以延续十六年。

南明永历元年(1647)三月，吕大器奉父母驻于贵州乌罗衙署附近之水月庵。此年秋，督师王应熊(1589—1647)卒于永宁之土城。不久，吕大器向永历帝上疏，言“川蜀地居上游，为国根本，川蜀安则楚粤俱安，宜及时收拾。”帝晋大器文渊阁大学士兼少傅，赐尚方宝剑，承制封拜，令代王应熊，总督西南诸军。

南明永历二年(1648)夏，吕大器督师至涪州。李占春率所部来迎，吕大器与李占春深相结，驻扎在平西坝。平西坝位于长江江心，地势易守难攻。吕大器命令李占春明赏罚、饬队伍、汰老稚、开屯种。其他将领杨展、于大海、胡云凤、袁韬、武大定、谭弘、谭诣、谭文以下，皆受吕大器约束。自隆武二年十二月张献忠死后，四川各地军阀割据，互相攻战。直至吕大器归蜀督师，方得以小安。

永历三年(1649)冬，永历帝诏晋吕大器武英殿大学士。吕大器命李占春、于大海、胡云凤合攻朱容藩叛军，吕大器据忠州石堡寨为策应。李占春先复石柱，再联手于大海与朱容藩大战于三教坝。朱容藩败走，入万县天子城。天子城不守，朱容藩复走云阳，追兵迫，竟拔剑自杀，余兵尽降。

朱容藩死亡后，吕大器乃取道乌江。至贵州思南，应王祥反复请求，到达遵义，养病二月。永历四年(1650)春，吕大器行至都匀府独山州(今贵州省黔南布依族苗族自治州独山县)，病危，草遗疏数纸后病逝。其至死都在高呼“雪耻除凶，刻不容缓!”吕大器向来俭朴，身无长物。诸将捡其行笈，无一钱。后受王祥襄助，安葬于遵义之海龙坝(今遵义市红花岗区海龙镇)。帝赐谥曰“文肃”。后迁葬遂宁城北嘉禾桥。

吕大器著有《东川诗草》《次梅集》《塞上草》《东川文集》《抚甘督楚疏稿》等。他不仅是一位卓越政治家、军事家，亦是一位著名诗人。他的诗歌悲凉豪宕，尤以边塞诗、军旅诗称雄于世，山河沦陷之感时托于笔端纸墨，世人称其诗作“笔老情深”。清代著名诗人王士祯评论大器云：“诗多横槊之气，时露粗服，然秀拔坚深，终是唐人格调，不取宋元以下蹊径。”清代射洪学者舒云逵撰《读〈吕大器诗集〉后》云：“鼎湖龙去渺难攀，身督诸军戎马间。一代杀机生末运，满腔忠愤写时艰。

盾头墨迹寒生袖,画角声悲月满山。继世尚存家法在,清风亮节出人寰。”乃为不刊之论。清代费密编选《剑阁芳华集》《遂宁县志》等录有吕大器诗作。

清代文华殿大学士兼吏部尚书遂宁张鹏翮在《祭李子静文》中说:“自吾乡席文襄公之殁也,百余年而吕少司马起。吕少司马之殁也,又三十余年,而公兴。”由此可见,作为南明兵部尚书、武英殿大学士的吕大器,上承明代大学士席书,下启清代榜眼李仙根、贤相张鹏翮,实为遂宁明清史上最重要的一位转折性人物。

(胡传淮　陈名扬　撰写)

## 第四节　德高功显的语言学家李实

明末清初,四川遂宁人李实编撰《蜀语》。他的这部著作,是我国历史上第一部“断域为书”的语言学著作,也是第一部专门记载和研究四川方言的著作,在语言学史上有着重要地位。1991 年 9 月 18 日至 20 日,遂宁市召开了“李实国际学术交流会”,来自日本、美国、德国、菲律宾、北京、四川等地的国内外学者四十余人参加了会议,对《蜀语》一书的重要价值进行了多方位的研究和肯定。李实和他所编撰的《蜀语》,随着这次会议的召开进入了国际的视野。

李实像

### 一、李实的家世

李实(1597—1674),字如实,号静庵,遂宁城南人。李实的先祖,是明代中期移居遂宁的湖北麻城人。就如孟母三迁为孩子寻找一个好的环境居住一样,他的曾祖李茂华又将家迁居到南郭学宫之后——由此可见,这是一个十分重视用儒家传统文化教育子女的知识分子家庭。祖父李元桂是县学学生,以善于书法而闻名乡里。父亲李友松,字鹤来,通经义,善书法,而且精医术,医德高尚。明万历三十八年(1610),川中地区瘟疫流行,李友松在门外的道路边摆了两口大锅，煎煮药材以救济众人，前来求药的人不绝如缕，从而挽救了不少百姓的生命。

万历二十五年(1597)，李实便出生在了这样一个书香之家。由于母乳缺乏，李实被寄养在了叔母家里，十岁才回家入乡校读书。老师因其入学较晚，便出了一个上联考他："日月天之眼。"他应声对出了下联："草木地之毛。"在学堂里，李实聪颖好学，每日诵读数千言，深受老师喜爱。入学三年即13岁时，他便善于作文，17岁又考中秀才，文才日渐有名。

万历四十七年(1619)，母亲刘氏去世，李实在家守孝。遂宁府盐课司提举郑某聘请李实做家庭教师，李实向郑某提出："如果你允许我穿孝衣出入，我就答应。"穿孝衣出入别人的家庭，这在封建时代是很犯忌讳的事情。但郑某既重其才，更重其德，竟然答应了李实这一近乎无礼的要求。有一天早晨，李实到郑某府上去，却发现门还没有开，便站在府前等候。不知情的差役看见他穿孝服站在郑某府前很是吃惊，大声喝道："你站在这里干吗？还不快走！"

不久之后，李实的父亲也去世了。家中侍婢在李父弥留之际，将李父平时积攒的钱财藏匿起来据为己有。当时李实家中经济拮据，亲友们都担心他没有钱来治理丧事，于是一致要求将侍婢送官查办。但李实坚持不报官，只是在丧事办完后将侍婢辞退，并不深究此事。父亲死后，李实便在家设馆授徒。

李实平素对于社会上的流俗恶习，非常反感。当时读书人考中举人、进士以后，自以为就有了远大前程，对别人巴结奉承自己送来的礼金，一概笑纳；并且虽然尚未做官，但总要干涉地方事务，成为地方一霸。李实并不同流合污，明崇祯九年(1636)中举之后，他只管闭门读书，开馆授徒一如以往，并无其他读书人那样势利的做派。

## 二、李实的勤政与治学

崇祯十六年(1643)，李实考中进士，选任长洲(今江苏苏州)知县。他单车赴任，简朴如昔，晨出夜入，勤理政事，审理刑狱，宅心仁厚。没过几个月，李实便因其政绩优良而声名大振。新任巡抚张公到任后即召见李实问道："我早已听说长洲治理得当，无论是官员还是百姓，都没有一点儿怨言。你究竟用什么调停方法？"李实回答说："我用的调停方法就是'不调停法'。如果调停，恐怕定有调停不过来的地方吧!”巡抚听后,不禁称赞。

其实,李实所谓的“不调停法”,就是指做官吏的只要勤政廉洁、秉公执法,老百姓就会安分守己,社会上也就不会有或者很少有需要“调停”的事情了。当时与常州毗邻的吴县县令,从表面上看,官当得比李实还要好。但是地方名士徐勿斋却评价说:“长洲被治理得就像镜子,吴县被治理得就像珠子。珠子虽然善于在盘里滚动,却难免偏向一边;而镜子呢,只会是越磨越亮。”可见当时人对李实的治理业绩评价颇高。

李实在“繁弊为天下最”的长洲任县令近两年时间,其全部积蓄仅有两百多两银子,以至他的儿子问他:“这么一点钱,如何能敷家用?”他回答道:“我离任时,公家府库积累了九万余两银子。我告诫官吏差役不要私吞。现在私吞得较多的人,已被处死;私吞得较少的人,也受了刑罚。如果我当初一着不慎私吞了钱财,现在哪里还能见到你们呀!”国库的积累之多与李实的积蓄之薄形成鲜明的对比,表明他的清正廉洁,两袖清风。他对官吏的要求极其严格,严令禁止贪污,而对百姓又十分宽容,自然既能受到百姓的爱戴,也会获得上司的赏识。

明朝灭亡后,李实便辞官归隐于清江之滨,以教书为业。他有时乘坐扁舟到那清旷无人之处,携上一壶美酒,摆上一盘香豆,饮酒作诗,终日不归。他怀念故国,感伤身世,常常以梅花自喻。他在《岁暮感怀》诗中写道:

门前五柳弃微官,荏苒年华阅岁寒。
齿到知非方学易,老来行路极知难。
飘零白下家重破,痛哭青云梦已残。
故国烽烟邱墓远,梅花冰雪日凭栏。

由此诗可见他当时对故国的思念和对世事的感伤。

他在任期间的清正廉洁和入清不仕的忠贞气节,为当时人所敬重,甚至令盗贼不犯。当时湖贼势大,每日四处烧杀抢掠,但向清江行进时,有人说道:“前行不得近北岸,岸上有李公,不要惊动他!”此后数年,无一贼船进犯清江。有一次,一个姓马的年轻人被劫掠,他向盗贼说道:“我是李实的亲戚。”盗贼立即将劫掠的东西还给了他,还为其准备了一艘小舟送他离开。

辞官后的李实将主要精力和时间都用到了读书治学上面,并且取得了颇为丰硕的成果。他闭门读书,每天早上起床,必先看一两卷书籍,然后再洗漱。平时与朋友交谈,很少闲谈浪费时间,多是讲道论德,辨析古人文义,侃侃而谈,不知疲倦。他也喜欢练习书法,尤其是楷书和草书,都达到了一定的水平。

勤奋好学的李实著述丰富。有研究经学的,如《春秋解》《礼记疏解》《四书晚解》等;有研究佛道的,如《佛老家乘》;有研究文学的,如《杜诗注》;也有方志著作,如《邑志》;还有研究语言文字的,如《六书偏旁》《吴语》《蜀语》等。非常遗憾的是,李实的这些著述,清初"尚藏于家",但是今天除《蜀语》一书尚存世流传外,其他著述均已散佚。

### 三、李实的《蜀语》

《蜀语》作为李实存世的唯一著述,其卓越的成就和深广的影响,应该为遂宁后人谨记。西华大学纪国泰教授归纳《蜀语》成就主要体现在三方面:

第一,开创了以"断域为书"研究地方方言的体例,对促进方言的研究工作作出了贡献。清末民初成都人张慎仪著《蜀方言》二卷,便自称"欲步其(《蜀语》)后尘"。当代研究四川方言的著作,如梁德曼先生的《四川方言与普通话》、缪树晟先生的《四川方言词语汇释》以及《四川方言词典》,无不是受了《蜀语》的影响而有所继承和发展。

第二,从语音的描写入手,保存了大量明代蜀方言口语的重要语言材料。《蜀语》从语音的描写入手,或用反切,或用直音方法,对每个词语在当时的读法作了描述。语音描述对于方言研究是非常重要的,因为语言的本质是音和义的结合。相比扬雄未对当时"异国殊语"作语音描写的《方言》一书,李实的《蜀语》在语音描写方面的价值便体现得更为明显。

第三,对部分蜀方言词汇或出处作出探究,具有较高的文献价值。如"井油""石敢当""称人曰汉""白蜡虫""九月为朽月""地芝曰菌""丰都臭豆腐""男巫曰端公",等等,其后所附的解释,对于我们了解四百年前川西乃至四川地区的某些风物、民俗、气候等情况,都是极其难得的文献资料。

虽然《蜀语》一书在编写体例、词条搜集范围、解释准确程度方面都还有着很大的局限,但是其筚路蓝缕肇始之功不可埋没。

综观李实一生,他算得上是中国封建社会优秀知识分子的典型。虽然他并无什么轰轰烈烈惊天动地的大事业彪炳史册,但如果用传统标准来衡量他的话,立德，他坚守了传统知识分子“达则兼济天下，穷则独善其身”的传统道德；立功，他用“不调停法”将长洲治理得井井有条，官员百姓皆无怨言；立言，他为我们留下了《蜀语》和尚待搜求的众多学术成果。立德、立功、立言都做到了，李实必将以一位优秀知识分子的形象激励着家乡乃至整个中华民族的后学砥砺前行。

（李宝山　胡传淮　撰写）

## 第五节　名垂青史的抗日名将李家钰

李家钰将军像

李家钰（1892—1944），字其相，四川省蒲江县大兴乡人。早年隶属川军邓锡侯部，为四川军阀中最小一个派系——军官系（民国年间川军中四川陆军军官学堂的军人结成的派系）的首领，时称“遂宁王”。历任四川边防军总司令、国民革命军第四十七军中将军长，第四集团军副总司令、第三十六集团军总司令等职。抗战爆发后率两个师随第二十二集团军出川抗日，转战山西、河南抗日前线。1944 年在担任第三十六集团军司令的时候，于河南陕县秦家坡壮烈殉国。这是抗战中继张自忠之后第二个战死的集团军司令官，被国民党政府追赠为二级陆军上将，准入祀忠烈祠，举行国葬。1984 年 5 月，被中华人民共和国民政部追认为革命烈士。2014 年 9 月，李家钰将军名列第一批 300 名著名抗日英烈和英雄群体名录。

### 一、军阀割据，拥兵自重的“遂宁王”

李家钰，1892 年出生于四川蒲江大兴场白蜡沟，幼年在家乡读私塾，13 岁考入蒲江高等小学堂。1909 年，入四川陆军小学堂，未毕业即投入辛亥革命，次年入南京陆军第四中学，1913 年“二次革命”时，参加了柏文蔚将校团讨袁，反对帝制，后赴上海参加攻打制造局之战，崭露头角。回川后入四川陆军军官学堂，1915 年初，毕业分配到川军邓锡侯部见习，后升排、连、营、团、旅长。1924 年初，担任四川陆军第一师师长。1925 年，杨森发动“统一之战”，李家钰参与刘湘等倒杨。他先后攻下荣昌、内江、仁寿等县，并进占成都烟酒总局和造币厂，同年，在四川军阀争夺防区过程中，李家钰占有遂宁、安岳、乐至、潼南及射洪、华阳等县，拥兵自重，时称“遂宁王”。1927年，四川边防军总司令赖心辉被刘文辉等人合谋扣留，被迫通电下野，便由李家钰充任四川边防军总司令职，时年35岁，成为四川“军官系”的首领。

## 二、国共合作，骁勇善战的抗日名将

1937年“七七”卢沟桥事变，日寇大举入侵，国势垂危，45岁的李家钰出于民族义愤，写下“男儿持剑出乡关，不灭倭寇誓不还；埋骨何须桑梓地，人间到处是青山”的著名诗句，主动请缨北上抗敌。8月，蒋介石密令李家钰等部出川抗战。李家钰于9月初率约1.8万人从西昌出发，部队单衣草鞋，行程1500余公里，12月始抵达晋东南抗日前线，布防于太行山区之长治、长子、黎城、潞城一带。李家钰在抗日前线，深受全民团结救亡高潮和中国共产党抗日统一战线政策的感召和鼓舞，对过去积极从事内战的罪愆有所悔悟，幡然致力于国共合作，抗击日寇。李家钰部驻防长治，与八路军部队联防守城，双方关系融洽。1938年春，李家钰在国共合作的“第二战区东路军”总指挥朱德统一指挥下，率部与日军作战，毙伤敌寇一千余人，李家钰部伤亡也上千人（黎城县政府建“川军抗日死难纪念碑”，以抚慰忠魂）。同年，李家钰奉命率四十七军，在八路军和抗日游击队配合下，连续猛攻并收复了被日寇侵占的晋南平陆、芮城、安邑等县城，战绩卓著。1939年冬，李家钰升任三十六集团军总司令。1940年4月，李家钰指挥四十七军及三支抗日游击队，在晋城以南天井关一线，予进犯日、伪军以重大杀伤，毙伤敌一千多人。1940—1944年春，李家钰部驻防河南。1941年2月，四川省各界抗战前线慰劳团来灵宝县李家钰部驻地劳军，李家钰亲自书字幅：“男儿欲报国恩重，死到沙场是善终”十四个字，以示其报效祖国之心。驻豫四年，他对河南西部沟壑纵横的丘陵地势非常熟悉，与日寇的每次战斗，都能予敌狠狠的打击。

## 三、以身许国，名垂青史的爱国将军

1944年4月，“豫中会战”春季战事打响，日寇第三十七师团在位于郑州与开封之间的中牟一带渡过黄河，向此处的中国军队发起猛攻。会战之初，李家钰曾建议，“与其等敌来攻，不如先发制人。”但这个建议并未被司令长官蒋鼎文、副司令长官汤恩伯采纳。日寇渡河后,仅两天,即占领郑州。李家钰显然对战事前景抱有忧虑,他向手下的军官们传达会议情况时说,洛阳会议“不但没有决定如何对付敌人,而且对部署也没有丝毫变更或加强,只谈了将各军军官眷属及笨重行李、重要文件向后方转移”。李家钰认定自己是一支杂牌队伍,只好当戏中的配角,然而,配角很快就发现自己不得不唱起大戏,因为主角蒋鼎文和汤恩伯已经西逃,失去了总指挥的各路大军也纷纷西撤。李家钰顾全大局,主动请命殿后,掩护友军撤退。5 月 18 日早晨各路大军分道扬镳、皆向西行之后,李家钰的部队就担负起了掩护友军撤退的任务。在此后的三天里,接获的情报显示,日寇越追越近了。5 月 21 日,李家钰及集团军总部在张家河休息,随后部队开始攀登前面的山坡——旗杆岭,遭到早已在此埋伏的日军的伏击,同时受伤的一个士兵后来回忆说,他跟着李总司令,看到李家钰挨了敌人两枪及一个榴弹碎片,李家钰还挣扎着跑了几步,终于倒在了旗杆岭上。跟在总部后的四十七军一〇四师闻讯赶到,悬赏募来五名敢死的士兵,冲到旗杆岭上,在一个死角里将李家钰的遗体抢回,李家钰的遗体旋即被运回四川。

李家钰抗日殉国后,四川省各界爱国人士为他举行了隆重的追悼会。重庆《新华日报》为此于 1944 年 6 月 11 日发表短评:“我们哀悼李家钰将军抗战殉国”“李家钰将军在此役中杀敌殉国,是应受到全国尊敬的。”著名社会人士柳亚子在为李家钰撰写的挽诗中有云:“万里中原转战来,前师忽报将星颓。归元先轸如生面,化碧苌弘动地哀。”1944 年 6 月 22 日国民政府追赠他为陆军上将,准入祀忠烈祠,并颁布对他的褒扬令。嗣后,李家钰的遗体国葬出殡式在成都举行,其遗体安葬于成都外南红牌楼,李家钰墓位于成都红牌楼广福桥横街。国民政府褒扬令:“陆军上将,第三十六集团军总司令李家钰,器识英毅,优娴韬略。早隶戎行,治军严整。由师旅长游领军符。绥靖地方,具著勋绩。抗战军兴,奉命出川,转战晋、豫,戍守要区,挫敌筹策,忠勤弥励。此次中原会战,督师急赴前锋,喋血兼旬,竟以身殉。为国成仁,深堪轸悼。应予明令褒扬,交军事委员会从优议恤,并入祀忠烈祠。生平事迹,存备宣付国史馆,用旌壮烈,而示来兹。此令!”1984 年 5 月 2 日,中华人民共和国民政部给李家钰夫人王明德颁发了《革命烈士证明书》:“李家钰同志在抗日战争中壮烈牺牲,经批准为革命烈士,特发此证,以资褒扬。”2014 年 9 月 1 日,李家钰将军名列中华人民共和国民政部颁布的“300 名著名抗日英烈和英雄群体名录”之中。

（唐元明　撰写）

## 第六节　创立四川苏维埃的红军将领旷继勋

旷继勋烈士塑像

旷继勋（1897—1933），汉族，原名大勋，号集成，贵州省思南县大河坝乡桃子椏人。少时只读过三年私塾，从小好动，爱弹跳，会骑马，练就了一副轻捷矫健的身躯。辍学后随父串乡摆摊卖药。后入川参加保路同志军，1919 年在川军赖心辉部当兵，历任连长、营长。1925 年，升任黄隐江防军第二师第四旅旅长，不久江防军缩编为第七混成旅时改任第二团团长。同年，发起成立中国青年军人联合会四川分会，分管财政。1929 年 6 月 29 日，建立四川第一个县苏维埃政府——蓬溪县苏维埃。后出任中国工农红军第一路军总指挥、红六军军长、红四军军长、红二十五军军长、川陕省临时革命委员会主席。1933 年夏，在四川通江洪口被张国焘秘密杀害，时年 36 岁。1937 年平反昭雪，被中共中央追认为革命烈士。2009 年 9 月 10 日，旷继勋被评为“100 位为新中国成立作出突出贡献的英雄模范人物”之一。

### 一、接受进步思想熏陶，加入党组织

旷继勋辛亥革命时期入川参加反清保路同志军，后在川军赖心辉部当兵，由于他机智勇敢，从一个普通士兵升任排长、连长、营长、团长、旅长等职。这也是他受《向导》等进步刊物的影响，接受马列主义熏陶的重要时期。1926 年底，由中共

党员秦青川、王文鼎的介绍，加入中国共产党。1927年，蒋介石发动“四·一二”反革命政变后，国民党开展清党运动，到处搜捕、屠杀共产党人，旷继勋坚定地与敌人进行斗争，并在他的部队中隐蔽党员、清除敌特，保卫党的机关。1928年初，杨森等组织“四川同盟军”，准备进攻川东军阀刘湘。邓锡侯与江防司令黄隐密谋，派旷继勋所在的第七混成旅参战，胜可打击刘湘势力，败可削弱该旅。旷继勋将此情势和利用军阀混战壮大混成旅的意图报告四川省委，省委权衡，决定同意参战。1928年夏，刘丹五第七混成旅参加“四川同盟军”发动的川东之战，后因失利退驻罗泽洲防区。旅长刘丹五称病未归，由旷继勋代理旅长，旷继勋率部从广安移李家钰防区，驻遂宁县永兴场一带。旷部驻遂后，在邓锡侯、黄隐借口整编和李家钰、罗泽洲企图吃掉其部的严峻时刻，他毅然报请省委要求批准起义，省委即派罗世文、邹进贤（朱三元）到部参与筹划，他们起草了《暴动计划书》，制作了旗帜、臂章、帽徽和标语，为起义做好了充分的准备。

**二、蓬溪起义，创立苏维埃政权**

1929年6月29日下午，旷继勋带领全旅2000余官兵在蓬溪县大石桥乡牛角沟竖起“中国工农红军四川第一路军”的旗帜，宣布起义。旷继勋任总指挥，罗世文任党代表，邹进贤（朱三元）任前委书记。他们将部队编为两个师共八个团，于当夜兵分南门、西门两路攻打蓬溪县城，与边防军一个骑兵团激战4小时之久，击毙守城士兵20余人，敌人于次日早晨向文井方向撤退。起义军攻占县城后立即没收县政府大印，烧毁征收局的粮册，释放在押犯，以“四川工农红军革命委员会”名义贴出布告，宣布建立了四川的第一个县苏维埃政权——蓬溪县苏维埃政府。起义部队转战西充、营山、渠县、达县、梁平之间，所到之处即打土豪，分浮财，建立政权，深受工农群众欢迎。1929年秋，由四川省委护送，旷继勋到上海党中央工作，这时期，他主要负责党中央首脑机关的安全保卫工作，并加入陈赓领导的“锄奸团”，惩治了叛徒、特务及上海的青帮，使上海的反动势力在一段时间内，对党中央的安全构不成威胁。1929年冬起到湖北江陵、当阳等地开展兵运工作，策反了一大批国民党军队内受旧军体制盘剥的官兵起义投诚，并将队伍开进洪湖地区参加红军，有力地壮大了洪湖地区的红军力量。1930年春，旷继勋被任命为中国工农红军第六军军长。同年11月，受党中央派遣，前往鄂豫皖革命根据地工作。曾任红四军军长、中共鄂豫皖军事委员会副主席、军事总指挥等职。这一时期是旷继勋同志军事生涯的辉煌时期,他先后直接参与和领导了第一、二次反“围剿”战斗,创造了很多战例,如新集战斗、磨角楼战斗,取得打攻坚战的实战经验。后来,这些战例成为我军典型战例载入军史。

## 三、坚持正义,被张国焘秘密杀害

1931 年 11 月,旷继勋由于坚决抵制王明“左”倾路线的代表张国焘的错误行为,遭到排挤打击。但他仍以大局为重,不计个人得失,就是在被撤销红四军军长职务、降为师长的情况下,仍积极配合主力部队作战,多次击退敌人对根据地的“围剿”。11 月 10 日,旷继勋在皖西组建的红二十五军奉命与红四军合编,成立了中国工农红军第四方面军。1932 年 9 月,旷继勋调任红四方面军第十二师师长,12 月,任红第十师代理师长。后调红四方面军总部工作,率部参加了开辟川陕苏区和反三路围攻等战役。1932 年 12 月,曾中生、旷继勋、余笃山对张国焘的先“左”后右的逃跑主义和军阀作风进行了坚决的斗争,并向中央反映了张国焘的错误行为,迫使张国焘在 12 月 10 日召开了师以上干部会议。1932 年 12 月 29 日,旷继勋担任川陕省临时革命委员会主席,领导和主持川陕省的各项工作。1933 年 2 月,正式成立川陕省苏维埃政府。1933 年 5 月 17 日,红四方面军为战略考虑,把红军主力撤到川陕边界三坝西南地区,空山坝战役红军大获全胜,旷继勋功不可没。1933 年 6 月 7 日,旷继勋被张国焘以“肃反”的名义,秘密杀害于四川通江县洪口场,年仅 36 岁。

旷继勋的一生虽然短暂,但他用青春和热血为人民的解放事业谱写了一曲壮丽的诗篇,浩然正气,可歌可泣。1937 年 2 月,毛主席在党的六届六中全会上指出:“红四方面军一案,错误的是张国焘,大部分同志是好的,对张乱杀的旷继勋、曾中生同志应予平反。”2009 年,旷继勋荣获中宣部、中组部等 11 个部委联合开展评选的“100 位为新中国成立作出突出贡献的英雄模范人物”。

(唐元明　撰写)

# 发展篇

## 第一节　破茧化蝶的“中通战略”

遂宁地处川中要冲，然而由于经济欠发达，交通运输业呈现“居中不通”的尴尬。遂宁建市以后，市委、市政府深刻地认识到交通、通信、能源和城市基础建设落后，成为制约遂宁经济发展的“瓶颈”，于是在20世纪90年代初期提出了“中通战略”，明确提出要发展经济必须在“中”字上做文章，在“通”字上下功夫。经过20多年的辛勤耕耘，遂宁交通实现了破茧化蝶的“中通战略”。

### 一、地理位置得天独厚

“蜀道难，难于上青天”是唐代诗人李白对古代巴蜀交通的慨叹。古时候，受地形地貌影响，四川交通闭塞，长期处于与外界相对隔绝的状态。相对川内而言，遂宁因为地处川中交通要冲，是南来北往的客商必经之地，因此，交通一直甚为通畅。

古时候，遂宁的交通主要靠驿道、大道、小道等几种道路通行。驿道，是古代专为驿马通行而开辟的道路，称为官道。驿道沿途设铺（即驿站），专供来往官家休息和食宿。大道是驿道的支路，用于连接主要乡镇，是县衙与甸、丘（保甲、场镇，即今乡镇）传递公文、呈报民情、官府征收税赋、运送官粮的主要道路。小道又称羊肠小道，是狭窄而简易的小路，是连接驿道和大道的支线。

到明末清初，遂宁境内有各种古道230余条，长达3100公里。但是，那时的道路狭窄，只能供人行和牛马驮运，并非今天通行大型机动车辆的公路。

遂宁属浅丘陵地貌，许多道路常因一溪之隔竟有天壤之遥，给人们的出行带来许多不便。因此，从古至今，人们一直重视桥梁建设。古代的桥梁一般用木、石建造，用以连接小道、大道和驿道。清初，遂宁境内有大小木桥、石桥300多座。比较有名的有安居的永济桥，射洪县青岗的普济桥，蓬溪芝溪河上的朗山桥，蓬溪县大石镇小潼河上的惠政桥（今大石桥）等。

古代的交通工具很少。在车辆发明以前，人们主要靠手提、头顶、肩扛、背负、撬引等方式运输货物。隋、唐以后直至清末，交通运输有了一定的发展，运输方式主要有人力运输和畜力运输两种。人力运输有滑竿、轿子等;畜力运输的主要形式有驮运和马车。驮运,是用马、牛等畜力驮运货物。清末民初,遂宁的蓬莱镇、卓筒井镇等地是产盐区,盐要运出去,外面的煤要运进来,于是当地人就办起了骡马牛驮运。运输工具有架架车、大板车、鸡公车等。马车是由架架车和大板车改装而成。把人力拉动变为畜力拉动,在车的前面套上骡、马、牛,人只控制车辆,不出力,统称为"马车"。一车一马(牛)的叫架架车,一车双马(牛)的叫大板车。马车是民国时期长途运输的重要工具。

## 二、交通网络逐步形成

民国初期,遂宁的交通有了较大的发展。驿道逐步被马路所取代。马路即为今天的公路,是可以通行机动车辆的道路。遂宁修建公路的时间始于1926年,当时只有国道、省道,县乡两级还没有通公路,还靠大道、小道贯通,至新中国成立后才有了县道和乡村公路。

国道是国家统一修筑和管理的干线公路。经过遂宁境内的国道起于西藏聂拉木,迄于浙江宁波,旧称木波公路。新中国成立后,改称318国道。省道是连接省内中心城市和重要经济区域的公路。民国时期,经由遂宁境内的省道主要有3条:一条是绵阳至重庆的绵重公路(省道205线);一条是宜宾市筠连县至南充的筠南公路(省道206线);一条是遂宁至潼南的遂潼公路。此外,还有遂宁至射洪的遂射马路,三台至射洪的三射马路等。

## 三、水路运输历史悠久

古时候,由于道路和交通工具的限制,陆路交通不发达,人们便利用江河发展水路运输。

遂宁航运历史悠久。涪江环绕遂宁城自北向南,人们便利用涪江发展航运。遂宁在汉代以前就已通舟楫,水路运输已有2000多年历史。至民国初年,涪江已成为遂宁水运最重要的通道。主要的水路运输有遂宁至潼川(今三台县)、遂宁至重庆这两条线。此外,琼江、郪江和梓江航运在生产生活中也发挥了重要作用。

纵横交错的河流需要桥梁来连接各地的交通。新中国成立之前,遂宁的桥梁不多,较大的是位于大英县回马镇郪口乡的郪江公路桥。该桥始建于1944年,

1945 年竣工，是一座横跨郪江的绵壁公路桥。1972 年 2 月，在原桥北面 15 米处，另建钢筋混凝土箱形单孔桥，承载能力大幅提高。

水上交通离不开码头。清朝至民国年间，遂宁拥有县城港区码头、桂花港区码头，射洪县有金华镇港区码头、太和镇港区码头，蓬溪县有郪口港区码头，其中以县城港区码头、太和镇港区码头最为繁华。

渡口也是水上交通的重要设施。从古至今，人们都会在河流要道置舟设渡。到清光绪年间，遂宁境内的渡口多达 33 处。较为著名的有遂宁县城的涪江上码头（沙坝）、中码头（望鹤楼）、下码头（仁里场），射洪的香山渡、青堤渡，蓬溪的康家渡等。1928 年遂蓬公路通车时，公路总局在仁里场设置了车渡。

## 四、交通运输全面发展

新中国成立以后，特别是 1985 年 2 月设立省辖市以来，遂宁依靠优越的区位优势，实施“中通战略”，交通事业得到了持续、快速、健康的发展。一个新遂宁、大遂宁正逐步成为泛成渝经济圈的交通枢纽，遂宁的经济建设和城市发展取得了日新月异的辉煌成就。

### （一）“三环”公路网连通城乡

遂宁在以国道、省道为骨架的基础上，构建起了内环、中环、外环“三个环形”公路网络。“内环”是利用涪江二桥、涪江三桥和国道 318 线、省道 205 线围成市内小环，全长 16 公里，它是遂宁城区交通主骨架。“中环”是把船山区、河东新区、经开区、中国西部现代物流港、凤台新区、金桥新区、吉祥新区等有机串联起来，市区面积进而扩张至 168 平方公里，全长 49 公里。它连接船山—安居—大英—射洪—蓬溪五县区之间的县际快速环形通道，形成市、县、区之间半小时经济圈。“外环”是连接安居—分水—河边—玉峰—金家—金华—复兴—仁和—蓬溪—吉星—黄泥—三凤—三新—西眉—大安—安居的环形通道，全长 380 公里。“三环”公路网的建成，不但方便了人们的出行，而且极大地促进了遂宁社会经济的发展。

### （二）航运大帆船推动经济发展

新中国成立后，遂宁大力发展航运事业。20 世纪五六十年代，遂宁境内的木船发展到了 1400 多只。涪江上呈现出千帆竞发的景象，航运业给各县经济发展注入活力，航运企业上缴利税成了县财政收入的重要来源。由于蓬莱盐厂的建立,需要大量的燃料运进来,食盐产品运出去,带动了郪江航运的发展,使蓬溪郪口港成为拥有300多只木船、4000多名工人的货运大港。

航运对遂宁经济发展曾起过重要作用。但20世纪70年代以后,由于各地引流发电,围河造田,水流量减少,河道淤塞以及陆路运输的快速发展等因素,除短途运输船和过河渡船外,各航道已极少通航。

(三)众桥飞架天堑变通途

遂宁境内纵横交错的河流,在带来航运事业蓬勃发展的同时,也给人们交通出行造成阻碍。新中国成立后,为了方便人们出行,在涪江、郪江、琼江、梓江上面建起了大大小小数十座桥梁,主要有遂宁涪江一桥、遂宁涪江二桥、遂宁涪江三桥,射洪涪江大桥、射洪涪江二桥、射洪涪江三桥、射洪涪江四桥、射洪涪江五桥等。正在建设中的遂宁涪江四桥、五桥,射洪涪江六桥建成之后,将极大地改善遂宁的交通状况,使天堑变通途,在加强涪江两岸的经济、文化紧密联系的同时,必将为遂宁的发展插上腾飞翅膀。

## 五、破茧化蝶的“中通战略”

“中通”战略就是要重点发展交通、能源、通信、市场流通体系等基础设施,把遂宁建成川中交通枢纽和商贸中心,构建独具特色的川中经济区。遂宁人民用自己的智慧和汗水,在交通事业上取得了举世瞩目的成就。

(一)四通八达的高速网络

遂宁作为规划建设的成渝经济圈高速公路网络中心城市,在高速骨架工程建设方面,已经建成8条高速公路:遂回高速、成南高速(遂宁至成都、南充段)、遂渝高速、绵遂高速、遂内高速、遂广(安)高速、遂资(眉)高速、遂西高速。形成了“一环八射”的“米”字形高速公路网络,东达宁、沪,南通黔、桂,西连藏、疆,北接陕、甘。

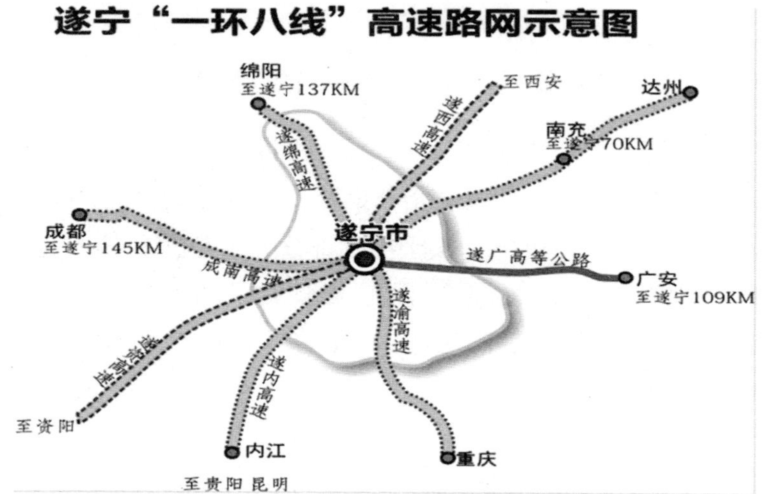


（二）独具特色的绕城高速

遂宁绕城高速公路是由遂宁城西的遂回高速公路，城北的成南高速公路，城东的绵遂高速公路和城南的遂渝高速公路“手牵手”形成的一条独特的绕城高速公路，全长76公里。2010年12月30日，遂绵高速公路遂宁段正式通车，标志着四川第二长绕城高速公路——遂宁绕城高速公路正式形成。

（三）快速发展的立体交通

遂宁位于四川盆地中部，居成、渝两座特大城市等距之间，地理位置十分特殊。改革开放以来，已建成的达成铁路、遂渝铁路，可开通东南、东北方向列车，拟建的绵遂、遂内铁路，又可开通西北、西南方向列车，力求在“十三五”期间建成“5线11向”铁路枢纽网络。加上安居机场建设、航空通道的贯通和已建和将建的四通八达的高速公路，将极大地强化遂宁作为四川第二大交通枢纽的区位优势。

随着交通基础设施项目建设的顺利实施，遂宁现代化交通格局逐步形成，与周边成都、重庆、绵阳、内江、南充、广安等地的时间距离将缩短在1.5小时以内。遂宁将成为成渝经济圈交通网络中心、四川第二大交通枢纽。四通八达的交通网络，日益突出的区位优势将推动遂宁经济社会更好、更快发展。

（彭明福　撰写）

## 第二节 革故鼎新的生态农业

遂宁位于四川盆地中东部,地处涪江中游,地质构造简单,土壤以紫色土、黄壤土和褐色土为主。境内山丘蜿蜒起伏,大部分为坡度较缓、连绵起伏的丘陵。气候属于亚热带湿润季风气候,光照、湿度、降水等自然条件适宜于多种农作物生长,是我国重要的粮、油(油菜籽、花生)、甘蔗、茶、柑橘、丝绸的生产地区,也是全国重要的畜牧产品生产基地之一。

### 一、农耕文化历史悠久

遂宁农业生产的历史至少可以追溯到西汉时期。从西汉到明代中叶,遂宁农业从原始生产起步,粮食作物品种由水稻为主发展到水稻、大小麦等多样化种植;由单一的粮食耕种发展到棉麻、甘蔗种植;由单一的种植业发展到农、林、牧、副、渔综合发展,在漫长的过程中取得了较大的发展。然而,明末清初,由于长期战乱,造成遂宁境内社会动荡、瘟疫不断、人丁减少、交通阻隔、土地荒芜,给遂宁农业带来了毁灭性打击。直到清顺治、雍正年间,“湖广填四川”之后,遂宁农业得到了一定的恢复和发展。

遂宁水资源较贫乏,历史上干旱较多,加上农业科技的缺乏,古代的遂宁农业对自然条件的依赖较强,一旦有较严重的自然灾害,则会对农业造成重大损失。据《遂宁县志》载,南宋绍兴五年,明嘉靖七年,清同治十一年发生过三次大的自然灾害。

在长期的农业生产实践中,勤劳、智慧的遂宁人民创造了具有地方特色的农业文化,从播种、施肥、管护、收割到储藏,都具有遵农时、看天气,刀耕火种、肩挑背磨,以家庭为基本耕种单位的丘陵地区传统农业的特征。

古代遂宁的主要粮食农作物有水稻、麦子、玉米、红薯、胡豆、豌豆、黄豆、高粱等。经济作物主要有棉花、甘蔗、白芷等。其中,水稻是最主要的农作物。早在东汉末年,水稻已成为遂宁的主要粮食作物,品种有糯稻、粳稻等。在悠久的历史中,遂宁积淀了丰富的农业文化,也形成了尊崇自然、不违农时、勤劳简朴、孝敬老人、和谐友善的农耕文明的醇厚民风。

## 二、传统农业稳步发展

在近代以前，遂宁的农业科技较为落后。生产工具仍停留在扁担加锄头、畜力加人力上；施用肥料仍是传统的农家肥；对于病虫害的防治，也主要依靠人工捕捉、撒草木灰等传统方式。因此，农民虽然终年辛勤劳作，也仅能满足基本的生活需求。

农作物结构上，以粮食为主，林、牧、副、渔业全面发展。林木栽培以桑树和桐树较为普遍，其次是少量的果树。畜牧方面，一般农家都养猪、牛、羊、鸡、鸭、鹅、狗，但是没有形成规模。

在近现代，遂宁农业在缓慢的发展中，也体现了一定的改良与变革。1912 年，遂宁人周玉廷购回两台轧花机，遂宁首次使用农业机械。1939 年，从美国引进背负式喷雾器、手摇喷粉器、轧花机等农机具。

粮食作物主要是水稻、红苕、玉米、黄豆、大麦、胡豆、高粱等传统的品种，水稻的品种较古代增多，但产量仍不高。

经济作物仍以棉花、油菜为主。20 世纪二三十年代，遂宁是全省重点产棉区之一。遂宁从清代开始种植茶叶，但品质不高，1925 年后停种。

遂宁的蔬菜品种，在明清以来，主要有赤小豆、绿豆、豌豆、刀豆、芥、韭、葱、蒜、白菜、萝卜、莴苣、芋、菠菜、南瓜、黄瓜、丝瓜、苦瓜、番茄、四季豆、豇豆等 40 多种，清朝末年又引进花苞菜、西红柿、马铃薯等品种。

从清代康熙时期开始，遂宁地方政府开始重视兴建塘堰。康熙五十四年(1715)，知县施士岳于广德寺前筑土堰——广济堰，“灌南坝田万余亩”。1939 年，开始修南北堰，引涪江水灌溉南北坝，1943 年完工。水利设施建设在局部地区有一定改良。

## 三、现代农业生机勃勃

新中国成立以后，特别是改革开放后，随着政府农业投入的加大、农业科学技术的进步，遂宁农业开始走上快速的发展道路。

遂宁先后开展了土改工作，建立了农业生产合作社，实施了“土、肥、水、种、密、保、管、工”“农业八字宪法”，集体经济不断壮大，农民收入不断增加。然而，20世纪50年代末期的“共产风”和十年“文革”等极“左”思潮在一定程度上影响了社会进程，也造成农业生产发展缓慢。

1979年，遂宁开始试点并推广联产承包责任制，大大促进了农业的恢复和发展。由于劳动生产率大幅提高，农村出现大量剩余劳动力。从1983年开始，遂宁开始将农村剩余劳动力转移到沿海地区务工，外出务工成为农民增收的重要手段。

新中国成立后，在20世纪50年代到70年代，遂宁农业科技发展缓慢。改革开放以后，遂宁农业科技走上了快速发展的道路。

在良种的引进与改良方面，70年代后，采用县育区繁，厂社结合，集中繁殖，每年更新的方式，打破了长期以来由基本生产单位自选自留种子的局面，极大地提高了种子质量，为增产增收奠定了良好基础。

在粮食作物方面，从50年代中期开始推广水稻、小麦、玉米各型优良品种，红薯、豌豆、大麦等其他粮食作物均大量引进抗病效果好、高产的优质品种，粮食产量稳步提高。

经济作物方面，棉花、油菜生产迅速发展。1978年，遂宁县、射洪县、蓬莱镇（今大英县）先后被列为全国优质棉基地县。90年代，遂宁棉花栽种面积和单产多年名列全省第一。

在农业机械化方面，遂宁于1954年成立的拖拉机队是四川丘陵地区第一个国营拖拉机队。1961年兴建的“三家电力提水网”是全西南地区第一个为农业生产服务的电力网。1981年开始实行家庭联产承包责任制，土地小块化，大中型农机逐渐被淘汰，代之以小型的一机多用农机。

新中国成立后，随着水利设施的完善，冬水田逐渐减少，改稻田一年一熟为两熟：一季种小麦或油菜，一季栽水稻；改旱地两熟为三熟。同时，还采用增种、间种、套作、轮作等耕作方式，大大提高了产量。

遂宁水利事业在新中国成立后发展十分迅速。从50年代开始，政府组织群众兴修水利，并对原有河埝进行改建、加固。到2004年，遂宁已有小水库300多座，中型水库从无到有，由少到多，目前共有麻子滩水库、跑马滩水库、新生水库、赤城湖水库、寸塘口水库、星花水库、五五水库、黑龙凼水库等8座，为农业发展起到了重要的保障和促进推动作用。

**四、生态农业革故鼎新**

蓬溪天福万象农业博览园

生态农业是发展绿色经济的重要内容和基础产业，是现代农业发展的必然趋势。生态农业要求用现代物质条件加以装备，开发推广先进适用的农业装备和新型农机具，提升综合生产能力。用现代科学技术促进发展，推广节约型和无公害农业技术，增强科技创新能力。用现代标准体系进行引领，加强农产品质量安全追溯体系建设，打造生态农产品品牌。用现代经营形式加以推进，构建新型农业经营体系，实现集约化发展。健全生态农业支持保护制度，完善财政补贴政策，加快建立利益补偿机制。它还要求同步推进二、三产业转型升级，提升带动其转型升级，实现三次产业协调发展。它必须以促进农产品安全、生态安全、资源安全为目标，构建布局合理、特色突出、集约高效的生态农业体系。

为此，改革开放以来，遂宁积极探索现代农业发展规律，按照"因地制宜、分类指导、镇园结合、产村相融、一体发展"的总体思路，闯出一条现代农业生态文明发展之路。主要表现在三方面。

首先，推进农业产业调整，实现向市场农业的转变。原有的第一产业已扩大到第二产业和第三产业。其次，积极探索农业的可持续发展。广泛采用生态农业、有机农业、绿色农业等生产技术和生产模式，实现淡水、土地等农业资源的可持续利用，达到区域生态的良性循环。最后，充分发展新型农业模式。坚持以市场化为导向，深入挖掘现代农业内涵，积极发展假日农业、休闲农业、观光农业、旅游农业等新型农业形态，满足现代社会的需求。

2012 年以来，遂宁以"三农三化"、绿色、生态、环保为目标方向，以立体种养殖、合作社 + 农户为路径载体,加快现代农业园区建设步伐,先后建成了以船山永河现代农业园区、安居现代农业园区、射洪现代农业园区、蓬溪现代农业园区、大英现代农业园区 5 个市级现代农业园区。五大现代农业园区成为遂宁市实现全面小康的先行区、示范区。2015 年 12 月 29 日,科技部正式发文批准遂宁围绕生态种养与加工、休闲观光农业两大类主导产业建设 100 亿元左右产业规模的国家级农业科技园区,其核心区位于遂宁市射洪县金鹤乡、洋溪镇、瞿河乡、沱牌镇、明星镇等 9 个乡镇,规划总面积约 36205 亩。蓬溪县现代农业产业园区也于 2016 年成功创建国家级现代农业示范园区。船山永河现代农业产业园区、安居现代农业园区、大英现代农业园区也分别于 2016 年、2017 年创建成省级现代农业示范园区。特别是以立体种养殖、特色花卉、新农村综合体以及湿地组成的蓬溪天福万象农业博览园,船山区的十里荷画等都吸引着成千上万的省内外游客,成了川中地区生态农业、乡村旅游的新亮点。

未来五年,遂宁将以"五个园区"、农家乐、庭院经济、都市农业等为重点,积极发展生产标准化、经营集约化、服务规范化、功能多样化的现代乡村休闲生态农业。它有利于加快转变农业发展方式,实现农业资源高效、可持续利用;它有利于提高农业综合效益,促进农业增效、农民增收和农村繁荣;它有利于保护和改善农村生态环境,加速推进生态文明建设。

（彭明福　撰写）

## 第三节　异峰突起的新型工业

遂宁历史上是以农业为主的丘陵地区,工业基础非常薄弱,主要发展纺织业、制糖业、制盐业、酿酒业及其他酿造业,规模小,手工为主,发展缓慢,产量也不高。真正意义上的现代化工业发展是在新中国成立以后,尤其是在建市以来的改革开放时期。

## 一、独树一帜的传统工业

### (一)纺织业

遂宁自古以来就是棉、桑、麻等的传统种植地。在古蜀国时期,便开蚕业种植的风气:栽桑者众,畜蚕者广,每岁可出丝一、二千担。到西汉初,已是“环庐树桑”,土纺土织遍布城乡。东汉末,以土纺土织业为首的手工业发展较快。三国时,诸葛亮治蜀设“督农官”“锦官”,鼓励农民种桑养蚕,缫丝织帛。当时遂宁的许多农家以织锦为业,出现了“机杼相和”作坊式生产盛况。生产的蜀锦以色彩艳丽、质地优良而畅销全国。在东晋到隋末的三百多年中,遂宁纺织代代相传,逐渐兴旺。

唐宋时期,遂宁土纺土织已颇具盛名,所产丝、布、绫、绢等列为上贡朝廷佳品。据《新唐书 · 地理志》记载:“遂州土贡:樗蒲绫丝布天门冬。”可见,在唐朝,遂州贡樗蒲绫就闻名全国。据范文澜先生在《中国通史简编》中记载,唐代时,遂州的“绢”为全国第六等。宋史也记载:“樗蒲绫,遂州贡。”乾隆五十二年(1787)《县志》载:“邑比户饲蚕,其丝最广。有水丝、火丝之别。商贾趋为蚕市。”从北京故宫博物院珍藏的遂宁人千年以前进奉的灯笼锦、樗蒲绫等贡品,可以看出当年土纺土织业发展的盛况以及纺织技艺的精巧绝伦。

遂宁近代纺织业最早是以麻、丝、棉为主的家庭纺织业。民国时期,受“实业救国”影响,地方拨资兴办了纺织、缝纫等工场和县立工厂。私营纺纱、织布、毛巾、织袜等外销量颇大,个体纺织户极普遍。1929 年,城乡有工匠 33758 人。由于近代纺织机械和技术引进,城内纺织大户改机发展,宽布织户增至 600 户。所产宽幅土白布、单双面斜纹布、电力花布、织花印花及染色布,远销川北、成都、重庆、云南、贵州等地。随着纺纱业的发展,织布业随之兴旺起来。抗日战争时期,沦陷区企业大量迁入四川,为适应军需民用,在遂设“四川省棉作试验场”,大力开展种棉。数年内,遂宁棉花产量占全省之半,约 10 万—12 万担。1939 年,农本局在遂设福生遂庄办事处,大量经营棉纱,加工土纱,实行贷纺贷织,刺激纺织业发展,全县直接间接依靠纺织为生者不下 10 万人(约占全县总人口六分之一)。织布业训练了成熟技工 2 万余人。到 1943 年纺纱织布的工厂发展到大小 40 余家。建立了以苏州实业社遂宁工场、涪江实业股份有限公司遂宁纺织印染厂等为代表的规模型工厂。1945年遂宁城内有织布厂44家,规模较大有16家,年产布75600锭,印染、缫丝、制线、针织、缝纫业也迅速发展,全遂宁城内私人染坊就有30多户,还有人数众多的涪康、同兴、民福、和成等染厂,从业人员多达2000人。还曾经出现以养蚕制丝、纺纱织布、染整、缝纫、针织行业组织的蚕丛会、机仙会、梅葛会、轩辕会、新兴财神会等定期举行集会,同业人员交纳一定的会费,开展餐馆、敬祖、祭神、朝山等活动,因为规模宏大,遂宁被民间称誉为"纺织城"。手工纺织业的传承为新中国成立后的现代轻纺工业发展奠定了基础。

(二)制糖业

遂宁自古以来就有种植甘蔗的传统,其甘蔗主要有杜蔗、西蔗、芳蔗和红蔗四种。其中,红蔗又称为"昆仑蔗"。遂宁古代制糖业主要是炼取甘蔗汁,历史悠久。到唐宋时期,制糖技术在不断的积累中得到提升。不仅制作出了在当时因为味鲜色美而闻名全国,成为朝廷贡品的糖霜,带动了当地制糖业的兴盛,还从理论的高度对制糖业进行了梳理,宋代遂宁文人王灼撰写的制糖理论专著《糖霜谱》问世。在很长一段时间内,制糖业成为遂宁经济的主力军,制糖技术对后来的制糖业起到了指导的作用。

(三)制盐业

遂州井盐始于唐代,大致经历了两个阶段:第一阶段,大口径井。据记载,宋以前,蓬溪的盐井属于"盐池"类的大口浅井盐。这种盐池有四个特点:第一,口径大,有"纵广三十丈",望之若"盐池";第二,井身浅:浅有三四丈,深有七八十丈;第三,井身结构不同,或者束腰式,或者立桶式,或坑洼式;第四,工艺繁简各异,有的大量挖方,构木为壁,有的穿石凿井,裸眼取卤。第二阶段,小口深井。主要是到了北宋庆历、皇佑年间(1041—1053),蓬溪、大英带来了盐矿开采的技术革新——卓筒井的发明。这标志着盐井钻凿工艺从大口径井阶段进入了小口深井阶段。

大英卓筒井采盐工艺与前期有了明显的技术革新:第一,井口小,一般"如碗大","仅容一竹",井口直径约五六寸;第二,使用了机械凿井的先进方法——冲击式顿钻法,即用一种新发明的冲击钻头"圜刃"顿击井底而将岩石捣碎。其井口装置和钻凿程式有如旧式捣碓;第三,将大楠竹中间打空,"牝牡相连",下至井内以作固井套筒并"横隔淡水";第四,发明了搧泥和汲卤容器。这种容器由小于作套筒的大楠竹口径的竹筒做成,筒底悬熟牛皮为活塞,利用井底水的上涨力和筒内水的下压力,巧妙地将碎岩浆或卤水提出井口。

卓筒井的这种工艺流程的革新,虽然还在宋代,却全面地包含了现代深井钻凿工艺的基本要素,其技术之精深,工艺流程之成熟可见一斑。因此"卓筒井"被后人誉为"近代石油钻井之父","世界小口井"之鼻祖,中国古代第五大发明。今天大英县境内还保留了卓筒井 41 口,灶房 9 座。

遂宁正因为有着悠久的制盐历史,先进的制盐工艺,所以到了近现代,遂宁的盐业发展颇具规模,带动辐射了周边县市盐业经济的发展。到了当代,遂宁的盐卤资源的成功开发利用还带动了诸如"中国死海"这样的文化旅游产业的发展。

(四)食品业

酿造业属于食品工业。遂宁穿越古今的酿造主要就是酿酒业,酿酒文化十分丰厚,酿酒业传承发展很好,产业发展经历了由传统手工业到现代新型工业的飞跃,催生了遂宁现当代诸如沱牌舍得这样的全生态酿酒业的发展,为遂宁新中国成立以后的食品饮料产业的发展奠定了基础。近代比较有特色的酿造业比如制糖、制盐业均发源于古代遂宁的手工业,并且规模较小。清末还出现了磨粉、制面业等食品工业。遂宁食品工业中历史悠久的还有豆类加工业。主要集中在豆腐街、外中河街,尤以五香豆腐干为特色,远近闻名,直到现代,成为遂宁的特色旅游产品中的佼佼者。豆芽生产集中在西门豆芽巷,至今保留着小作坊的生产模式和传统。

## 二、传承千年的酿酒文化

(一)"春酒"名扬华夏

遂宁古代酿酒历史悠久,早先都以小作坊的方式酿制。在唐代,射洪春酒、蓬溪酒(小潼场的火针酤子酒)就远近闻名。据考证射洪酿酒历史早于西汉。

春酒形成于隋、唐,因"冬酿春成"而得名,具有"寒香醇美"的特点。初唐诗人陈子昂赴东都洛阳诣阙上书,设"金樽绮筵",以春酒宴故老,射洪春酒遂名入京华。宝应元年(762)的仲冬,盛唐著名诗人杜甫至射洪金华山凭吊陈子昂遗迹,写下了著名的《野望》一诗:

金华山北涪水西，仲冬风日始凄凄。
山连越巂蟠三蜀，水散巴渝下五溪。
独鹤不知何事舞，饥乌似欲向人啼。
射洪春酒寒仍绿，极目伤神谁为携。

诗歌抒写的是诗人的羁栖之悲苦与人生之悲愁。其中写到射洪春酒，其本意虽不是赞誉，但其中暗含着对春酒的喜爱与嗜好不言自明。正是诗人“射洪春酒寒仍绿”的题咏，倍令春酒增辉，从此名扬宇内。这首诗曾刻石于金华山上，但早已被毁。我们现在所见的立于金华山上纯阳阁前的碑刻系据拓本复制而成。据考证，墨迹确是出自诗圣之手，为杜甫的手书刻石，弥足珍贵。杜甫在射洪稍作停留之后，又到了通泉。杜甫在通泉凭吊郭元振的故宅并观赏薛稷的书画真迹，还遇到了在长安的旧相识王侍御。侍御时掌纠举百僚之职。王侍御到通泉是位贵宾，自然少不了华美的酒筵，杜甫也常常出席作陪。因此，杜甫创作于通泉的诗作中多了些与酒有关系的篇什，如《陪王侍御宴通泉东山野亭》和《陪侍御同登东山最高顶宴姚通泉晚携酒泛江》。通泉东山野亭即现今沱牌曲酒厂附近。《陪王侍御宴通泉东山野亭》一诗中“狂歌遇形胜，得醉即为家。”可见杜甫陪侍御饮酒之狂态，亦暗含杜甫对春酒之嗜好。

南宋遂宁学者王灼在《和荣安中二绝》诗中云：“射洪春酒旧知名。”春酒的知名，带来了酒业的发展。在宋代，射洪及通泉（今柳树镇）两县春酒作坊达200余家。太平兴国年间，春酒传统工艺有所改进，酿出“腊酿蒸鬻，倾覆而出”与“自春至秋，酿成即鬻”的清醇的大小酒。至宋绍熙五年(1194)时，酒的买卖已成为潼川府的要害，县设酒丞司管酒政，征收酒税。遗憾的是，到了宋末，射洪与通泉二县濒遭战乱，“兵后地荒”，春酒业受到摧残。元世祖至元二十年(1283)通泉并入射洪后，蒸馆酒技术传入，一些作坊将其与传统春酒工艺相融合，酿成具有传统春酒风味的白酒。

（二）“谢酒”的传承创新

到明代，春酒有了新发展，最知名的是谢东山酿造的谢酒。明代射洪太和镇王爷庙村谢家坝人——谢东山，在宦游中，深入山东产老酒的即墨等地，巡察酒技，搜录工艺，学得酿酒技术——易酒法。告老还乡后自设酢坊，产出了既具有射洪春酒传统风格，又独具“浓香馥郁，沁人心脾”特色的新酒，世人饮后称赞为“秘得仙酒”，盛赞曰：“一酌饮来甘茗醴，浑然仿若酒中仙。”四川抚军饶景晖饮谢酒后，拍案叫绝，赋诗一首：

射洪春酒今仍在，一语当年重品题。

向使少陵知此味，也应随酒入新诗。

诗中把谢酒看作是当年的春酒之再造，如果诗圣杜甫品了此酒之后一定会再写出新诗。少陵即杜甫，因为杜甫在长安时一度住在城南少陵附近，自称“少陵野老”，后世称他为少陵或杜少陵。时人因系谢东山酿制，雅称“东山谢酒”，简称“谢酒”。“谢酒”继“春酒”之后，闻名遐迩。

由此可见，谢酒在传承春酒的过程中功不可没。谢酒承先启后，继承并发展了唐代春酒的传统工艺，也为后来的射洪酒业的兴盛积累了丰富的经验，一直到近代演化而成沱牌酒。

(三)“沱牌曲酒”的成功开发

源于西汉、形成于隋唐的射洪春酒，绵亘传承，发展到民国时期，柳树沱镇上经营“泰安酢坊”的酒业店主李明方，对射洪春酒、明代出现的谢酒品位提出了更高要求，审时度势地萌生了开发曲酒酿造的意向，通过李家几代人的努力，终于在民国三十四年(1945)底酿出具有“浓香清冽”特点的大曲酒——“沱牌曲酒”。从此，沱牌曲酒牌名沿用至今并成为“中国驰名商标”。柳树沱在涪江岸边，沱牌曲酒便通过涪江船运、人力挑运至遂宁、南充等地行销，后来就有了民间歌谣：“沱酒上船满船香，沱酒进屋香满堂，行路带上沱牌酒，沿途千里尽飘香”之美誉。新中国成立后，人民政府接收改办为国营曲酒厂。在20世纪七八十年代以来，在几代沱牌人的不懈努力下，于1989年在第五届全国白酒评比中，沱牌曲酒54度、38度双双获得国家金质奖，沱牌曲酒成功跨入“中国名酒”行列，成为四川酒林的“第六朵金花”。

(四)《太禾曲经》的横空问世

2007年，四川省文物考古部门对沱牌舍得酒业的泰安作坊进行了考古挖掘。伴随勘探进度的推进，在一口明代窖池遗址的一角，工作人员竟意外地发现古人酿酒曲块的残迹，还有一些关于制曲的残卷碎片。2011年，经过四川省文物考古部门、射洪县当地文化工作者和沱牌舍得酒业的共同努力，根据发掘现场残存的曲块和残卷的碎片，那些在老一辈酿酒师傅那里被反复传唱的神秘的“歌谣”——

沱牌传承近千年的制曲工艺终于被成功还原,并定名为《太禾曲经》,其全文如下:

甄遴精谷入纳金仓,初粮陈馥曲必浓觞。天工炼物微生德配,舍杂无吝酵孕其穰。尔汉我唐沱水泱泱,且舂且擣斯是一晌?缓槌流腴气氲补和,今古一脉浸染足墒。杀青炒黄同出一方,经年累月适时易香。金木水土舍火无为,妙法微熏五行绕纲。泉如湛露疑落天浆,上氤下氲五蕴华芳。敛瑞散浊通贯真理,周匝合一气吞万象。晶石捭阖六谷弛张,宏微静动辗转生养。细研缓磨舒筋敛气,化整成全虚消实长。日月相辅亦阴亦阳,浑然相参法度开张。懒搅怠拌刚柔并使,万益骈臻始滋其场。精气互动顺逆两抗,因势利导弱缩强胀。生熟相承陟罚臧否,制衡维微初现大良。洁静精微承光接帐,内滋外补自护乃康。先后两天生养息调,实生虚灭育育彰彰。云行雨施堪布一方,品物流形利乐恒匡。微生增益日困而还,伏脉灵涌如体摊床。否泰对置此消彼长,阳还终始阴极反阳。彼竭我盈方使不殆,翻异化同曲自通香。与道相追德集一裳,佳嘉互会曲聚一廊。微生广布各植己丘,百家百姓米贝明臧。盈不可久帛易有讲,天地化育由始衰降。人智稔知曲经曲络,泥封一隅敬候端详。阴阳轮转维开万象,适机时宜造孔穿襁。微呼微吸玄通有无,周天缓疏内里大象。乾坤有度栉风朗朗,天地无疑疏日祥光。首出庶物酒骨乍现,曲启华盖至酿汤汤。元者,曲善之长长;亨者,曲嘉之会会;利者,曲义之和和;贞者,曲事之干干。

酒者,蜀地之佳酿。其粹之华,全在曲法。曲无可依,尽自不同,舍糟去杂,得自微妙。古有射洪沱泉,群峰揽抱,自李唐始,厚民昌祚,天赐真如,得乎曲奥,而秘而不笈。昔春酒仍绿,家曲仍香,顺国运之祺民,旷盛世之奇珍。生而灵,酒而曲,唯其精,唯其妙,唯其舍,唯其得,法传不二,尽在"舍得"间。

《太禾曲经》可以说是塑造沱牌舍得品质的基石。它囊括了中国白酒制曲的精髓,填补了作为曲蘖发源地的中国白酒业资料性的空白,是研究中国传统酿酒技艺的重要文献。这是白酒行业第一次将白酒最核心的酿造工艺以非物质文化传承的方式表现出来,成为一笔宝贵的文化财富。这部全篇共十五段、涵盖制曲传统工艺全部流程的曲经,不仅是沱牌舍得的辉煌得以续写的秘诀,更是沱牌舍得酒业秉承"舍得之大道"、敬献中国白酒传统文化的无价之宝!该酿造工艺列入第二批"国家级非物质文化遗产"。

## 三、异峰突起的新型工业

(一)遂宁工业的现代化进程

新中国成立至今60多年来,遂宁工业的现代化进程经历了初始、奠基、改革和加速发展四个阶段。

1. 工业初始时期(1949—1985年)

新中国成立初期,遂宁现辖区的原遂宁、蓬溪、射洪三县共有中央、省和县属机械加工厂、榨油厂、打米厂、酒厂、糖果厂、屠宰场等国营工业企业32个,总产值仅1367万元。至1985年遂宁建市初期,全市工业总产值12.692亿元。这个时期,遂宁的工业以手工和半机械化加工为主。

2. 工业奠基时期(1986—1992年)

1985年遂宁建市以后,通过加大工业投入,引进先进的设备和技术,形成了以纺织、食品为主的工业结构。到1992年,全部工业实现工业总产值32.2亿元,比1986年15.5亿元增长108%,年均递增13%,发展速度比建市前有了较大提高。

3. 改革成长时期(1993—1998年)

党的十四大后,遂宁工业在国家经济体制变革的背景下,形成了以纺织、食品、机械、化工为支柱的工业经济体系,并呈现出了稳步发展的大趋势。1998年,全市完成工业总产值83.2亿元,比1992年增长158.1%,年均递增17.1%,比工业奠基阶段发展速度快4.1个百分点。其中,“四大支柱产业”完成总产值占到全市工业的69.3%。

4. 加速发展时期(1999—2015年)

1999年后,形成了油气盐化工、食品饮料、纺织服装、机械配套、电子制造等产业为主体的工业经济体系,工业经济在全市经济中的主体作用更加明显。

截至“十二五”末,即2015年,全市规模以上工业企业(主营业务收入2000万元以上的企业)达到479户,比2011年增加189户;实现工业增加值433.7亿元,比2010年增长98.2%,年均增长14.7%,比全市GDP平均增速高3.4个百分点;工业总产值突破千亿大关,到2015年达到1240.7亿元,比2010年增长74.9%,年均增长11.8%;工业化率达47.4%,比2010年提高3.2个百分点;工业对经济增长的贡献率达到59.1%。

（二）转型升级的新型工业

国家级遂宁经济技术开发区全景图

建市（1985 年）以来，历届市委、市政府高度重视工业发展，使遂宁工业逐步驶上了加速发展的快车道。

建市（1985 年）以前，遂宁主要是轻纺和食品加工业，建市以后在“农奠基、工立柱”的理念指导下逐步推进了相应重工业的发展，出现了轻重结合的发展格局，产业结构有了很大改善。遂宁工业逐步驶上了创新驱动、转型升级、绿色发展的快车道，新型工业异军突起，发展成就举世瞩目。

1. 食品饮料产业

（1）规模逐步壮大。到“十二五”末，全市拥有规模以上食品工业企业 73 户，实现总产值 242.2 亿元，增长 52.14%，实现主营业务收入 242 亿元，利税 25.6 亿元，肉食品深加工能力占全省的 1/3，占全国的 2.6%，罐头产量占全省的 62.7%。拥有四川“六朵金花”之一的沱牌舍得，国家级农业产业化重点龙头企业高金食品，全国出口罐头类一类企业美宁食品。

（2）门类日趋完善。全市食品饮料工业涵盖了白酒制造业、啤酒制造业、农副食品加工业、肉类加工业、罐头加工业、制盐业和酿造业，形成了门类比较齐全的食品产业体系，其中，食品制造业、酒类饮料制造业在全省仍具有较强的竞争优势。大企业为了适应新的发展态势，逐步启动了战略重组，高金股份引入印纪传媒，实现成功转型；沱牌舍得引入天洋集团进行资产重组，为企业发展注入新的活力。

（3）名优产品增多。高金食品黑猪肉系列，美宁食品清真牛肉，三丰食品罐头系列，沱牌集团“吞之乎”“舍得”等高中档生态酒，吕氏忠业“黄菜油”特色产品市场占有率较高。全市食品饮料企业拥有驰名商标 2 件、著名商标 9 件、四川省名牌35个，获得绿色食品农产品认证64个、职业健康管理体系认证、食品安全管理体系认证5个、有机农产品认证33个、测量管理体系认证3个、HACCP管理体系认证11个。

2. 化工产业

（1）产品结构不断优化。从产业架构上看，全市化工产业已从低端农用化工、石油加工等产品为主的产业结构拓展为以天然气化工、盐卤、石油、工业硅、新能源等多元化发展格局，化工产业链不断延伸，为化工产业发展增添了新动力。美丰集团的三聚氰胺规模居全省前列，美丰股份的车用尿素产品市场销量较好，远销东南亚，“美丰牌”尿素已获得了中国名牌、中国驰名商标、国家免检产品称号；石油化工通过不断的技术改造，汽柴油产品已从原国Ⅲ标准提升到了国Ⅳ标准，2017年将全面达到国Ⅴ标准。

（2）特色园区成效显著。全市初步形成了以天然气、石化、盐卤等特色化工产业园区，园区年产值达470亿元，占全市工业的37.9%。一是川东北天然气化工基地——安居磨溪区块净化厂一二期均已竣工，年产值将达100亿元；二是美丰工业园，60万吨车用尿素项目的建设积极推进、洪达家鑫合成氨—甲醇—二甲醚产业链已竣工投产，园区年产值近190亿元；三是大英工业集中区，盛马化工320万吨燃料油技改项目实施，以盛马化工副产品为原料的锦泰石油、聚能科技、达科特、源创化工等一批石油精深加工企业相继落户石油化工园，园区年产值已达180亿元。

（3）创新能力不断提高。“十二五”末，全市化工企业获省级技术中心5家，获国家授权发明专利35项。美丰股份60万吨车用尿素项目、盛马化工60万吨延迟焦化装置、50万吨改80万吨常减压装置，60万吨/年重油催化裂化装置等一批重点技术改造项目相继建成投产，极大地提升了重点优势企业装备水平和产品科技含量，化工产业综合竞争力明显增强。

3. 纺织服装产业

（1）行业规模不断壮大。截至“十二五”末，全市有规模以上纺织服装企业68户，其中棉纺织企业42户，印染企业2户，服装企业15户，化纤企业5户，丝绸企业4户。行业从业人员约2万人，行业资产总额30亿元。

（2）装备能力不断增强。纺纱锭90万锭，织机3000台（其中剑杆织机696

台，喷气织机268台)，印染生产线10条，再生聚酯化纤生产线10条，服装设备1500台套，织绸机600台。

(3)装备结构不断优化。无卷化率达到55%，比全国平均水平低10个百分点；无梭布比重达到65%，比全国平均水平低21个百分点；精梳纱比重38%，超过全国平均水平10个百分点；无接头纱占90%，超过全国平均水平5个百分点。

(4)生产能力不断提升。年产各类纱线23万吨，占全省比例19.5%；化纤11.2万吨，占全省比例9.5%；布2.4亿米，占全省比例13%；印染布1.2亿米，占全省比例21.1%；服装830万件套，占全省比例4.4%；床上用品150万件套；白厂丝140吨，占全省比例0.35%。

4. 机械与装备制造产业

(1)产业基础较好。“十二五”末，全市机械与装备制造产业主营业务收入达到111.2亿元，年均增长11.6%，实现工业总产值114.9亿元，占规上工业总产值的9.3%。全市拥有规上机械与装备制造业企业61户，比2010年增加了14户，占全市规模以上工业企业的12.7%，主营业务收入上亿元的26家，过10亿元的1家，其中汽车及零部件领域异军突起，现有整车生产企业3家，零部件生产企业21家。

(2)产品门类较多。汽车及零配件产业从主要生产三轮汽车、低速汽车、汽车轴瓦发展到生产高中档客车、载货汽车、特种改装车、各种规格轴瓦、汽车发动机曲轴和连杆、内饰件等多种汽车及零配件产品；机械专用设备制造从主要生产农业机械、纺织机械、建材机械等发展到生产石油钻井及定向钻井设备、医疗设备、矿山机械、金属机床、铸造机械等多种设备。

(3)创新能力增强。初步构建起以企业为主体，产学研用相结合的技术创新体系。截至2015年，成功认定国家高新技术企业12家，创建省级技术中心6家、市级技术中心4家，拥有国家发明专利19项，华能机械“遂华”牌辊筒粒料破碎机关键技术荣获四川省科技进步三等奖。

5. 电子信息产业

(1)产业规模不断攀升。“十二五”期间，全市电子信息产业实现了持续快速健康发展，2015年全市52家规模以上电子信息企业实现产值118.19亿元，产业规模仅次于成都、绵阳，居全省第3位。

(2)产业链条不断完善。电子信息产业初具规模,形成了集模具、引线框架、三极管、PCB 电路板制造和芯片生产、集成电路封装测试、LED 生产为一体的关联性强、连接度高、相对完整的产业链条。全市初步建成西部电子元器件制造、新光源制造和电路板制造三大中心,成为四川省首批电子信息产业配套基地之一。

(3)龙头带动性增强。截至"十二五"末,全市销售收入超亿元的电子企业超过 10 家,成功培育了志超科技、广义微电子、洪芯微科技、联恺照明等一批总体规模大、市场竞争力强的电子信息产业龙头企业。其中,志超科技已成为国内电路板制造企业领头羊,联恺照明已成为西南最大的节能灯生产企业,海英电子已成为长虹、九洲等企业稳定的电路板供应商。

6. 锂电及新材料产业

(1)产业规模逐步壮大。截至"十二五"末,全市共有锂电及新材料企业 15 户,共实现总产值 33.2 亿元,实现主营业务收入 32 亿元,利税 3.5 亿元。拥有天齐锂业、聚能科技、之江高新等一批在国内锂电及新材料行业具有较强影响力的高成长型企业。

(2)锂电资源基础雄厚。天齐锂业是全球规模最大的矿石提锂企业,生产装备和产能居亚洲之首,拥有年产碳酸锂、氯化锂、氢氧化锂等基础锂盐 3.5 万吨的生产能力,是国内电池级碳酸锂的最大供应商和国内碳酸锂产品第一大出口商,主导产品电池级碳酸锂占据国内 60% 以上的市场份额。

(3)产业结构不断优化。全市新材料企业从单一的金属材料发展到涵盖半导体材料、新型储能材料、新型铜合金等 10 多个新材料类别,新材料产业种类不断增加。尤其在新型储能材料、半导体材料和化工材料等方面形成了较好的产业基础,大英聚能科技自主创新成功研究开发了高表面功能化活性炭材料的生产技术,已获得国家发明专利。针对高性能超级电容器及电池,还成功开发了特种石墨烯材料、碳纳米管和高性能的复合导电剂等新型材料,并具备产业化生产能力。

(敬 平 杜春海 撰写)

## 第四节 "无中生有"的现代服务

现代服务业主要包括储运业、通信业、旅游、物流、科学、教育、文化、卫生等。

遂宁历史上的服务业长期以来主要集中在简朴、低端的饮食与住宿等传统领域，规模小、效益差。随着改革开放的深入推进和人民向往美好生活的社会需要的日益增强，遂宁现代服务业从无到有，发展迅速，特别是旅游、物流产业的异军突起，使现代服务业的发展突飞猛进，已经成为遂宁经济发展的龙头产业。

## 一、突飞猛进的旅游产业

21 世纪以来，遂宁市委、市政府高度重视旅游产业发展，将旅游业列为先导产业和支柱产业进行培育，提出了“商旅兴市”、建设旅游经济强市的发展战略，出台了一系列发展旅游产业的文件和优惠政策措施，高标准、系统性地编制完成了市、县旅游产业发展总体规划和部分重点景区详细规划。全市各级各部门齐心协力共同推进遂宁旅游业突飞猛进的发展，并创出了一个地方旅游产业因地制宜，从无到有，从有到大的发展奇迹，先后获得联合国可持续发展大会（RIO +20）授予的“全球绿色城市”、国际花园城市、中国城市公益慈善七星城市、国家级生态示范区、绿色经济示范城市、全国绿化模范城市、国家园林城市、中国人居环境范例奖、国家卫生城市、中国优秀旅游城市、中国观音文化之乡、曲艺之乡、诗酒之乡、书法之乡等国际国内品牌名片或荣誉称号。

遂宁获评“中国优秀旅游城市”的标志性建筑

遂宁旅游业可以说是大胆运用创新思维，敢于“无中生有”，走出的是一条独特的发展之路。一是将地下盐卤资源转变成体验式的“中国死海”；二是将民间观音文化转变成中国“观音故里”“中国观音文化之乡”；三是将乱石裸露的“河床”转变成秀美的“观音湖”和世界荷博园；四是将丘陵“小山沟”转变成“中华侏罗纪公园”；五是将普通街道转变成富有人文特色，集商贸和休闲漫步于一体的中央商务区;六是将昔日的河滩变成五彩缤纷的湿地公园和景观带;七是将昔日破旧的乡村变成现代田园风貌新村。总之,在创新旅游发展上,充分调动全社会的积极性,共同关注、参与、支持旅游发展,共享旅游发展成果。

2017 年,在《遂宁市人民政府关于促进旅游业改革发展的实施意见》中,提出要抢抓国家促进成渝城市群一体化、全省打造大成都旅游增长极和以成都为中心的世界旅游目的地发展机遇,坚持“政府主导、市场主体”原则,力争把旅游业培育为全市决战决胜全面小康、建设绿色经济强市的重要支柱产业。主动适应大众旅游时代新要求,贯彻全域旅游发展理念,以实施“旅游品质提升”行动和“成渝周末休闲”工程为统揽,不断强化“旅游”和“旅游”行动,持续推进旅游业供给侧改革,不断丰富旅游产品、完善服务配套、优化行业管理,加快打造以“好吃、好看、好心情”为核心的“三好旅游体系”,全面构建“五大旅游度假区、四大旅游精品线路”的旅游发展新格局,努力建成知名度高、影响力大的成渝周末休闲首选地和巴蜀特色康养休闲度假旅游目的地。目前,遂宁旅游已经驶入全省旅游发展的快车道,正逐步成为成渝经济圈新兴热点旅游城市和新兴旅游目的地。到 2016 年底,旅游产业已经呈现加快发展、量质齐升的良好态势。

1. 景区类型多样

遂宁市重点景区打造获得突破,类型多样,形成了以广德风景区、灵泉风景区为代表的宗教观光型旅游,以“中国死海”为代表的休闲度假型旅游,以宋瓷博物馆为代表的文化体验型旅游,以射洪桃花源风景区、船山桃花山风景区为代表的乡村休闲型旅游产品。截至 2016 年有国家 A 级景区 15 家。其中,有广德、灵泉、龙凤古镇、七彩明珠、观音湖湿地公园、子昂故里、中华侏罗纪探秘旅游度假、东方生态博览园等国家 4A 级景区 8 家,有宋瓷博物馆等国家 3A 级,有高峰山、蓬莱公园等国家 2A 级景区多家。特别是“中国死海”集新颖性、独特性和休闲性于一体,填补了四川无大型休闲度假旅游产品的空白。开业至今,取得了骄人成绩。2004 年、2005 年、2006 年“五一”黄金周,门票收入均超过九寨、黄龙、峨眉山等大牌景区,荣登全省 21 个重点景区榜首。截至 2016 年,全市景区接待游客 3932.8 万人次,同比增长 26.6%;实现旅游收入 310 亿元,同比增长 23.5%,全省游客接待量位居第 8 位。预计到 2020 年,全市旅游总收入实现 750 亿元,新打造 10 个精品旅游景区,建成国家 5A 级旅游景区 1 个、国家级旅游度假区 2 个、国家 4A 级旅游景区 12 个。

2. 旅游项目丰富多彩

2017 年遂宁市重点推进浪漫地中海、唐兴书院、仁里古镇、龙凤古镇二期、侏罗纪二期、子昂故里 · 沐水小镇等 20 个重点旅游项目建设。特别是五大旅游度假区的打造。第一是围绕"两山、两水、两寺、两岛、两镇"资源,立足"三城"建设,重点推进观音湖整体打造、广德、灵泉景区联动开发,加快建设西山城市森林公园、东山养生谷花卉博览园、仁里古镇、龙凤古镇二期、兰博园康养城等项目,加快推进世界荷花博览园、"十里荷画"创建 4A 级景区、观音故里旅游区创建 5A 级景区,推动形成以观音文化、养心养生文化为核心的观音文化城旅游度假区。第二是以创建中国死海国家级旅游度假区为契机,统筹推进"中国死海"改造升级工程、浪漫地中海、卓筒井大遗址公园等重点项目建设,推动形成以井盐文化、地中海风情文化、泰坦尼克大爱精神和卓筒井文明为核心的中国死海旅游度假区。第三是加快推进赤城湖、中国红海二期、天福万象现代农业博览园、高峰山、高洞庙等重点项目建设,推动形成以书法文化为核心的赤城湖旅游度假区。第四是加快中华侏罗纪二期、子昂故里 · 沐水小镇、螺湖半岛国际康养社区等重点项目建设,推动形成以地质科普文化、修学祈福、康养体验活动为核心的子昂故里旅游度假区。第五是以推进安居七彩明珠旅游区创建省级生态旅游示范区和景区提升工程为契机,加快黄峨古镇建设,启动莲花湖规划建设,整合国道 318 沿线乡村旅游资源,推动形成以黄峨文化为核心的黄峨故里旅游度假区,逐步实现以景区景点为核心向全域旅游发展模式转变。

3. 酒店日新月异

1991 年,遂州宾馆作为首家遂宁二星级酒店问世,一时独领风骚。遂州宾馆成为遂宁酒店业发展建设初期的一个时代符号。

2002 年 6 月 6 日,天友国际酒店营业,这家占地 100 余亩的花园式酒店率先成为遂宁四星级酒店。同年 10 月,明星康年大酒店也以四星级酒店标准营业。这家由四川明星电力股份有限公司(上市公司)投资兴建的遂宁第一家涉外四星级商务酒店,委托香港康年国际酒店管理集团经营管理,这种运作方式把遂宁酒店业的运营管理与服务上升到了与国际接轨的新阶段。

近十几年来,遂宁经济的快速发展,旅游城市开始腾飞,遂宁酒店业也迎来春天,发展火爆。截至2016年底,遂宁市工商注册酒店共406家,其中星级酒店23家,客房总数1835间/套,床位总数2878张。四星级5家,客房总数770间/套,床位总数1133张;三星级5家,二星级13家,客房总数436间/套,床位总数707张。

走过30年岁月,如今,遂宁酒店行业保持着惯性的增长趋势,有以富螺湾酒店为代表的休闲度假酒店、以沉香堂艺术精品酒店为代表的主题酒店、以悠然山庄为代表的乡村酒店、以东旭锦江为代表的五星酒店,各类宾馆、酒店星罗棋布分布在遂宁的各个角落。遂宁的酒店行业迎来了“黄金时代”。遂宁的区位优势、快速发展的经济优势这一大背景,决定了酒店行业市场将逐步扩大并逐渐进入国际化轨道。正在建设的圣莲岛首座万豪大酒店、荣海温泉度假酒店、郁金香大酒店、天信豪生五星级酒店等酒店正是遂宁旅游发展的必然需求,到2020年建成五星级酒店4家、四星级酒店8家。

4. 旅行社百花争艳

遂宁旅行社的发展,从1999年的2家发展到2016年90家,其中遂宁本地独立注册旅行社13家,分社44家,服务网点33家,可以说遂宁旅行社发展进入到百花争艳的阶段。到目前为止,四川海洋国际旅行社有限公司、遂宁市青年旅行社有限公司属于二级旅行社,遂宁市联运旅行社有限公司、遂宁市惠源职工旅行社有限公司、遂宁市新亚旅行社有限公司、遂宁市心灵度假旅行社有限公司、遂宁市卓唯旅行社有限公司、遂宁市天成旅行社有限公司、射洪县太和旅行社有限公司、遂宁市天怡旅行社有限公司属于三级旅行社。与此同时,导游的发展也是有目共睹。2001年以前,全市无一名持证导游,到2016年,持有导游资格证400多人。2015年7月遂宁市导游协会成立。

5. 乡村旅游翻天覆地

遂宁乡村游资源丰富,森林覆盖率达39%,大大小小的生态湿地达108个、146平方公里,极具乡村旅游开发潜力。目前,有农家乐205家,四星级农家乐26家,三星级农家乐25家,乡村旅游品牌200余个,永河十里荷画、万象农庄、红江智慧农庄、天福万象农业博览园等乡村旅游点都将农村区域的优美景观、自然环境和建筑、文化等资源优势发挥得淋漓尽致。同时,依托遂宁的乡村旅游资源,遂宁市还积极举办了射洪桃花节、圣莲岛荷花节、安居梨花节、老池红提节、蓬溪任隆仙桃节等乡村游节庆活动,吸引了成渝两地众多游客前来感受亲近自然、回归田园的舒心之旅。

## 二、横空出世的物流产业

近年来，川中遂宁牢牢抓住现代物流这个牛鼻子，高速发展现代物流业。物流业已成为遂宁实现产业结构调整升级的突破口，成为遂宁建设全省现代服务业集聚区的主抓手，更成为实现遂宁经济跨越发展的新引擎、新动力。2015年，遂宁全市社会物流总额达到320亿元，物流业增加值达89.7亿元，物流企业230余家，成为西部规模最大的现代物流基地之一，并拿下了"全国流通领域现代物流示范城市""中国物流示范基地""国家级示范物流园区"等多张物流名片。

蓄势腾飞的中国西部现代物流港

1. 中国西部现代物流港应运而生

2007年，遂宁市委、市政府为进一步发挥城市区位、交通优势，经过科学论证，决定将现代物流业作为遂宁的支柱产业大力推进，在城南外规划布局物流新城，物流港应运而生。

经过10年建设，总体规划面积达61.66平方公里的物流港已成为以现代物流业为主导，集合现代商贸、高新技术加工制造等产业融合联动发展的现代产业集聚区，包含物流核心区、商贸市场区、工业发展区、商流核心区、生活配套区五大功能板块。

物流港园区已吸引包括3家世界500强企业和8家上市公司在内的98个重点项目入驻。2015年，物流港实现营业收入302亿元，完成税收3.12亿元。在《遂宁市物流产业规划(2015—2020年)》中，除了船山区物流港这个大本营，遂宁现代物流发展还将大力推进物流节点的建设布局。到2020年，遂宁将建成"一港、两园区、两中心、多配送站"的全域物流网络。这其中，既包括处于中心位置的物流港，还包括落户安居的航空物流园区、大英物流园区，以及分布在蓬溪和射洪的两大物流中心。同时，在物流节点的中间地带，遂宁还将布局多个功能的城乡配送站，实现城乡“最后一公里”优质、高效配送。

除了强化市域内物流通道的提档升级，以遂宁为中心的多条国际物流大通道也正同步向外延伸，实现了丘陵盆地城市的通江达海。

向南：借助“川贵广——南亚国际物流大通道”的建设，遂宁将全面融入横贯东西、连接南北的对外经济走廊。预计通过2到3年时间建设，有望形成一条连通西南内陆和东南沿海、融入“一带一路”和“中巴经济走廊”的国际商贸物流大通道，并以川贵广——南亚国际物流大通道建设为契机，全力申创“国际陆港城市”。

向西：通过积极融入渝新欧、蓉欧国际铁路大通道，将铁路专用线与全国铁路网接轨，接入“一带一路”倡议腹地，遂宁可以直接与俄罗斯、白俄罗斯、芬兰、德国等欧洲国家进行国际贸易往来，推动遂宁在更大范围、更高层次融入区域经贸大平台、大格局。

2.“物流+”新兴产业崭露头角

近10年，遂宁在对现代物流业的追寻、从无到有的磨砺中，已经深刻认识到，以物流信息平台为基础而不断衍生出的“物流+”新兴产业，将有力地促进要素市场整合，加速产业链重整、商业模式创新和集聚集群发展，可以让地处内陆的遂宁抢抓参与全球分工的新机遇，形成新优势。在遂宁的规划中，将着力打造两大物流信息平台：遂宁市物流公共信息平台和遂宁市物流电子商务平台。在物流公共信息平台中，将依托“中国西部物流公共信息平台”打造全市统一的物流公共信息平台，并与全省物流公共信息平台实现对接。构建起政策法规、物流新闻、物流企业、物流设施、行政服务和物流招商等模块。

在物流电子商务平台中，将通过与大型电子商务服务商合作，采用先发展、再整合的方式，打造遂宁物流电子商务平台，最终构建起供求信息、电子交易、电子支付和货物跟踪等模块。有了两大信息平台的基础支撑，遂宁将以“物流+”为引领，带动三产业搭上现代物流这趟发展快车。工业方面，将依靠现代物流的较长产业链条，培育新材料、机电与装备制造及食品制造等；服务业方面，将依靠现代物流带来的人流、物流与商贸流，发展现代物流、电子商务、文化旅游、健康养老、商贸会展、现代金融六大重点服务业;农业方面,将依靠现代物流带来的便捷通道,培育特色品牌,打造面向成渝、辐射省内外的特色蔬果生产基地,大幅提升农产品的附加值。

(李巧义　撰写)

## 第五节　超凡脱俗的绿色经济

2007 年,遂宁提出"绿色发展"理念,并将其确定为引领全市的发展战略。近 10 年来,遂宁市委、市政府始终把生态文明建设放在突出位置,坚持用绿色发展理念引领经济社会发展,积极探索生态、循环、低碳、高效的绿色发展新路径,走出了一条发展与生态相融、生态与经济双赢的绿色发展新路子。"十二五"时期,遂宁市坚持用绿色发展理念推动经济深刻转型、环境持续改善、社会和谐稳定,加快建设大而美、富而强、优而雅的新遂宁,使得经济发展迈上新台阶、生态本底更加牢固、群众幸福指数得到新提升。全国绿色经济遂宁会议先后于 2012 年、2014 年、2016 年分别以"绿色发展 · 美好生活""生态农业""绿色城镇 · 幸福生活"为主题对遂宁乃至全国绿色发展经验、路径进行研讨总结,形成《绿色经济遂宁共识》,遂宁已成为全国绿色发展的开拓者和示范者。遂宁超凡脱俗的绿色经济发展主要表现在以下三方面。

### 一、绿色生产空间更加集约高效,经济发展迈上新台阶

"十二五"时期,遂宁市委、市政府牢固树立集约高效理念,积极探索绿色发展新模式,坚持在集约利用资源中求发展,在保护生态环境中谋崛起,不断创新产城融合、人口转移、功能提升等方面的体制机制,加快推进产业转型升级。坚持实施"环境立市、绿色发展、民生优先"战略与"科学发展、绿色发展、创新发展、跨越发展"的总体取向,在探索中确立了绿色经济发展规划、指标体系、行动计划三位一体的发展步骤,构建了《绿色发展战略体系》《绿色发展规划体系》《绿色发展标准体系》,着力推进遂宁市范围内的经济绿色、自然绿色、社会绿色、心灵绿色。其战略体系和总体取向主要突出"生态农业、绿色制造业、现代服务业"三位一体的产

业重点，培育壮大新兴产业，改造提升传统产业，建成一批生态农业型、绿色工业型、文化旅游型城镇，把生态优势、环境优势转化为竞争优势和发展优势，经济发展取得重大突破，进位赶超势头迅猛。全市地区生产总值相继跨越5个百亿台阶，总量翻了近一番，进入千亿俱乐部；地方一般公共预算收入从17.8亿元增加到49.3亿元，是2010年的近3倍；全社会固定资产投资突破千亿大关，建市以来首次实现地区生产总值、地方一般公共预算收入、规模以上工业增加值等五项主要经济指标增速位居全省第一位。三次产业结构不断优化，由2010年的21.5：51.8：26.7调整为15.5：56.1：28.4，第二、第三产业比重持续提升，实现了“十二五”的完美收官。

**二、绿色生态空间更加山清水秀，生态本底更加牢固**

“十二五”时期，遂宁市委、市政府牢固树立城市有机更新理念，疏解老城、更新旧城、发展新区，处理好“拆改建留”的关系，努力构建《绿色发展标准体系》，在全国率先制定资源指标、消耗指标、环境指标、经济指标等70个指标构成的《区域绿色经济指标体系》及《绿色经济遂宁典章》《国民幸福指数评价体系》，全面、系统测量遂宁绿色发展水平，并以此对各级干部进行“绿色政绩”考评，切实加强生态环境保护与建设，城市呈现出天蓝地绿、山清水秀的勃勃生机。全市单位GDP能耗累计下降26.77%，单位工业增加值能耗累计下降44.15%。2015年，全市森林覆盖率达39.01%，城市生活污水处理率达93.3%，城市生活垃圾无害化处理率达92%，地表水和饮用水均达到或优于Ⅲ类水质标准，市城区空气优良天数达到360天以上。成功打造全球绿色城市、国际花园城市、国家卫生城市、中国优秀旅游城市、国家级生态示范区、全国首批海绵城市建设示范市等20余张城市名片，被评为中国十佳宜居城市，成为国家可再生能源建筑应用示范城市。

**三、绿色生活空间更加宜居舒适，群众幸福指数实现新提升**

“十二五”时期，遂宁市委、市政府牢固树立以人为本理念，健全城镇规划管控体系，发挥规划的引领作用，加快推进绿色城镇建设。注重城市精神培育，保护历史文化遗产，塑造各具特色的城镇风貌。加快建设海绵城市，大力发展绿色建筑，提高建筑环境质量和空间舒适度。大力推进智慧城市建设，不断丰富城市内涵，拓展城市众创空间。深化城市管理体制改革,创新城镇治理方式,提高执法和服务水平。不断提高城乡居民收入,加快建设环境更加优美、生活更加便利、居住更加舒适幸福的绿色生活环境,努力让人民群众共享绿色发展成果。2015 年,城镇居民人均可支配收入、农村人均纯收入分别比 2010 年增长 81.54%、111.11%,城镇登记失业率控制在 4.16%。建成观音湖东西两岸 10 余公里长、开放式湿地公园,世界最大荷花主题公园之一的世界荷花博览园落户圣莲岛,修建东西山森林公园、中华养生谷等 10 余个大型生态绿地,建设连山串水健康绿道 537 条,城市绿化覆盖率达到 38.1%,市民休闲生活质量得到极大提升,公众对城市环境的满意度连续 5 年居全省前列。健全公共文化服务体系,构建起城市"十分钟文化圈"、农村"十里文化圈",2015 年全市送文化下乡演出 100 余场,采购大型文艺演出 10 余场,群众文化生活日益丰富。覆盖城乡的公共教育服务体系基本建成,义务教育阶段入学率达 100%。20 个"绿色城镇建设行动"示范镇的场镇道路硬化率达 90% 以上,新建、在建污水处理厂 6 座,均配备生活垃圾收集和中转设施,供水普及率达 100%,电信设施覆盖率达 100%。

**2016 绿色经济遂宁会议场景**

（杜春海　撰写）

## 第六节　科学规划的"三城"建设

根据遂宁市六届人大常委会第十五次会议审议通过的《遂宁市城市总体规划(2013—2030)》要求,近年来,遂宁以突出"养心"文化为特色,建设生态山水城、现代花园城、观音文化城的“三城”建设，在新世纪原有成效的基础上得以迅速推进并取得显著成效。

## 一、生态山水城

生态山水城的建设重点以“五个二”——两山（西山与东山）、两水（涪江与渠河）、两寺（广德寺与灵泉寺）、两岛（圣莲岛与圣平岛）、两镇（龙凤镇与仁里镇）为载体，强化遂宁的山水环境和文化特色，打造中国名城。遂宁整体行政区划范围的发展及生态建设以“现代生态田园城市”为引导，深入构建中心城区的生态底板，形成城市发展的良好基础。

遂宁属于丘陵地貌，山体林地河流众多。遂宁坐拥两山三水夹一城的山水城市格局，山中有城、城中有水、水中有洲、水天一色的独特景致让遂宁当之无愧地拥有了“西部水都”的美誉。

市区中以东山、西山为主的南北向山脉植被茂密，生态良好，组成一系列的森林公园。在“生态山水城”的建设过程中，以涪江为骨架的水系游憩廊道，串联众多湿地公园与岛屿；以东西山为骨架的山体游憩网络，串联天龙山森林公园、玉[illegible]山森林公园、黄龙山森林公园等，亦兼顾到乡土田园的“农家乐”游憩；以河道径流为载体的游憩网络，起到联系区域的作用。

在以打造“两山”“两水”“两岛”为核心载体的建设过程中，维持山水原有的格局，城市生长在山水田园的大生态本底中，形成“城在山中、城在绿地中”的生态城市空间。

## 二、现代花园城

遂宁作为国际花园城市，现代花园是生态田园城市内涵的承接与中心城区的具体体现。

中心城区“一城两区五组团”开放型、组团式百万人口大城市发展蓝图已经绘就，国家级经济技术开发区拓展区、河东新区拓展区、中国西部现代物流港、金桥新区、龙凤新城、安居新城等“产城综合体”和城市新区建设你追我赶，齐头并进。实施产城一体化，物流港以产业带动城市发展，与产业勃兴并驾齐驱的是，一座座现代化办公大楼、标准化厂房、金融总部大厦拔地而起；国开区在新一轮发展中更加细化城市功能分区，全力打造以高新科技产业为主导的“产城一体”样板区；河东新区将地产、科技、商业、旅游等现代服务业业态与居住、教育、休闲、娱乐等城市其他功能有机结合，逐渐呈现出一个“产城融合”的理想城市。

在现代化的建设与原生态的承接中，通过城市结构开放性、拥湖发展的发展方式，一座现代花园城市逐渐显现出婀娜的身姿。东山、西山呼应而成的“两山”，涪江、渠河蜿蜒并行的“两水”，是遂宁中心城区现存面积最大的绿色开放空间，构成了城市绿地系统的骨架和基础，而城市公园、道路绿地、防护绿地、郊野公园则构成了城市绿地系统，让城市组团镶嵌在一个大花园中。位于城市中心圣莲岛上的世界荷花博览园、东西山城市森林公园、沿江星罗棋布的湿地公园、河东二期沿湖景观带……由南向北，自西向东，一幅幅美丽的画卷展现在眼前，让人心旷神怡。

## 三、观音文化城

遂宁是全国第一个“中国观音文化之乡”，是中国观音文化重要的发源地、发祥地、原创地，观音民俗文化资源积淀丰厚，观音文化已经成为遂宁城市文化的根与魂。深入挖掘整理体现遂宁城市特色的观音文化资源，形成观音文化体验序列，积极推进中国观音文化城的规划实施，将良好的体现观音文化的资源点串联起来，建设中国观音文化名城。“观音文化城”的主要载体是以广德寺与灵泉寺为首的寺庙、龙凤与仁里等观音文化浓郁的古镇、禅意修行的圣莲岛与圣平岛以及联系其文化的通道。观音文化城以观音文化为主线串联“五个二”，形成从朝拜到修悟到生活方式的深度体验。

遂宁获评“中国观音文化之乡”牌匾

在这吉祥福地，人们以各种方式传承着观音文化，表达着对观音大慈、大善、大爱的崇敬。在这座洋溢着观音文化氛围的城市，或穿梭，或徜徉，人们必将有一种静寂、净化和进化的思想和意念顿悟与升华。

遂宁，因为观音文化而格外安宁，因为慈善大爱而格外温馨。行走在这座城市，你能体验到自在田园的惬意，善行天下的胸襟。如今，遂宁市委、市政府因势利导，把继承和发扬观音文化中的慈善、爱心、和谐的人文精神同公民道德建设、文化建设、城市建设和文化旅游产业发展结合起来，大力践行与观音文化慈善爱美相一致的文明、和谐、诚信、友善的社会主义价值观，倾力打造观音文化名城，创建最佳养生、"养心"度假旅游目的地，为中国（遂宁）观音文化城建设赋予了新的历史使命，而她也必将成为展示独特的遂宁观音文化，建设爱心之都，践行社会主义核心价值观的最佳平台。

根据2016年7月31日召开的遂宁市第七次党代会的会议精神，遂宁全市上下在原"三城"建设的基础上与时俱进地开始了以"创新创业城、生态花园城、观音文化城"为内容的"新三城"建设。

（杜春海　撰写）

## 第七节　大强富美的优雅遂宁

绿色宜居的美丽新城遂宁国开区

大强富美是市委市政府确立的遂宁发展建设的总体目标，描绘的宏伟蓝图，也是遂宁发展建设的基本定位和趋势走向，因此写进了市委市府的相应文件，纳入了市委市政府主要领导的重要讲话中，作为了动员令，也作为了地方远景规划的核心重要内容、目标任务和要求来部署安排，来组织实施与奋斗追求。

## 一、大强富美与优雅之含义

### (一)大强富美的含义

#### 1. 大的内涵外延

遂宁观音湖湿地公园旅游区

应当说遂宁的“大”有着大志向、大气魄、大目标、大手笔、大城市、大成果、大影响等多重意蕴。

首先,是大志向大目标。遂宁虽小,却志向不小,瞄准的是百万人口的大城市,这在总量不到400万人口,幅员不到6000平方公里,资源相对匮乏的川中浅丘地区,要在中心城区集聚百万城市人口,让其占比25%以上,显然是一个超乎寻常的大目标;遂宁要建成拥有1环8射高速公路、5线11向铁路和一个机场,建成通江达海的省次级立体交通枢纽,彻底改写居中不通的历史,让难于上青天的天堑变通途;要白手起家,无中生有,第一个吃螃蟹,走全省全国乃至世界领先的绿色经济发展之路,实施创新创业、建绿色经济强市战略,将浅丘平坝建成独具特色和魅力,让人来了就不想走、宜居宜业的生态山水城、现代花园城、观音文化城,全国海绵示范、文明城市,经济总量进入千亿俱乐部,融入成都、成渝经济圈等,这无疑是颇具独特眼光和智慧的大志向、大目标。目前,已经基本建成次级交通枢纽和国家级经开区,拥有十多张国家级名片、两张国际名片,跨上千亿台阶,“三城”建设和绿色经济强市之蓝图绘就、方案既定,思路清晰、举措得当,正在积极推进中,“大”的目标愿景初具规模,指日可待。

其次,是大气魄大手笔。这主要体现在打破常规思维,创新发展上:居中不通变次级交通枢纽,让遂宁成为“四川的郑州”;无中生有,创建中国西部现代物流港,打造世界物流达摩斯;白手起家建起电子工业园,成就世界第二大锂电生产基地;高起点、高规格打造世界地质公园、国际荷博园,召开全球地质、荷花博览会;建成西南地区第一条江底隧道;走品牌、名片发展之路,已创建近二十张国际国内名片；敢于吃螃蟹，创建生态山水城、观音文化城、现代花园城、全球绿色城市、全国示范性海绵城市；抢抓成渝经济区发展机遇，积极融入成都经济区、成渝经济圈；倾力打造成渝两大中心城市的桥头堡、中转站、后花园，建绿色经济强市等，这无疑都是一般人不敢想、不敢闯、不敢试、与众不同的大视野、大气魄、大手笔，表现出的是超乎寻常的大智慧、大追求、大境界。

第三是大城市、大成果、大影响。百万人口自然是小市变大市，而且是标准的特大城市。已经打造的十多张国家级名片和两张国际名片，已经召开的世界侏罗纪大会和每两年一次的全国绿色经济论坛，已经命名的观音故里、观音文化之乡、中国书画之乡、中国曲艺之乡、世界荷花博览园，不仅让遂宁快速奋进、跨越发展，很快跨进了千亿俱乐部，而且迅速改写历史，让遂宁的城市面貌大改观，经济社会大发展，品质品位大提升；不仅让遂宁市民有了很强的获得感、认同感、优越感、幸福感，而且得到社会各界的一致好评，高度赞赏，成了享誉全国的宜居宜业模范城市，吸引了无数的省内外慕名而来的旅游观光和考察取经者，吸引了包括党和国家领导人、联合国官员和国际国内专家学者在内的国际国内友人，可谓名声大振，声名鹊起，不仅让遂宁走出了四川、走出了巴蜀，而且走向了全国、走进了世界。

2. 强的内涵外延

一是强在深厚的历史底蕴。遂宁曾经是古北厥国、郪王国，距今已两千多年，历史上多为郡县州府所在地，具有深厚的历史底蕴。从祥和安宁的独特含义到深厚的遂宁历史文化，从千年古刹灵泉广德到大爱无疆、至慈善美的观音文化，从古树森森的龙凤峡到享誉世界的侏罗纪硅化木国家地质公园，从中国第五大发明、世界第九大奇迹卓筒老井到仙人挥帚、鬼斧神工的宝梵仙画，从世界最早的高等教育教学研究机构九宗书院到大气亮丽、声名远播的四川职院，从开一代诗文新风的大唐文宗陈子昂到名垂青史、千古流芳的席书、黄珂、黄峨、吕大器、吕潜、李仙根、李实、邹和尚、王灼、张鹏翮、张问陶等政要和历史文化名人，从四川第一个县级苏维埃政权的建立到卫星回收基地、世界荷博园、全国卫生、文明、海绵、环保、慈善城市，全球绿色、国际花园城市等桂冠的荣膺，都无不昭示着遂宁久远、深厚、博大的人文底蕴与厚重的历史积淀，都成就了遂宁传统与现代融合的特定历史地位和强大生命力。

二是强在独特的区位优势。遂宁地处涪江中游，历史上为川中，现为川东，是巴蜀文化的交会地;处在神秘的北纬 30 度,是蓝采和与吕洞宾的故乡、近代石油钻探之父卓筒老井的发明地、中国的卫星回收基地;是成渝经济区的结合部和中轴线,丘陵经济的探索区;是成渝两大城市的桥头堡、中转站、后花园;是国家多项改革的试验区。无数铁的事实表明,遂宁已融入成都、成渝经济圈,地理位置十分特殊,区位优势非常突出,可谓人文荟萃、人杰地灵,孕育着强大的生机与活力。

三是强在丰富的资源优势。遂宁不仅森林覆盖率达 39% 以上,空气清新,气候宜人,年空气质量优秀达 360 天以上,饮用水达到或超过Ⅲ类水质标准,而且人文荟萃,是观音故里、观音文化之乡,目连故里、中国孝文化之发源地,中国书画艺术、曲艺、诗酒文化之乡,农副产品、绿色生态资源非常丰富;人口人才资源、天然气资源、水利电力资源、交通资源、旅游资源、文化教育资源均异常丰富,蕴藏着勃勃生机与强大生命力。特别是巨大的人口资源和吃苦耐劳、敢为人先、开拓创新、勇往直前的遂宁精神,更是一笔巨大宝贵的精神财富和永恒的无形资产。

四是强在坚强有力的组织领导。遂宁人改革创新,敢为人先,从四川第一个县级苏维埃政权建立到"文革"后的包产到户,从居中不通到次级交通枢纽,从红苕市到生态山水田园城,全球绿色、国际花园城市,从弹棉花、卖砂石、烧砖头到现代产业高地,从切薯片到切芯片、造芯片,从名不见经传到十多张国家级、享誉全球的两张国际名片,其间靠的是改革开放与开拓进取,靠的是全新的意识观念,靠的是强有力的组织领导,靠的是历届党委政府的非凡胆识和正确英明决策,靠的是团结一致、开拓创新的领导班子;靠的是凝聚心力而成的软实力、核心竞争与发展力,靠的是一代又一代勤劳、勇敢、智慧的遂宁人所凝聚起来的特有财富与精气神。

五是强在强劲发展的经济势头与良好社会局面。虽然遂宁建市时间短且以农业为基础,可谓基础差、底子薄,经济总量小、人均占比低,但由于解放思想、大胆改革、开拓创新,理念新、思路好,因而发展速度快,水平高,一直保持了两位数的年均增长率。特别是"十二五"期间闯出绿色发展新路,实施六大富民强市计划、七大提升行动以来,更是步入了科学、可持续发展的快车道,多项指标跃居全省前列,进入第一方阵,迈入千亿俱乐部,经济发展稳中向好,态势喜人。城乡差距、贫富悬殊迅速缩小,城乡面貌变化巨大,人民安居乐业,幸福安康;民风淳朴、社会稳定,经济社会呈现出稳定祥和、欣欣向荣、催人奋进的强劲发展势头。

这一切构成了遂宁经济社会全面进步、飞速发展、科学可持续发展的大好趋势,构成了遂宁继往开来、弯道超车、勇往直前、展翅腾飞、后发先达、创先争优的核心竞争力、发展力和坚实可靠基础与强有力保障。

3. 富的内涵外延

遂宁之富的内涵主要体现在富庶、富饶、富裕、富有四个关键词上。遂宁人杰地灵,主产水稻、小麦、玉米、红苕,鸡鸭鹅、猪牛羊,各类水果蔬菜,不仅农副产品应有尽有,而且绿色生态,品质极好,遂宁鲜已成品牌货,可谓鱼米之乡,十分富庶;遂宁地处川中盆地,涪江中游,有山有水、雨量充沛、日照充足、水草丰茂、森林覆盖率高;地下天然气、盐卤资源、旅游资源丰富,还有享誉中外的硅化木国家地质公园、卓筒井、灵泉广德、目连故里、观音故里、子昂读书台、宝梵寺、高峰山、宋瓷博物馆、螺湖、观音湖、赤城湖、圣莲岛、湿地公园等丰富人文资源,显得十分富饶;遂宁人口众多,有着很好的人力资源,虽然地少人多,却因为遂宁人勤劳简朴、聪明能干、善于生活而总体生活水平较高,绝大多数人过着殷实富裕的幸福生活;遂宁不仅人杰地灵、物产丰富、富庶富饶,人们生活富裕、幸福安康,而且重教崇文、知书识礼、求真务实、向真向善向美,有志向理想、有目标追求,有美好蓝图、有实际行动,有宝贵经验、深刻教训,有崇高精神境界,这无论从历史到现当代,还是从普通百姓到历届达官显贵、政要贤达,都充分体现了遂宁人、遂宁市从物质到精神的富有与崇高追求。正是有了这些追求,才成就了遂宁的 2000 多年光辉灿烂的历史,成就了遂宁人与自然的和谐相处、祥和安宁、生生不息、蓬勃向上,取得巨大发展成就、享誉国内外的良好发展态势和美好发展前景。

4. 美的内涵外延

遂宁美主要体现在历史与现实、自然与人文、社会美及其高度的融合统一上。遂宁 2000 多年的历程造就了古北厥国、郪王国,斗城、卓筒井、九宗书院、龙凤峡国家地质公园、金华山古读书台、宋瓷博物馆、白雀寺、灵泉广德寺、宝梵壁画、高峰山道观和以天上宫为代表的九宫十八庙以及螺湖、观音湖、赤城湖、三仙湖、圣莲岛、诸多湿地公园和龙凤、仁里古镇等饮誉国内外的名胜古迹,历史人文景观别有洞天、美不胜收,让人流连忘返。以观音、目连、蓝采和、吕洞宾,桓温、夏鲁奇、张九宗、陈子昂、席书、吕大器、吕潜、李仙根、李实、邹和尚、王灼、黄珂、黄峨、张鹏翮、张船山、敬隐渔、杨闇公、杨尚昆、陈毅、旷继勋、蔡梦慰、蒋明谦、尹文霖、李国栋等为代表的民俗与历史文化名人像一颗颗缀满天穹的明星、一串串光耀万代的珍珠，让遂宁的天空群星璀璨、熠熠生辉、光彩夺目，成就了遂宁美的历史、美的现实、美的人文、美的底蕴、美的成效、美的前景、美的天地与人寰。

遂宁的自然美主要美在北纬30度、川中川东、盆地底子的特殊地理位置和浅丘沟壑与平坝河流交织的特殊地貌。遂宁的海拔高度一般为280—380米，山不高、沟不深，却蜿蜒旖旎，葱茏苍翠、四季常青，流光溢彩、美不胜收；河流以涪江、琼江、郪江为主，虽流不急、滩不险，却大小纵横交错、自成体系、水系发达，不仅灌溉洗濯、发电运输，而且水美鱼肥、滋养万民。遂宁是两山两水夹一城的山水城市，有山有水，山中有城、城中有湖、湖中有洲、洲中有湖，是水天一色、妙造自然、巧夺天工的西部水都。

遂宁的社会美，首先美在民风淳朴。古往今来的遂宁人勤劳勇敢智慧，创造了许多战天斗地、彪炳千秋、可歌可泣的英雄业绩，成就了遂宁的昨天、今天与美好的发展前景。其次体现在自然与社会美的有机结合上。从涪江、琼江、郪江的沿江沿河开发治理到螺湖、观音湖、赤城湖、三仙湖，新生、寸塘口、星花、黑龙凼、麻子滩、跑马滩水库、郪河治理和武引工程，特别是涪江梯级开发以后，不仅解决了洪涝灾害治理、民生工业用水用电等重大基本问题，而且再造螺湖、观音湖，圣莲岛、圣平岛等浩大工程，极大改善了城市生态和人居环境。加之城市软硬件建设高起点、大手笔，使自然美与社会美水乳交融、浑然辉映，水天一色、天人合一，造就十多张国家级名片和生态山水、现代花园、观音文化城、国际花园城市、全球绿色城市等连轴巨幅画卷，美轮美奂、养心怡人。以此成就了遂宁的山川美、乡村美、城市美、社会美和美的生态、美的行为、美的构想、美的目标、美的愿景、美的境界，美的人、美的事、美的景、美的心灵、美的情操、美的道德、美的品质、美的风尚、美的社会、美的前景。

（二）优雅的含义

1. 优的内涵外延

大量事实表明，遂宁的发展构想优、发展举措优、发展态势优、发展质量优、发展环境优、品质品位优、发展前景优。这些都以遂宁建市以来的发展建设成就为标识、为依据。射洪从一马当先到遥遥领先，从沱牌美丰上市到螺湖电航工程，再到龙凤峡侏罗纪国家地质公园建成与天齐锂电的世界第二，走过的是一串闪光的脚印;蓬溪大英、船山安居分置,经开区、创新工业园区、河东新区的拆分合并与升级,“三城建设”“五创联动”“六大兴市计划”“七大提升行动”,产业结构大调整,二、三产业的迅速崛起,中国西部现代物流港,花园、生态小镇、美丽新村建设,系列国际国内城市名片的打造,中央商务区、观音湖、圣莲岛、江底隧道、8 大湿地公园的先后建成,不仅搞活了蓬溪、船山,而且让大英、安居迅速崛起,推动了区域一体化和全市经济社会的快速发展,经济总量过千亿、人均收入翻多番、城乡面貌大改变,城市品质品位、人民生活水平、幸福指数、遂宁的知名度、影响力、美誉度大提升。所有这些,都当是遂宁优良、优秀、优美的真实写照和最好诠释。

2. 雅的内涵外延

遂宁的雅不仅有其深厚的历史底蕴作支撑,是与最初的“红苕市”“农民城”、脏乱差相比较而言的,而且与其“中通战略”、次级交通枢纽、城乡环境综合治理、“五创联动”“三城建设”特别是全国卫生城市、园林城市、环保模范城市、海绵城市、文明城市、全球绿色城市、国际花园城市、依法治市、精神文明建设、科教兴市、文化强市等创新型系列大手笔和科学管理经营城市、创新发展、跨越发展、绿色发展、科学发展,实施品牌战略、提升品质品位等先进的思想理念密不可分,更与历届市委、市政府、人大、政协登高望远、非凡胆识、正确决策、拼搏进取,与遂宁各级党政的组织领导,380 多万人民的合力同心、顽强拼搏、倾情付出、非凡贡献密不可分!有了这一切,才有了遂宁天翻地覆的巨大变化;才有了遂宁的山雅、水雅、人更雅,人与自然和谐相处、相得益彰;才有了遂宁这让心灵度假、养生养心更养性的韵味和雅致;才有了遂宁人、遂宁景、遂宁城的儒雅、优雅、雅致、雅韵、雅味、雅气、雅姿、雅态、雅质和雅品与雅位。

## 二、遂宁大强富美优雅的历史演进

大而强、富而美、优而雅,建绿色经济强市是一个奋斗目标,也是遂宁发展建设的宏伟蓝图,更是一种理想与精神境界的追求。这是第五、六、七届市委在深入调研基础上集思广益、登高望远、深思熟虑、继往开来、开拓创新所描绘的发展蓝图,所作的战略决策。

自这一决策形成之后,市委市政府就将其列入了“十二五”“十三五”发展建设规划,先后通过不同渠道凝聚共识、强化细化相应战略部署和举措,从理念到思路、城市到乡村、硬件到软件、经济到社会、宏观到微观、当前到长远作出了全面的部署安排、动员组织、督促检查、落细落实，一步一个脚印，一年一个台阶的推进到了现在，不仅见到了相应的成效而且注入了创新创业城、绿色经济强市等新举措、新目标、新活力。五创联动、六大兴市计划、七大提升行动，城乡综合治理、创卫生园林文明城市，建湿地、地质公园，螺湖、观音、三仙、赤城湖，1环8射，5线11向，1机场，省次级立体枢纽，打造生态山水、现代花园、观音文化、全球绿色、国际花园城等近20张国际国内名片，都是这方面的非凡杰作和有力明证。

## 三、遂宁大强富美优雅的愿景

大而强、富而美、优而雅，建绿色经济强市是遂宁的发展建设目标，也是遂宁发展建设的美好愿景和品质品位追求，甚至可以说是遂宁梦、也是中国梦、四川梦美好篇章的组成部分。经过遂宁几代人、几十年的开拓进取与苦苦追求，目前虽已大见成效、初步实现，但离真正的大而强、富而美、优而雅，绿色经济强市还有一定距离。全面建成没有恒定的标准尺度，即便有，也只能是初步基本的。因为事物本身是发展变化、永无止境的，特别是其中的富而美、优而雅、绿色经济强市。更何况精神层面的建设并非一蹴而就、一劳永逸，还有个保持维护、不断更新、不断提升的过程，因而还有很长的路要走，其中在很大程度上取决于市民受教育的程度，取决于遂宁人的素质，因而从一定层面上讲，只有更好、没有最好。必须咬住青山不放松，百折不挠、坚定不移地做出以下努力。

### (一)凝聚共识，凝心聚力绘蓝图

美好愿景、目标的实现需要各级党委政府的坚强有力组织，需要各级党员干部特别是党员领导干部充分认识其价值意义、明确其必要性、可行性和目标要求，从思想认识到行动上与市委市府的决策部署保持高度一致；需要全市人民凝聚共识、形成合力，发挥主人翁、生力军作用，坚持从我做起、从现在做起、从自己身边的每一件小事做起，将其内化于心、外化于行，变成自己的分内职责和自觉行动，凝心聚力，进一步描绘和完善优化好这一美好蓝图。

### (二)鼓舞士气，开拓创新展宏图

美好愿景、目标的实现是一个漫长的历史过程，其间定然有无数艰难险阻，需要的是瞄准目标、找准方向、扎实措施、攻坚克难、咬住青山不放松；需要的是苦干实干加巧干，百折不挠、坚定不移；需要的是振奋精神、鼓舞士气，集万众之志、举全市之力，改革开放、开拓创新，才能不断地展宏图、谱新篇，确保美好愿景的更好更快实现。

（三）提振信心，继往开来谱新篇

美好蓝图的绘就是一个艰辛繁难的非凡过程，需要一张蓝图绘到底，一茬接着一茬干；需要一代又一代的前赴后继、继往开来薪火相传；需要坚忍、顽强的拼搏精神；需要提振信心，抖擞精气神，方能形成合力，不断推陈出新，不断登高望远，不断攻坚克难，最后才能到达光辉的顶点，幸福的彼岸！

（王金星　撰写）

# 附：遂宁境内文化遗产主要名录

## （一）遂宁市级以上物质文化遗产名录

| 序号 | 名称 | 时代 | 类别 | 级别 | 辖区 | 公布时间 | 批次 |
|---|---|---|---|---|---|---|---|
| 1 | 宝梵寺 | 明—清 | 古建筑 | 国家级 | 蓬溪县 | 2006 年 | 第六批 |
| 2 | 陈子昂读书台 | 清 | 古建筑 | 国家级 | 射洪县 | 2006 年 | 第六批 |
| 3 | 广德寺 | 宋、明、清 | 古建筑 | 国家级 | 船山区 | 2006 年 | 第六批 |
| 4 | 鹫峰寺塔 | 南宋嘉泰四年(1204) | 古建筑 | 国家级 | 蓬溪县 | 2006 年 | 第六批 |
| 5 | 高峰山古建筑群 | 清—民国 | 古建筑 | 国家级 | 蓬溪县 | 2013 年 | 第七批 |
| 6 | 慧严寺大殿 | 明 | 古建筑 | 国家级 | 蓬溪县 | 2013 年 | 第七批 |
| 7 | 蓬溪奎塔 | 清嘉庆六年(1801) | 古建筑 | 国家级 | 蓬溪县 | 2013 年 | 第七批 |
| 8 | 饶益寺 | 明、清 | 古建筑 | 国家级 | 射洪县 | 2013 年 | 第七批 |
| 9 | 卓筒井(卓筒小井) | 北宋 | 古建筑 | 国家级 | 大英县 | 2013 年 | 第七批 |
| 10 | 寂光寺 | 明、清 | 古建筑 | 省级 | 大英县 | 2002 年 | 第六批 |
| 11 | 常乐寺 | 明—民国 | 古建筑 | 省级 | 蓬溪县 | 2007 年 | 第七批 |
| 12 | 郭氏家族墓地(郭子仪后裔墓葬群) | 清 | 古墓葬 | 省级 | 大英县 | 2007 年 | 第七批 |
| 13 | 吉安寨(吉安寨遗址) | 明 | 古遗址 | 省级 | 大英县 | 2007 年 | 第七批 |
| 14 | 灵泉寺 | 明、清 | 古建筑 | 省级 | 船山区 | 2007 年 | 第七批 |
| 15 | 毗卢寺(毗卢寺及石刻) | 清 | 古建筑 | 省级 | 安居区 | 2007 年 | 第七批 |
| 16 | 谭家大院 | 清 | 古建筑 | 省级 | 大英县 | 2007 年 | 第七批 |

续表

| 序号 | 名称 | 时代 | 类别 | 级别 | 辖区 | 公布时间 | 批次 |
|---|---|---|---|---|---|---|---|
| 17 | 天上宫 | 清 | 古建筑 | 省级 | 船山区 | 2007 年 | 第七批 |
| 18 | 白流寺 | 明 | 古建筑 | 省级 | 射洪县 | 2012 年 | 第八批 |
| 19 | 百福院 | 明 | 古建筑 | 省级 | 船山区 | 2012 年 | 第八批 |
| 20 | 大埂子摩崖造像 | 唐 | 石窟寺及石刻 | 省级 | 大英县 | 2012 年 | 第八批 |
| 21 | 戴氏祠(天保戴氏祠) | 清 | 古建筑 | 省级 | 大英县 | 2012 年 | 第八批 |
| 22 | 兜率寺 | 清 | 古建筑 | 省级 | 射洪县 | 2012 年 | 第八批 |
| 23 | 古佛寺(射洪古佛寺) | 1936—1939 年 | 近现代重要史迹及代表性建筑 | 省级 | 射洪县 | 2012 年 | 第八批 |
| 24 | 何连攀夫妇墓(双溪何氏家族墓) | 清同治四年(1865) | 古墓葬 | 省级 | 射洪县 | 2012 年 | 第八批 |
| 25 | 节孝牌坊(花园节孝坊) | 清 | 古建筑 | 省级 | 船山区 | 2012 年 | 第八批 |
| 26 | 金华火神庙 | 清 | 古建筑 | 省级 | 射洪县 | 2012 年 | 第八批 |
| 27 | 金华山玉京观(玉京观) | 清 | 古建筑 | 省级 | 射洪县 | 2012 年 | 第八批 |
| 28 | 金鹏寺摩崖造像 | 清 | 石窟寺及石刻 | 省级 | 大英县 | 2012 年 | 第八批 |
| 29 | 金仙寺 | 元 | 古建筑 | 省级 | 蓬溪县 | 2012 年 | 第八批 |
| 30 | 楞严阁 | 清 | 古建筑 | 省级 | 射洪县 | 2012 年 | 第八批 |
| 31 | 明月关庙 | 清乾隆二十四年(1760) | 古建筑 | 省级 | 蓬溪县 | 2012 年 | 第八批 |
| 32 | 牛角沟起义纪念地 | 1929 年 | 近现代重要史迹及代表性建筑 | 省级 | 蓬溪县 | 2012 年 | 第八批 |

续表

| 序号 | 名称 | 时代 | 类别 | 级别 | 辖区 | 公布时间 | 批次 |
|---|---|---|---|---|---|---|---|
| 33 | 蓬基井 | 1956 年 | 近现代重要史迹及代表性建筑 | 省级 | 大英县 | 2012 年 | 第八批 |
| 34 | 十圣宫（安居十圣宫） | 1926 | 近现代重要史迹及代表性建筑 | 省级 | 安居区 | 2012 年 | 第八批 |
| 35 | 泰安酢坊（泰安酢坊遗址） | 明、清 | 古遗址 | 省级 | 射洪县 | 2012 年 | 第八批 |
| 36 | 月亮坡崖墓群 | 东汉—南北朝 | 古墓葬 | 省级 | 船山区 | 2012 年 | 第八批 |
| 37 | 长江坝遗址 | 汉—宋 | 古遗址 | 省级 | 大英县 | 2012 年 | 第八批 |
| 38 | 船山坡崖墓（书台山崖墓） | 东汉 | 古墓葬 | 市级 | 船山区 | 1988 年 | |
| 39 | 鹫峰寺 | 明 | 古建筑 | 市级 | 蓬溪县 | 1988 年 6 月 21 日 | |
| 40 | 高洞庙及石刻 | 清 | 古建筑 | 市级 | 蓬溪县 | 2004 年 1 月 6 日 | |
| 41 | 鲁班村千佛岩摩崖造像 | 清 | 石窟寺及石刻 | 市级 | 安居区 | 2004 年 | |
| 42 | 席书墓 | 明 | 古墓葬 | 市级 | 大英县 | 2004 年 | 第二批 |
| 43 | 中国工农红军第一路军筹备处旧址（中国工农红军四川第一路军起义旧址） | 1929 | 近现代重要史迹及代表性建筑 | 市级 | 船山区 | 2004 年 | |
| 44 | 本崐墓 | 清 | 古墓葬 | 市级 | 大英县 | 2012 年 8 月 15 日 | 第三批 |

续表

| 序号 | 名称 | 时代 | 类别 | 级别 | 辖区 | 公布时间 | 批次 |
|---|---|---|---|---|---|---|---|
| 45 | 陈家大桥 | 清 | 古建筑 | 市级 | 大英县 | 2012年8月15日 | 第三批 |
| 46 | 陈子昂墓 | 唐 | 古墓葬 | 市级 | 射洪县 | 2012年8月15日 | |
| 47 | 梵慧寺摩崖造像 | 唐 | 石窟寺及石刻 | 市级 | 安居区 | 2012年8月15日 | |
| 48 | 分水白塔 | 清同治十三年(1874) | 古建筑 | 市级 | 安居区 | 2012年8月15日 | |
| 49 | 华美女学堂旧址 | 1913 | 近现代重要史迹及代表性建筑 | 市级 | 船山区 | 2012年8月15日 | |
| 50 | 金华文庙 | 清 | 古建筑 | 市级 | 射洪县 | 2012年8月15日 | |
| 51 | 精忠祠 | 清 | 古建筑 | 市级 | 蓬溪县 | 2012年8月15日 | |
| 52 | 静悟院 | 明—清 | 古建筑 | 市级 | 蓬溪县 | 2012年8月15日 | |
| 53 | 雷洞山寨址 | 清 | 古遗址 | 市级 | 蓬溪县 | 2012年8月15日 | |
| 54 | 龙洞子摩崖石刻 | 宋—清 | 石窟寺及石刻 | 市级 | 射洪县 | 2012年8月15日 | |
| 55 | 龙居寺摩崖造像 | 唐光化二年(899) | 石窟寺及石刻 | 市级 | 安居区 | 2012年8月15日 | |
| 56 | 菩萨岩摩崖造像 | 唐 | 石窟寺及石刻 | 市级 | 安居区 | 2012年8月15日 | |

续表

| 序号 | 名称 | 时代 | 类别 | 级别 | 辖区 | 公布时间 | 批次 |
|---|---|---|---|---|---|---|---|
| 57 | 射洪革命烈士纪念地 | 1952 年 | 近现代重要史迹及代表性建筑 | 市级 | 射洪县 | 2012 年 8 月 15 日 | |
| 58 | 石溪浩水电站 | 1946 | 近现代重要史迹及代表性建筑 | 市级 | 船山区 | 2012 年 8 月 15 日 | |
| 59 | 双龙桥 | 清 | 古建筑 | 市级 | 大英县 | 2012 年 8 月 15 日 | 第三批 |
| 60 | 松林圣堂 | 1912 | 近现代重要史迹及代表性建筑 | 市级 | 船山区 | 2012 年 8 月 15 日 | |
| 61 | 遂宁福音堂 | 1921 | 近现代重要史迹及代表性建筑 | 市级 | 船山区 | 2012 年 8 月 15 日 | |
| 62 | 遂宁省立第七中学旧址 | 1928 | 近现代重要史迹及代表性建筑 | 市级 | 船山区 | 2012 年 8 月 15 日 | |
| 63 | 通家山寺 | 清 | 古建筑 | 市级 | 射洪县 | 2012 年 8 月 15 日 | |
| 64 | 瓮城李家祠 | 清 | 古建筑 | 市级 | 射洪县 | 2012 年 8 月 15 日 | |
| 65 | 五显庙 | 清 | 古建筑 | 市级 | 大英县 | 2012 年 8 月 15 日 | 第三批 |

续表

| 序号 | 名称 | 时代 | 类别 | 级别 | 辖区 | 公布时间 | 批次 |
|---|---|---|---|---|---|---|---|
| 66 | 象山书院 | 清 | 古建筑 | 市级 | 大英县 | 2012年8月15日 | 第三批 |
| 67 | 小经堂 | 1919 | 近现代重要史迹及代表性建筑 | 市级 | 船山区 | 2012年8月15日 | |
| 68 | 尹氏夫妇墓 | 清道光五年(1826) | 古墓葬 | 市级 | 蓬溪县 | 2012年8月15日 | |
| 69 | 永镇庵 | 清康熙四十九年(1710) | 古建筑 | 市级 | 蓬溪县 | 2012年8月15日 | |
| 70 | 于渊烈士墓 | 1949年 | 近现代重要史迹及代表性建筑 | 市级 | 射洪县 | 2012年8月15日 | |
| 71 | 长安寺 | 清 | 古建筑 | 市级 | 安居区 | 2012年8月15日 | |
| 72 | 长龙坡寨址 | 清 | 古遗址 | 市级 | 蓬溪县 | 2012年8月15日 | |
| 73 | 长年坡摩崖造像 | 唐 | 石窟寺及石刻 | 市级 | 安居区 | 2012年8月15日 | |
| 74 | 长胜寺 | 清 | 古建筑 | 市级 | 射洪县 | 2012年8月15日 | |
| 75 | 中共遂蓬南中心县委旧址 | 1947 | 近现代重要史迹及代表性建筑 | 市级 | 船山区 | 2012年8月15日 | |
| 76 | 准提庵 | 明万历二十七年(1599) | 古建筑 | 市级 | 蓬溪县 | 2012年8月15日 | |

续表

| 序号 | 名称 | 时代 | 类别 | 级别 | 辖区 | 公布时间 | 批次 |
|---|---|---|---|---|---|---|---|
| 77 | 宗教寺经幢 | 明 | 石窟寺及石刻 | 市级 | 安居区 | 2012年8月15日 | |
| 78 | 半边寺桥 | 清 | 古建筑 | 市级 | 大英县 | 2012年11月15 | |

## (二)遂宁市级以上非物质文化遗产名录

| 序号 | 项目类别 | 项目名称 | 传承人名录 | | | 申报(保护)单位 | 项目入选批次 | 项目入选批次文件 |
|---|---|---|---|---|---|---|---|---|
| | | | 国家级 | 省级 | 市级 | | | |
| 国家级(3项) | | | | | | | | |
| 1 | 传统技艺 | 大英井盐深钻汲制技艺 | 严昌武(去世) | 唐术贵<br>廖吉荣 | | 大英县文化馆 | 第一批国家级 | 国发〔2006〕18号 |
| 2 | 传统技艺 | 沱牌曲酒传统酿造技艺 | 李家顺 | 李家民 | | 四川沱牌舍得酒业股份有限公司 | 第二批国家级 | 国发〔2008〕19号 |
| 3 | 传统美术 | 徐氏泥彩塑 | 徐兴国 | | | 大英县文化馆 | 第一批国家级扩展项目 | 国发〔2008〕19号 |
| 省级(14项) | | | | | | | | |
| 1 | 传统音乐 | 蓬莱大乐 | | 高吉荣(去世) | | 大英县文化馆 | 第一批省级 | 川府函〔2007〕42号 |
| 2 | 传统音乐 | 象山花锣鼓 | | 邓茂洲 | | 大英县文化馆 | 第一批省级 | 川府函〔2007〕42号 |
| 3 | 传统舞蹈 | 船山桃子龙 | | 田永名<br>李贤林 | | 船山区文化馆 | 第一批省级 | 川府函〔2007〕42号 |

续表

| 序号 | 项目类别 | 项目名称 | 传承人名录 | | | 申报(保护)单位 | 项目入选批次 | 项目入选批次文件 |
|---|---|---|---|---|---|---|---|---|
| | | | 国家级 | 省级 | 市级 | | | |
| 省级(14 项) | | | | | | | | |
| 4 | 传统舞蹈 | 遂宁耍旱龙 | | 郭振华<br>郭立言 | | 遂宁市民间文化研究会 | 第一批省级 | 川府函〔2007〕42 号 |
| 5 | 民间信仰 | 通家山女儿碑庙会 | | | 陈天付<br>付先荣 | 射洪县文化馆 | 第一批省级 | 川府函〔2007〕42 号 |
| 6 | 传统音乐 | 涪江船工号子 | | 徐信雄<br>米西洪 | | 遂宁市文化馆 | 第二批省级 | 川府函〔2009〕148 号 |
| 7 | 传统音乐 | 遂宁坐歌堂 | | 路明秀 | | 遂宁市文化馆 | 第二批省级 | 川府函〔2009〕148 号 |
| 8 | 传统音乐 | 遂宁叫卖调 | | 王学模<br>翟昌权<br>(均已去世) | | 遂宁市文化馆 | 第二批省级 | 川府函〔2009〕148 号 |
| 9 | 传统音乐 | 石工号子 | | 曾清亮 | | 安居区分水镇宣传文化服务中心 | 第二批省级 | 川府函〔2009〕148 号 |
| 10 | 传统美术 | 蓬溪石雕 | | 赵德阳 | | 蓬溪县文化馆 | 第二批省级 | 川府函〔2009〕148 号 |
| 11 | 传统技艺 | 遂宁福锦手工编织技艺 | | 陈玉 | 孙鸿 | 遂宁市闻喜阁旅游工艺品有限公司 | 第二批省级 | 川府函〔2009〕148 号 |
| 12 | 传统技艺 | 遂宁竹编 | | 赵勤 | | 安居区石洞镇宣传文化中心 | 第二批省级 | 川府函〔2009〕148 号 |

续表

<table>
<tr><th rowspan="2">序号</th><th rowspan="2">项目类别</th><th rowspan="2">项目名称</th><th colspan="3">传承人名录</th><th rowspan="2">申报(保护)单位</th><th rowspan="2">项目入选批次</th><th rowspan="2">项目入选批次文件</th></tr>
<tr><th>国家级</th><th>省级</th><th>市级</th></tr>
<tr><td colspan="9">省级(14 项)</td></tr>
<tr><td>13</td><td>传统美术</td><td>观音绣</td><td></td><td>黄海彦<br>何春荣</td><td></td><td>遂宁市妙善文化艺术坊</td><td>第一批省级扩展项目</td><td>川府函〔2009〕148 号</td></tr>
<tr><td>14</td><td>传统医药</td><td>“油符”疗法技艺</td><td></td><td></td><td>赖伯骥<br>赖前进</td><td>遂宁市传统医学研究所</td><td>第三批省级</td><td>川府函〔2011〕119 号</td></tr>
<tr><td colspan="9">市级(30 项)</td></tr>
<tr><td>1</td><td>民间文学</td><td>观音故里的传说</td><td></td><td></td><td>胡儒辉<br>陈晓铃</td><td>遂宁市文化馆</td><td>第一批市级</td><td>遂府办函〔2006〕264 号</td></tr>
<tr><td>2</td><td>民间文学</td><td>目连故里的传说</td><td></td><td></td><td>谢德安</td><td>射洪县文化馆</td><td>第一批市级</td><td>遂府办函〔2006〕264 号</td></tr>
<tr><td>3</td><td>传统舞蹈</td><td>高跷狮子</td><td></td><td></td><td>郑双全<br>郑大银</td><td>射洪县文化馆</td><td>第一批市级</td><td>遂府办函〔2006〕264 号</td></tr>
<tr><td>4</td><td>传统舞蹈</td><td>莲宵舞</td><td></td><td></td><td>刘思育</td><td>射洪县文化馆</td><td>第一批市级</td><td>遂府办函〔2006〕264 号</td></tr>
<tr><td>5</td><td>传统美术</td><td>蓬溪书法</td><td></td><td></td><td>谢代勋<br>曾来德</td><td>蓬溪县文化馆</td><td>第一批市级</td><td>遂府办函〔2006〕264 号</td></tr>
<tr><td>6</td><td>传统技艺</td><td>青堤铁水花火龙</td><td></td><td></td><td>郭定雄</td><td>射洪县文化馆</td><td>第一批市级</td><td>遂府办函〔2006〕264 号</td></tr>
</table>

续表

| 序号 | 项目类别 | 项目名称 | 传承人名录 | | | 申报(保护)单位 | 项目入选批次 | 项目入选批次文件 |
|---|---|---|---|---|---|---|---|---|
| | | | 国家级 | 省级 | 市级 | | | |
| 市级(30 项) | | | | | | | | |
| 7 | 传统舞蹈 | 莲箫 | | | 李彪<br>贺世桂 | 大英县文化馆 | 第二批市级 | 遂府函〔2008〕3 号 |
| 8 | 曲艺 | 打围鼓(川剧坐唱) | | | 杨崇伟<br>刘明晴 | 射洪县天仙镇宣传文化服务中心 | 第二批市级 | 遂府函〔2008〕3 号 |
| 9 | 传统技艺 | 油酥 | | | 冯久安 | 安居区西眉镇宣传文化服务中心 | 第二批市级 | 遂府函〔2008〕3 号 |
| 10 | 传统医药 | 火针治淋巴结核 | | | 敬相金 | 射洪县文化馆 | 第二批市级 | 遂府函〔2008〕3 号 |
| 11 | 民间文学 | 斩龙垭的传说 | | | 罗耀清 | 大英县文化馆 | 第三批市级 | 遂府函〔2010〕30 号 |
| 12 | 传统舞蹈 | 旱船 | | | 杜仁中 | 射洪县文化馆 | 第三批市级 | 遂府函〔2010〕30 号 |
| 13 | 传统音乐 | 蓬溪洞经音乐 | | | 刘新尧 | 蓬溪县文化馆 | 第四批市级 | 遂府函〔2011〕13 号 |
| 14 | 曲艺 | 川北"雷棚"评书 | | | 翟兴元 | 遂宁市曲艺家协会 | 第四批市级 | 遂府函〔2011〕13 号 |
| 15 | 传统技艺 | 夏氏风车 | | | 夏海全 | 夏海全 | 第四批市级 | 遂府函〔2011〕13 号 |

续表

| 序号 | 项目类别 | 项目名称 | 传承人名录 | | | 申报(保护)单位 | 项目入选批次 | 项目入选批次文件 |
|---|---|---|---|---|---|---|---|---|
| | | | 国家级 | 省级 | 市级 | | | |
| 市级(30 项) | | | | | | | | |
| 16 | 传统技艺 | “徐老三”豆腐干传统制作技艺 | | | 徐卫国<br>谭春梅 | 徐老三食品厂 | 第五批市级 | 遂府函〔2012〕40 号 |
| 17 | 传统技艺 | 麦秆画 | | | 柏波 | 蓬溪县文化馆 | 第五批市级 | 遂府函〔2012〕40 号 |
| 18 | 传统技艺 | 谢氏根雕 | | | 谢主正 | 大英县文化馆 | 第五批市级 | 遂府函〔2012〕40 号 |
| 19 | 传统技艺 | 杆秤制作 | | | 曾毅 | 大英县文化馆 | 第五批市级 | 遂府函〔2012〕40 号 |
| 20 | 传统技艺 | 包旱烟杆 | | | 钟国伟 | 大英县文化馆 | 第五批市级 | 遂府函〔2012〕40 号 |
| 21 | 民俗 | 蒸肥肠 | | | 严常君 | 大英县文化馆 | 第五批市级 | 遂府函〔2012〕40 号 |
| 22 | 传统美术 | 胡氏剪纸 | | | 胡宁胡星 | 遂宁市胡艺刀艺术坊 | 第六批市级 | 遂府函〔2013〕86 号 |
| 23 | 传统技艺 | 象山镇火龙烟花制作 | | | 夏明忠 | 大英县文化馆 | 第六批市级 | 遂府函〔2013〕86 号 |
| 24 | 传统技艺 | “巴蜀公社”传统腌腊制品制作工艺 | | | | 四川省高金食品股份有限公司 | 第七批市级 | 遂府函〔2014〕101 号 |

续表

| 序号 | 项目类别 | 项目名称 | 传承人名录 | | | 申报(保护)单位 | 项目入选批次 | 项目入选批次文件 |
|---|---|---|---|---|---|---|---|---|
| | | | 国家级 | 省级 | 市级 | | | |
| 市级(30 项) | | | | | | | | |
| 25 | 传统技艺 | 高坪土陶 | | | 蒋诗红 | 蓬溪县文化馆 | 第七批市级 | 遂府函〔2014〕101 号 |
| 26 | 传统医药 | 唐氏脾胃诊病技法与配方 | | | 唐振远<br>唐凰 | 唐凰 | 第七批市级 | 遂府函〔2014〕101 号 |
| 27 | 传统技艺 | 观音素麻花 | | | | 船山区文化馆 | 第八批市级 | 遂府函〔2017〕4 号 |
| 28 | 传统技艺 | 川中呙凉粉 | | | | 船山区文化馆 | 第八批市级 | 遂府函〔2017〕4 号 |
| 29 | 民俗 | 送蛴蟆 | | | | 蓬溪县文化馆 | 第八批市级 | 遂府函〔2017〕4 号 |
| 30 | 传统音乐 | 蓬溪大乐 | | | | 蓬溪县文化馆 | 第八批市级 | 遂府函〔2017〕4 号 |
| | 曲艺 | 四川清音(此项目属四川省成都艺术剧院) | | 卢国珍(属于四川省艺术研究院) | | 遂宁市文化馆 | | |
| 国家级项目 3 个,省级项目 14 个,市级项目 30 个;国家级传承人 3 名,省级传承人 21 名,市级传承人 38 名。 | | | | | | | | |

(张路　整理)

# 参考文献

1. 王金星等. 遂宁文化概论[M]. 北京:学苑出版社,2014.

2. 胡传淮. 张鹏翮研究[M]. 北京:中国文联出版社,2011.

3. 胡锦涛. 胡锦涛在纪念杨尚昆同志100周年诞辰座谈会上的讲话[DB/OL],人民网,2007-7-20.

4. 丁艾. 青少年时代的杨尚昆[M]. 北京:中共党史出版社,2007.

5. 中共中央文献研究室. 陈毅诗词集[M]. 北京:中央文献出版社,2011.

6. 李剑华. 遂宁县志[M]. 成都:巴蜀书社,1993.

7. 胡传淮. 张船山书画年谱[J]. 四川职业技术学院学报,2009(01).

8. 宁永骥. 观音故里探秘[M]. 北京:中国文史出版社,2005.

9. 田敏,侯小琴."条"与"块"的分割与整合——从"号子之争"看非物质文化遗产的保护[J]. 中南民族大学学报(人文社会科学版),2009,(4).

10. 成镜深. 遂宁涪江号子的形式及特点[J]. 四川职业技术学院学报,2008,(4).

11. 胡传淮. 张问陶年谱[M]. 成都:巴蜀书社,2005.

12. 胡传淮等. 诗书画大家吕潜[M]. 北京:现代出版社,2016.

13. 胡传淮等. 南明宰相吕大器[M]. 北京:现代出版社,2016.

14. 胡传淮等. 榜眼李仙根[M]. 北京:中国文史出版社,2015.

15. 张英伦. 敬隐渔传[M]. 北京:人民文学出版社,2016.

16. 胡传淮等. 明代蜀中望族蓬溪席家[M]. 北京:中国文史出版社,2013.

17. 胡传淮. 清代蜀中第一家[M]. 北京:中央文献出版社,2012.

# 后　记

历时三个春秋，我们终于在2014年出版《遂宁文化概论》的基础上完成了《文化遂宁》的编撰，今天总算可以交付印行了。

按照编写方案确立的思路宗旨，《文化遂宁》应该是《遂宁文化概论》的学生版、职工版、市民版、精编版，主要是用作对以中小学生、机关干部、单位职工为主体的遂宁市市民进行遂宁历史文化、人文科技素养、素质教育的普及读物，目的在更好地加深市民对遂宁的过去、现在、未来的知晓与认可度，增强其自信心、自豪感、责任感、使命感，进而提升市民的人文科技素质与整个社会的文明程度，增强其文化自信和核心竞争与发展力，进一步促进、推动遂宁的文化建设和社会经济的更好更快发展，实现新的跨越。应当说，这既与时代社会的需求、党和国家的要求、人民群众的期盼、我们的职责使命完全一致，又是一项探索性、开创性工作，可谓责任重大、使命光荣、任务艰巨。为此，我们在《遂宁文化概论》编撰成效与经验教训的基础上，继续发挥校地合作、以校为主、协同创新、共享共建、共同推进遂宁文化、教育事业发展，社会文明进步的优势，很好整合学院和地方的研究与管理资源，共同组建了权威的顾问团队、强有力的编委会和创新性协作型研究团队，既各展所长、分别承担相应编写任务，又合作探究、集思广益，共同探讨、研究解决其间的重大疑难问题，还主动向主管领导、主管部门汇报请示，虚心听取意见建议，力求把各方面的要求与专家学者的学术性研究成果有机地结合起来,唱响主旋律、打好主动仗,以此确保编撰工作的顺利推进,确保编撰意图、编写宗旨的很好实现、确保书稿的质量和应有社会效应。实践证明了我们思路做法的正确有效性。

应当看到,《文化遂宁》的编写既有着良好的现实基础,也有着巨大的压力。其基础与压力都来自《遂宁文化概论》的成功问世。《遂宁文化概论》先后在2016、2017年被评为遂宁市第十四次哲学社会科学优秀成果一等奖、四川省第十三次优秀教育科研成果一等奖、四川省第十七次社会科学优秀成果三等奖,社会认可度和评价很高。《文化遂宁》的编写不能是《遂宁文化概论》的简单浓缩,而应该在专题性、普及性、趣味性、教育性、时代性、社会性上有所创新、突破或超越。只有这样,才能满足新时代文化传承创新和发展,才能适应特定读者和繁荣地方文化的需求。这也是本书编写组的写作初心和意义。为此,我们非常重视对遂宁文化中最典型、最精粹的部分的科学选取和深度发掘,力争做到思想性、故事性、趣味性、教育启示性的有机结合。全书以历史篇、思想篇、文学篇、艺术篇、科学篇、民俗篇、英杰篇、发展篇布局结体,以文化学者的独特视角和点面结合、综合分析、比较筛选、取精撷要、旗帜标引、典型垂范等方式,使之纵横捭阖、融通古今、浑然一体、图文并茂、深入浅出、生动活泼、集中凝练地加以呈现,让读者乐于翻检、喜于阅读、欣然受益。为了实现这些目标,我们请了市委常委、市委宣传部杨颖部长、市政府袁斌副市长做顾问,组建了由张永福、刘捷局长任主任,王金星、杜春海、周光宁任副主任及主编,胡传淮、张路任副主编,王金星、杜春海、周光宁、胡传淮、张路、何瀛中、高远树、唐元明、杜玉平、罗莹、彭明福、敬平、曾晓洪、李巧义、谢明镜、汪旭、米雨、夏金兰任编委的编写委员会。编委会先后组织召开编写会6次,对王金星、杜春海、张路等草拟的编写宗旨、基本原则、思路、体例和方法以及其间的重大基本问题等进行严谨深入的研讨,对书稿进行审议,并广泛征求、虚心听取市委市政府、文化教育系统领导、专家学者、市民学生的意见建议。在此基础上八易其稿,才有了《文化遂宁》的最终问世。

在编写过程中,各相关领导和校内外专家学者都付出了艰辛努力,贡献了智慧力量,全书统稿主要由王金星、杜春海主编完成。

本书力求吸收遂宁地方文化研究的相关前沿性成果,参考了诸多文献资料,得到了遂宁市委市政府、市教育局、市文广新局、遂宁日报社、遂宁市档案局、四川职业技术学院领导、同行专家及出版社编辑的高度重视、悉心指导与大力支持。值得特别一提的是,遂宁市教育局局长张永福、遂宁市文广新局局长刘捷、遂宁市教育局副局长祝宗山等文化教育系统领导在百忙中亲临编写会议予以指导,对该书的编写与出版发行提出了很多宝贵的意见建议;遂宁日报社摄影图片部主任钟敏、遂宁市档案局副局长王仁友为《文化遂宁》提供了大量的图片资料;四川职业技术学院科研处漆明龙处长、杨凌云科长为《文化遂宁》成功申报四川省"十三五"社会科学规划项目付出了辛劳。中国社会出版社领导,特别是责任编辑陈贵红为该书的出版付出了大量心血。故此,《文化遂宁》的全体编写同人特一并致以由衷的谢忱!

因编者水平有限,书中疏漏错谬在所难免,敬请专家同人批评指正,以便我们进一步修改完善。

编者

2017 年 10 月